개인주의와 시장의 본질

개인주의와 시장의 본질

초판 1쇄 인쇄 | 2021년 11월 5일
초판 1쇄 발행 | 2020년 11월 16일

지은이 | 배　민
발행인 | 최승노

기획·마케팅 | 박지영
편집 | 인그루출판인쇄협동조합
디자인 | 인그루출판인쇄협동조합

발 행 처 | 자유기업원
주　　소 | (07236) 서울시 영등포구 국회대로62길 9 산림비전센터 7층
전　　화 | 02-3774-5000
홈페이지 | www.cfe.org
E-mail | cfemaster@cfe.org

I S B N | 978-89-8429-218-5 03300
정　　가 | 14,000원

낙장 및 파본 도서는 바꿔 드립니다.
이 책 내용의 전부 또는 일부를 재사용하려면 반드시 자유기업원의 동의를 받아야 합니다.

개인주의와 시장의 본질

The Essence of
Individualism and the market

지식발전소

차 례

프롤로그 8

Chapter 1
우리가 알고 있는 개인주의 개념은 정확한 걸까?

나 자신의 생각을 개인주의적으로 인식하기 19

존재하는 것은 사회인가, 개인인가 23

개인주의는 충분히 윤리적인가 27

각 개인이 서로 다른 행복을 누릴 권리 33

왜 시장(market)은 개인주의와 관련이 깊은가 38

보다 개인주의적인 사회란 어떤 사회일까? 48

생물학적 시장과 개인 53

성향적 전략으로서의 개인주의란? 61

Chapter 2
개인주의가 걸어온 길

자아를 발견하는 여정의 시작 69

제자백가(諸子百家)의 꿈 73

노예 제도에 대하여 76

새장 속에 갇힌 자아 79
인간의 마음에 대한 자연철학적 분석 85
개인의 인격성에 대한 자각 87
개인주의의 확산과 이에 대한 저항 95
집단주의 전성시대 99
고독한 군중의 재각성 103
급격했던 변화의 물결 107

Chapter 3

개인의 욕망은 어떻게 실현될 수 있는가

욕망의 주체로서의 개인 116
사적 이익을 추구한다는 것 119
사적 소유권에 대한 반발 122
사적 소유권과 선택의 자유는 어떠한 관계에 있을까? 127
전체론적(holistic) 시각은 왜 중요한가 134
우리는 어떤 욕망을 가진 인간인가 139

Chapter 4

집단주의 사회 속의 개인

정치 사회적 불평등과 경제적 불평등의 차이 147
각자가 원하는 민주주의 152

인간에겐 너무도 익숙한 집단주의 전략 155
다원주의와 상대주의는 왜 억압받았을까? 159
대중을 이용하는 사람들과 대중의 미움을 받는 사람들 166
정치 시장의 반개인주의적 상품들 171
대중의 낭만적 믿음 174
자유주의적 개인주의의 쇠락이 가져올 결과들 177

Chapter 5

우리 주변의 개인주의

한국사 속의 개인주의 188
한국사회 속 다양한 시장과 개인주의 198
일상에서의 개인주의 221

에필로그

개인주의와 잘 지내는 법 243

주석 254

프롤로그

해를 거듭하면서 한국 사회에서 뚜렷이 나타나는 경향성은 국가의 역할이 점점 늘어난다는 것과 사람들이 점점 이성보다는 감성을 중시하는 모습이다. 누군가가 나를 보호해주고 책임져 준다는 것은 그 누군가에게 나의 권리와 자유가 그만큼 이양됨을 의미한다. 일종의 비용인 것이다. 그런데 인간은 이 비용이라는 것을 지불하는 것을 싫어할 뿐 아니라 지불하게 된다는 사실 자체를 부정하는 경향이 있다. 하지만 모든 것에는 기회 비용이 따른다. 듣기 좋고 보기 좋은 것들은 모두 우리에게 비용을 청구한다.

마음이 지친 자들에게 집단의 보호 안에 안주할 수 있다는 이야기는 마음을 따뜻하게 하고 긴장을 풀어주며 덜 고생해도 되는 안락한 길을 약속하는 것처럼 들릴 수 있다. 당신이 말굽이 박힌 조련된 말이 아닌, 야생에서 자유롭게 풀을 뜯을 수 있는 얼룩말이라면 그렇게 조련된 말을 보는 부러운 심정이 이와 비슷할지도 모른다. 적어도 인간의 무리와 함께 다니는 말은 갑작스러운 사자의 습격을 받아 비명횡사할 일은 없으니 부러울 수 있다. 하지만 조련된 말의 삶이란 전체주의 국가 속의 인간의 모습과 닮아 있다. 자신을 모는 인간들이 전쟁터에라도 나간다면 화살이나 총알이 빗발치는 전쟁터에서 자신의 의지와도 상관없이 무의미한 죽음을 당하게 될 수도 있는 것이다.

개인주의는 당신이 조련된 말의 인생을 살아서도 안되지만, 자유롭게 풀을 뜯는 야생 속 얼룩말의 삶으로 돌아가자고 말하는 사상도 결코 아니다. 개인주의가 작동하기 위해서는 시장이 필수적이다. 사자처럼 얼룩말을 잡아먹지도 않고 얼룩말처럼 사자에게 잡아먹히지도 않으며, 대신 사자에게 사자가 원하는 것을 돈을 받고 팔고 얼룩말에게 내가 원하는 것을 돈을 주고 사는 것이다. 힘으로 무리를 지어 내 의지를 관철하거나 내 욕망을 채우는 것이 아닌, 상대의 존재를 인정하고 가치(value)를 확인하고 선택해 나가는 가운데 나와 다른 선호와 인격을 가진 타인을 존중하는 것을 익혀가는 것이다. 개인주의는 시장(market)과, 그리고 그에 따르는 책임 및 권리와 불가분의 관계에 있다. 자유는 그러한 과정의 결과로, 이니 그 선제 조건으로 자연히 이루어지게 된다.

많은 사람들은 개인주의의 이미지로 거침없는 자유를 향한 개인의 방종을 떠올리는 경우가 많다. 자유와 권리는 누구나 원하는 가치이다. 하지만 서양의 역사에서 보듯 차터(charter)는 공짜로 얻어지지 않는다. 내 권리가, 내 자유가 타인, 즉 이름 모를 누군가의 권리 및 자유와 상충할 때 일방적으로 내 권리와 자유를 관철시키는 것은 사자가 얼룩말에게 하는 짓이다. 이는 폭력배가 힘없는 자에게 하는 짓이며, 자신을 지지하는 유권자 집단을 등에 업은 정치가가 자신의 정치적 반대 세력에게 하는 짓이기도 하다. 즉 많은 사람들이 떠올리는 방종한 개인의 이미지는 개인주의자의 이미지가 아니라 그렇게 살아도 타인으로부터 제어 받지 않는 극히 소수의 힘 있는 자들의 이미지일 뿐이다. 그리고 이들 사자들은 대부분 힘 없는 얼룩말들을 어떻게 선동하고 조종해서 잡아먹을 지 혹은 가지고 놀지를 잘 알고 있는 집단주의적 본능을 타고난 존재들이다. 얼룩말처럼 살아가는 보통의 일반 서민들은, 그렇게 제 맘대로 살다가는 쉽게 미움 받고 위험에 처하게 된다는, 혹은 그렇게 집단의 알파(alpha)로 살아가는 삶이 보기보다는 매우 위험을 동반하는 도박 같은 삶이라는 기본 상식 정도는 본능적으로 터득한다.

다수의 민의가 정치가를 움직이게 만들 수 있는 고대 그리스나 현대 자유민주주의 국가에서, 그 사회가 시장보다 공동체에 경도된다는 뜻은 그 사회의 모든 구성원이 더불어 마음 따뜻해지는 유토피아를 향해 달려감을 의미하지 않는다. 그러한 사회는 시민들이 자신이 원하는 무엇인가를 자유로운 경쟁을 통해 얻는 사회가 아니라, 시민들 사이의 (원하는 것을 가지기 위한) 갈등을 집단적 통제(collective regulation)를 통해 해결하는 사회를 지향하게 된다. 이는 그 시민들의 의도와 관계없이 결과적으로 그렇게 되는데, 그 본질적 이유는 세상에서 인간이 자신이 원하는 것을 가져가는 방법은 결국 '법적으로는' 두 가지 중 하나로 귀결될 수밖에 없기 때문이다: 개인의 사적 재산권 및 사적 자치에 근본을 둔 경쟁(competition), 혹은 개인의 사적 영역에 국가가 복리증진을 위해 개입할 수 있고 또 해야 한다는 믿음에 근본을 둔 강요(enforcement), 두 가지이다. 전자는 시장의 작동 방식이고 후자는 정치의 작동 방식이다. 개인주의는 당연히 시장의 작동 원리에 본질을 두고 있다.

사람들은 쉽게 '협동(cooperation)'을 말한다. 개인주의자도, 공동체주의자도 협동을 궁극적으로 추구한다. 하지만 자발적이지 않은 협동은 이미 협동이 아니다. 무엇보다도 협동은 아무하고나 하지 않는다. 그것이 인간의 본성이다. 가령 당신이 결혼하고자 하는 배우자를 고르는 것은 당신의 인생에서 마지막까지 남을 가장 귀중한 협동의 파트너를 고르는 것이다. 당신이 첫눈에 반해 배우자를 고르든, 이리 재고 저리 재고 하면서 배우자를 고르든, 당신은 협력할 파트너를 '대충' 정하지 않는다. 하다못해 초등학생 꼬마들도 학년이 올라가면서 자신이 믿을 수 있는 친구란 어떻게 사귈 수 있는가를 배운다. 나와 협동할 마음이 없는 상대에게 강제로 나와 협동하자고 강요하는 것은 학교폭력임도 선생님으로부터 배우게 된다. 만약 그 상대방이 나와 성(性)이 다르다면 성폭력이 된다는 것도 함께 배운다.

즉 협동을 하기 위해서는 상대의 가치를 가늠하기도 하지만 더 중요하게는 내가 신뢰할 만한 협동의 잠재적 파트너가 될 수 있다는 자신의 가치를 증명해 보여야 한다. 즉, 선택받기 위해 자신의 가치를 높이기 위한 노력을 하게 된다. 이는 정확히 (이 책에서 중요하게 설명할 개념인) 생물학적 시장(biological market)의 원리이며 개인주의가 작동하는 방식이다. 반대로 공동체적 협동을 강요할 수밖에 없는 정치는 어떤 형태든 그 본질은 폭력의 속성을 띤다. 실제로 이러한 이유로 정치적 개혁에 초점을 두고 '진보'를 주장하는 세계관은 허위에 가깝다. 실제로 국가는 공식적인 폭력을 사용할 수 있는 조직이며,

주로 시장이 발달하지 않은 국가에서 국가권력에 의한 상상 초월의 폭력이 흔히 일어나게 되는 이유도 여기에 있다.

내가 8년 전 개인주의와 집단주의에 대한 책을 펴낼 때엔 위와 같은 역사적 관점보다는 다분히 과학철학의 관점에 서 있었다. 그 때에도 지금처럼 나는 한국 사회의 충만된 집단주의성에 소외감을 느끼고 있었으며, 그 때에도 지금처럼 한국사회에서 개인주의와 집단주의라는 주제는 전적으로 인문, 사회과학 영역에 갇혀 있었다. 나는 의학을 공부하고 의료계에 몸담았던 전력 탓에 이 주제를 인문학자나 사회과학자들과는 다른 관점에서 접근했었다.

내게 의학과 인문학 두 영역에서 이 주제에 연관된 개념은 스트레스(stress)라는 의학적이고도 인문학적인 개념이었다. 모든 생물은 자극에 반응한다는 점에서 스트레스는 인간이 생명체로 살아가는 이상 피할 수 없는 '굴레'였다. 실제로 나의 첫 책의 첫 장(chapter)의 시작은 서머싯 몸(William Somerset Maugham)의 〈인간의 굴레〉에서 발췌한 이야기로 시작했다. '정신적인 기쁨'(혹은 행복)을 향해 몸부림치는 인간이라는 존재가 왜 사회 속에서 서로를 불행하게 하고 또 스스로조차 불행하게 만드는지를 설명하고자 했다.

인간은 각자 서로를 바라보는 자신의 시각과 태도를 정확히 자각하지 못한다. 상대를 대하는 자신의 태도뿐 아니라, 자신에 대해서도 마찬가지이다. 자신이 원하는 가장 중요한 본질이 무엇인지 갈피를 잡지 못하므로 무엇을 포기해야 할 지도 결정하지 못하게 되고, 결국 자신의 욕망에 자신의 영혼을 저당 잡히게 되는 결과를 초래하게 된다. 스트레스라는 주제에 관해 내가 가장 심혈을 쏟았던 내용 부분은 인식(awareness)의 문제였다. 사회의 집단적 삶의 양식에 기초한 인식 방식은 결국 개인의 인식에 영향을 미칠 수밖에 없으므로 나 자신이 성장하는 동안 내재화시켜온 현실 세계에 대한 관점에 대해 나 스스로 거리를 두고 객관적으로 바라보고자 하는 노력을 힘들지만 해 나갈 수밖에 없었다.

두 번째 책을 내게 된 지금도 개인주의와 집단주의가 인간이 스트레스를 극복하기 위해 활용하는 일종의 생각의 전략이라는 생각에는 변함없다. 하지만 이 책에는 난해한 과학철학적 분석은 등장하지는 않는다. 그리고 지금의 나는 생명과학의 철학 보다는 역사학적 사고에 더욱 익숙해진 것도 사실이다. 그 결과 이번에는 개인주의라는 주제에 대한 보다 인문사회학적 내용의 책을 쓰게 되었다. 어쩌면 내 삶의 궤적을 따라 의학에서 역사학으로 학문 영역과 직업을 옮기면서 내 사고의 성격도 과학과 인문학의 경계선을 그러한 방식으로 가로질러온 모습을 반영하고 있기도 하다.

그런 측면에서 볼 때 이 책은 실험적인 성격이 강했던 나의 첫 번째 책에 비해, 개인주의라는 주제에 대해 가지는 사람들의 전통적 기대에 보다 충실하게 부응하는 책이다. 실험적인 글쓰기 방식을 통해 나 자신의 학문적 자아의 위치를 확인한 것이 첫 번째 책이 나 자신에게 가지는 의미였다면 이 두 번째 책은 좀 더 내향적인 나 자신의 관심사로부터 걸어 나와 한국 사회의 독자들에게 들려주어야 할 이야기를 담았다.

결국 이 책에서 내가 강조하고자 하는 내용은, 인간은 다양한 생물학적 시장 속에서의 상호작용을 통해 점차 독립적 사고의 주체로서 발전해 나간다는 것이다. 더 나아가 한 사회 역시 시장의 발전과 성숙을 통해 개인이 보다 분명하게 인식되고 수용되는 개인주의적 사회로 발전해 왔다는 점이다. 역사적인 측면에서, 개인주의는 인간의 강한 집단주의적 속성을 고려하면 사회적으로 지지기반이 매우 취약한 철학이었다. 이러한 관점에서 나는 이 책에서 개인주의의 성숙을 위해 가장 필수적 조건은 시장의 원리에 입각한 정치, 경제, 사회적 체제의 확립과 운영임을 강조하고자 한다. 그리고 이를 위해서 다양한 개인주의의 특징들과 관련을 맺는 시장의 본질을 설명하고자 한다. 그리고 더 나아가 인간의 사회 속에 누층적으로 존재해온 각종 시장들의 존재를 사회적 관점에서 설명하고자 한다.

그동안 묵혀 왔던 개인주의에 대한 책을 다시 쓰기로 결심하게 된 직접적인 계기는 결국 한국 사회에서 볼 수 있는 개인주의에 대한 흔한 오해를 매번 목격하면서 이를 더이상 두고만 볼 수는 없다는 생각이 들었기 때문이다. 물론 개인주의의 본질은 상대주의, 즉 생각에 대해 타인의 동의를 강제할 수 없다는 데에 있기에, 개인주의에 대한 나의 시각 역시 옳은 진리라고 주장할 생각은 없다. 하지만 '개인주의의 세계관이란 결국 자신을 중심으로 구성된다'고 이야기하는 반개인주의 학자들의 개인주의 왜곡을 방관 하고만 있을 순 없었다. 세상을 '자신' 중심으로 해석하는 것은 이기주의 혹은 자기 중심주의와 같은 인간의 본능적이고 원초적 행위이지 개인주의의 철학과는 거리가 멀다. 인간은 자신의 지성이 빈약할수록 타인을 자신의 목적 실현을 위한 도구로 인식하곤 한다. 그렇지 않아도 원래 집단주의적 경향이 강한 한국 사회가 해가 갈수록 점점 집단 감성의 놀이터로 변해가는 모습은 더욱 내 마음을 짓눌렀다.

끝으로 이 책의 각 장에서 펼쳐질 이야기들을 간략히 소개한다. 첫 장에서는 개인주의의 의미에 대해 다양한 각도에서 살펴볼 것이다. 이 책 전반에 걸쳐 논하게 될 개인주의에 대해 그 개념을 분명히 짚고 넘어갈 필요가 있기 때문이다. 다음 두 번째 장에서는 개인주의의 역사에 대해 살펴본다. 사실상 어떤 개념에 대해 살펴본다는 것은 그 개념의 역사적 변천 과정을 살펴본다는 의미와 동일한 경우가 많다. 첫 장에서 개인주의가 이론적으로 어떤 개념으로 그 의미가 규정될 수 있는지를 논하는 성격이 강하다면 두 번째 장에서는 실제로 개인주의가 서구 사회와 동아시아 사회에서 어떠한 우여곡절을 겪으며 지금의 형태로 자리잡게 된 것인지에 대해 알아봄으로써 그 구체적인 실체를 보다 명확히 드러내는 데 초점을 둔다. 세 번째 장과 네 번째 장은 개인주의를 자유주의와, 그리고 민주주의와의 연관성 속에서 각각 살펴보는 내용이다. 특히 자유주의는 개인주의가 정치적으로 그리고 경제적으로 표현되는 수단으로서, 둘 모두 시장의 원리 속에서 구체적으로 구현된다. 반면 민주주의와 개인주의는 역사적으로, 특히 근대 이래로 불편한 관계를 맺어왔다. 마지막 다섯 번째 장에서는 한국 사회 속에서의 개인주의를 살펴본다. 한국사와 관련하여 그리고 주택, 교육, 의료 등 현재 한국 사회의 다양한 현상들과 관련하여 순서대로 살펴보고, 마지막으로 우리들의 일상을 개인주의의 시각으로 투영해본 모습을 이야기해본다.

Chapter 1

우리가 알고 있는 개인주의 개념은 정확한 걸까?

       개인주의(individualism)에 대한 글을 쓰기로 한 이상 개인주의의 개념을 명확히 하고 글을 써 나가는 것이 순서일 것이다. 개인주의의 개념은 어떻게 정의할 수 있을까? 아마 '민주주의' 만큼이나 정의하기 힘든 개념이 개인주의일 것이다. 실제로 개인주의라는 용어를 많은 사람들은 저마다 각각 다르게 사용한다. 비단 일반인 뿐 아니라 학자들도 자신의 학문 영역에서 개인주의에 대해 각자 다르게 인식하고 있기는 마찬가지이다.

   그 결과로 개인주의라는 개념은 매우 다양한 의미와 빛깔을 가지는 개념이 되었다. 어떤 사람은 개인주의를 많은 사회 문제들의 근본 원인이라고 보고 비판하는가 하면 다른 사람은 개인주의가 그러한 많은 사회 문제 해결의 핵심 열쇠가 되리라 생각하기도 한다. 그러면 사람들이 각기 다양한 의미로 사용하고 있는 개인주의 개념을 여러 차원에서 살펴봄으로써 보다 명확한 이해에 다가가는 것이 이 책에서 하게 될 개인주의에 대한 여러가지 이야기를 위한 시작으로 적절할 것이다. 코끼리의 다리만 만지고, 코만 만지고 코끼리가 어떤 동물인지 설명하는 것은 어리석은 짓이다. 섣불리 판단하고 마치 잘 알고 있는 듯이 이야기하기 이전에 단순해 보이는 하나의 개념이 보는 각도에 따라 서로 다른 모습을 드러냄을 이해하는 것은 중요하다. 이 장에서는 일단 인간의 사고 양식을 탐구하는 인문 분야인 철학(philosophy)의 차원에서부터 시작하여 이야기를 전개해나갈 것이다.

나 자신의 생각을 개인주의적으로 인식하기

개인주의를 이해하는 데 가장 핵심이자 또 가장 난해한 지점은, 이 개념이 철학적인 바탕에 기반을 두고 있다는 데에 있다. 하지만 이는 딱딱한 이야기가 아니라 우리 자신의 삶과 직결되어 있다는 의미이기도 하다. 그리고 이러한 철학적 바탕을 어렵다고 무시해서는 결코 개인주의 개념의 온전한 의미를 이해할 수 없으며 그저 코끼리의 꼬리만 만져보는 것으로 그칠 수 있다. 최소한 코끼리를 멀리서 한 번 정도 어떻게 생겼는가 확인할 필요는 있을 것이다. 이 개인주의라는 코끼리의 가장 중요한 요소인 머리, 몸통, 다리에 해당하는 것이 인식론과 존재론 그리고 규범론(도덕철학)이다.

즉, 이 세 가지 차원에서의 개인주의의 의미를 이해하는 것이 개인과 사회의 관계를 개인주의적 시각으로 이해하기 위한 기본 토대이다. 이러한 이유로 철학의 인식론적 측면과 존재론적 측면 그리고 규범론적 측면의 크게 세 가지 측면에서 순서대로 개인주의를 최대한 '구체적으로' 이야기해보도록 하겠다.

우리는 '아이스크림이 달고 맛있다'라고 생각한다. 그런데 어떤 사람이 '달고 맛있는 것은 아이스크림이다'라고 주장한다면 우리는 그 사람이 무리한 주장을 하고 있다고 생각하게 될 것이다. 이처럼 우리가 생각하는 방식이 논리적인가 아닌가를 판단해 나가는 것이 인식론이다.

가령 아이스크림 나라 사람들이 '맛있는 것은 아이스크림이야'라는 믿음을 가지고 있다고 했을 때, 그러한 믿음은 그 나라 사람들이 아이스크림에 대한 특정한 행동을 하도록 이끈다. 이렇듯 사람들이 어떤 선택을 하고 결정을 하게 만드는 신념 체계가 곧 인식의 틀(frame) 역할을 한다. 그리고 그러한 신념들은 갑자기 어느 순간 머리 속에 생겨나게 되는 것이 아니라 태어나서 자라는 동안 여러 경험과 학습을 통해 획득된 지식이 쌓이고 쌓여서 형성된다. 즉, 나는 나 자신 내면의 축적된 지식을 토대로 특정한 신념 체계를 가지게 되고 이것이 내가 외부의 사물을 인식하는 데 있어서 고정된 틀의 역할을 하게 된다.

그런데 이 아이스크림 나라에서 어떤 여학생이 '저는 맛있는 것은 아이스크림이라는 생각에 동의하지 않아요'라고 말했다고 가정해보자. 그 여학생은 자신이 가진 초콜릿을 꺼내어 들고 '이게 더 맛있거든요'라고 말하면서 의기양양하게 사람들 앞에서 먹으려고 한다.

자, 이때 그녀는 바로 이 책에서 앞으로 얘기하고자 하는 인식론적 개인주의의 행동을 몸소, 특히 정치적으로 실천하고 있는 셈이다. 이는 나의 사고를 규정하고 있는 인식의 틀에 대해 물음을 던지는 행위이다.

인식론적 개인주의는 내가 가진 인식의 틀은 합리적인가, 객관적으로 이성적이라고 할 수 있는가를 자신에게 되묻는 행위를 본질로 한다. 가령 나는 아이스크림 나라에 살고 있지만 이 나라 사람들이 다들 생각하는 것과 달리 '정말 맛있는 것은 아이스크림일까?', '내가 이렇게 생각하는 것이 정말로 이성적인 사고라고 할 수 있을까?' 혹은 '내가, 그리고 우리가 거대한 착각 속에 빠져서 아이스크림에 대한 신화를 쫓아 살아온 것은 아닐까?' 등등의 물음을 던질 수 있다.

사람은 누구나 인생에서 그런 물음을 자신에게 던지는 순간이 찾아온다. 그 대상이 아이스크림이 될 수도 있지만 다른 어떤 대상과 관련해서든 자신이 가져왔던 믿음에 대해, 그 근거에 대해 심각하게 또 진지하게 질문을 던지는 순간을 맞이할 수 있다.

인간은 자신이 의식하지 못하는 사이에 태어나고 자라오면서 무수히 많은 사고의 틀 속에서 생활해오게 된다. 하지만 부모님과 많은 주변 사람들의 기대와 지시에 순응하며 살아온 과거와 결별하고 자신을 지배하는 사고의 틀과 사회적 시각에 맞서 '내가 지금 가지고 있는 생각은 진정 나의 생각인가?', '내가 가지고 있는 믿음들은 정말 나에게 가치를 가지고 내가 의미를 둘 수 있는 것일까?'와 같은 질문을 던지는 순간, 그는 익숙하게 젖어 있던 '사회의 일부'로서의 존재에서 걸어나와 '개인'으로서의 존재의 영역에 발을 들여 놓게 된다.

즉, 우리 자신 개인의 역사 속에서 이러한 인식론적 개인주의의 서막이 시작되는 순간은 분명히 존재한다. 그리고 이로써 나는 미성숙한 존재에서 성숙한 한 명의 '개인'으로 거듭나게 된다. 이와 같은 순간은 성실한 학습과 진지한 사고 과정을 거쳐 점진적으로 도달하게 될 수도 있고, 길고 험난한 여정의 결말에서 지혜를 선사 받는 듯 찾아올 수도 있으며, 어떤 책 한 권에 담긴 통찰의 힘에 이끌려 내면적 충격과 함께 맞닥뜨리게 될 수도 있다.

우리는 모두 자신 삶 속에서 인식론적 개인주의자가 되어야 할 필요성이 있다. 실제로 인간의 인생을 의미 있게 만들어 주는 것은 돈이나 명예보다도 '자신에 대한 진정한 자각'이다. 한 개인의 인생이 가지는 진정한 의미 역시 그 개인이 즐거움을 느끼든 슬픔을 느끼든, 행복을 느끼든 괴로움을 느끼든, 삶의 각 과정들을 다른 누구가 아닌 자기 자신이 느끼고 살아간다고 하는, 그리고 자신이 선택하고 결정했다는 사실에 있다. 가령 당신이 열심히 노력한 끝에 자수성가해서 당신의 기업과 당신의 이름을 사회적으로 빛나게 만들었다고 할지라도 어느 순간 알츠하이머 병에 걸려 기억을 상실하고 결국 당신 자신이 누구인지도 인식 못하는 지경이 된다면 어떻게 될까?

우리는 모두, 아름다운 인생이 됐건 후회스러운 인생이 됐건, 우리에게 주어진 이 인생(태어나는 순간부터 죽는 순간까지)을 처음이자 마지막으로 한 번만 살 수 있을 뿐이다. 이러한 소중한 내 인생에 대해 나 자신이 중요한 의미를 부여하고자 하면 할수록 나는 그만큼 철저하게 인식론적이고 존재론적인 철학적 사고를 필요로 할 수밖에 없게 된다.

• • •

존재하는 것은 사회인가, 개인인가

존재론적 개인주의의 측면에서는 개인과 사회의 관계가 개인을 중심으로 해석된다. 극단적으로 얘기하면 개인만이 실재하는 것이고 사회는 그저 추상적인 관념일 뿐이다. 가령 학교의 한 교실에서 함께 공부하는 학생들이 같은 교복을 입고 같은 시간표 상의 수업을 들으며 같은 메뉴의 급식을 먹고 생활한다 해도, 각각의 학생들은 모두 다른 꿈과 다른 취향과 다른 생각을 하면서 살아가는 개인으로서 존재한다. 그 학급의 담임 교사가 그 학급의 성적 평균에 대해 혹은 학급의 수업 분위기에 대해 이야기할 수는 있겠지만, 그러한 요소들보다 결국 학생 개개인의 상황과 목표가 더 중요하다는 사실은 변하지 않는다.

국가 역시 국민들이 같은 법 규정, 동일한 기준의 세금 및 여러 의무와 권리를 지니지만, 국민 개개인의 생각과 믿음은, 그리고 그들의 인생 항로는 그러한 법조문이나 세금 항목보다 훨씬 변화 무쌍하고 복잡 다난하다. 18세기 유럽의 계몽주의 시대 철학자들도 국가의 본질이란 결국 인간 개개인이 자신의 생명과 재산을 보호받고 안전하게 살아가기 위해 서로 간에 약속한 계약의 결과일 뿐이라고 생각하였다.

앞서 한 개인의 인생에서 인식론적 자립이 일어나는 순간에 대해 이야기한 바 있다. 내 신념에 있어서의 자율성(autonomy)을 새로이 인식하는 순간인 것이다. 그리고 이를 통해 자연스럽게 우리의 사고는 인식론적 개인주의에서 존재론적 개인주의로 발전해 나간다. 물론 이러한 인식론적, 존재론적 개인주의의 핵심이라 할 수 있는, 신념과 행위의 자율성을 우리 자신이 온전히 행사할 수 있어야 한다는 생각은 실제로는 말처럼 그렇게 간단하지 않다.

사람이 무인도에서 혼자 살아가거나 늑대 소년처럼 성장하지 않는 이상 자신이 몸담고 살아가는 사회의 다른 사람들과 어느 정도는 비슷하게 생각하고 행동하지 않을 수 없을 것이다. 하지만 그럼에도 불구하고 집단의 기대 행동에 무비판적으로 따르는 것은 문제가 있다고 볼 수 있다. 〈자유론(On Liberty)〉에서 존 스튜어트 밀(John Stuart Mill, 1806~1873)은 '자기 삶의 계획을 세상에 내맡기는 사람들이 가질 수 있는 유일한 능력이란 사실 원숭이처럼 흉내 내는 장기일 뿐'이라고 신랄하게 얘기하기도 했다.[1]

더 나아가 설령 내가 내린 결정이 나중에 원치 않았던 결과를 초래하게 된다 해도, 내가 결정을 내리고 행동하는 과정에 있어서 온전히 나의 자율성을 행사했다면 그에 따르는 결과에 나는 최종적인 책임을 져야 한다. 인생에서 내리는 결정의 무게에 대해 깊이 고민을 해본 경험이 있다면, 당신은 이미 사르트르와 같은 20세기 프랑스 실존주의 철학가들의 사유에 조금은 가까이 다가가고 있는 셈이다.

이들보다도 더 분명하고 강렬하게 행위와 신념의 자율성을 극단까지 추구했던 철학가는 니체(Nietzsche)였다. 그가 이상적으로 바라본 가장 위대한 인간상은 '절대적 고독 속에서 은둔할 수 있는, 다른 모든 사람과 처절하게 구별되고자 하는 인간'이었다.[2]

물론 한 개인의 각성 혹은 그의 행동의 변화가 개인주의의 '역사'에, 혹은 인간의 역사에 가지는 영향은 거의 미미할 것이다. 내가 아무리 갈매기 조나단처럼 다른 모든 이들이 걸어가는 길을 벗어나 나 홀로 아무도 가지 않은 길을 걸어간다 해도, 현실에서 나는 바닷가의 수많은 갈매기 중 하나일 뿐이다.[3] 즉 나 자신의 인생에서 경험하는 인식론적 대전환 및 그에 따르는 행위의 변화도 사회 전체가 시대적으로 경험하게 될 혁명적 변화에 비교할 때 그 중요성은 미약하기 그지없어 보인다. 하지만 그럼에도 개개인의 신념과 행위에 있어서의 변화가 의미 없다고 말할 수는 없다. 사회 전체의 인식론적 각성 및 사회적 현상의 변화 역시도 결국 그 사회 구성원 개인의 변화로부터 시작될 수밖에 없다.

바로 존재론적 개인주의는 이러한 개인의 신념과 행위의 자율성, 스스로의 선택과 결정에 따르는 존재론적 무게에 대한 인식 그리고 사회적 변화의 출발점으로서의 개인의 중요성 등을 바탕으로 추구될 수 있다. 물론 이러한 시각, 즉 '사회 전체의 변화는 개인의 변화에서 비롯될 수밖에 없으며 궁극적으로 의미가 있는 것은 사회가 아니라 개인이다'라는 시각에 대한 비판 내지는 이와 상반되는 시각 역시 분명히 존재해왔다.

맑시즘이나 파시즘과 같은 반개인주의 혹은 집단주의의 인식론적, 존재론적 관점에서는 개인을 근본적이고 독립적인 실체로 인식하려는 시도 자체가 부정된다. 왜냐하면 그러한 개인이 존재한다는 생각 자체는 추상적으로만 가능하다고 보기 때문이다. 극단적으로 얘기하면 어떤 사람이 사회구성원으로서 존재하지 못한다면 그는 개인으로서도 존재할 수 없다고 말할 수 있다. 초콜릿 소녀가 아이스크림 나라에서 홀로 초콜릿이 더 맛있다고 외치는 개인주의적 행위 이전에는, 그리고 초콜릿이 더 맛있다고 느끼는 생각 이전에는, 초콜릿이 그 나라에 수입되거나 생산되거나 아무튼 존재한다는 사실이 전제되어야 한다. 그 아이스크림 나라에서 전혀 초콜릿이 존재하지 않는다면 '초콜릿 소녀'라는 관념도 생겨날 가능성이 없는 것이다.

이러한 반개인주의의 사상은 1930년대 이탈리아 무솔리니 정권 초기에 교육부 장관 직을 역임했던 교육철학자 지오반니 젠틸레(Giovanni Gentile, 1875~1944)의 철학적 표현, '개인이 속해 있는 공동체는 곧 그의 정신적 실존을 위한 기초이다'라는 말 속에서 잘 확인할 수 있다.[4] 이러한 반개인주의자들의 주장은 다음과 같다. 즉, 만약 한 개인이 그 사회의 집단적 전통을 받아들이지 않았다면, 가령 자신이 태어나고 자라온 그 사회의 도구와 언어를 전혀 쓸 줄 모른다면, 그는 인격적인 개체로서의 인간이 아닌, 그냥 존재하는 동물 혹은 생명체로서의 의미만을 가질 뿐이다. 이러한 반개인주의의 철학적 논리, 즉 '인간의 인식과 존재는 자신이 성장해온 사회에 의해 구조화된다'라는 주장은 역사적으로 큰 힘을 발휘해 왔다.

하지만, 개인이 자신이 몸 담고 있는 사회의 (정치, 경제, 사회, 문화적 요소를 모두 포함하는 거대한) 틀로부터 자유롭지 못하며 그 틀에 신세지고 살아왔다는 것과, 개인이 그 틀에서 벗어나서는 안된다는 것은 별개의 문제이다. 오히려 그 틀을 객관적으로 인식하고 그 틀을 벗어난 자신의 존재성에 대해 발견 혹은 탐색하려는 시도는 인간의 역사에서 혁신과 진보를 이끈 주 원동력이었다.

・・・
개인주의는 충분히 윤리적인가

이러한 인식론적, 존재론적 차원에서의 개인주의와 집단주의 개념은 실제 현실의 개인과 사회의 관계에 대한 어렵고 모호한 문제들에 어떻게 적용될까? 뒤에 이어지는 내용은 개인주의가 정치, 경제, 사회적 여러 현상들과 원칙적으로 어떠한 관계를 맺게 되는지의 문제를 다루게 될 것이다. 여기서는 그 첫 시작으로 한 사회의 윤리 문제에 개인주의는 어떠한 원칙으로 기능하게 되는지에 대해 이야기해보고자 한다.

우선 당연하게도, 개인주의는 윤리의 문제에 답을 하지 않을 수 없다. 그런데 이는 단순히 인식론적, 존재론적인 관점에서 개인을 윤리적 주체로 인식한다는 대답 만으로는 불충분할 것이다. 사회 속에서 타인과 맺는 상호작용을 떠나서는 '윤리적 주체로서의 개인'이라는 개념 자체도 공허해지기 때문이다.

그렇다면 도덕철학적 개인주의, 즉 규범론적 개인주의란 무엇일까? 이는 궁극적인 도덕적 가치가 개인에게 속한다고 보는 철학적 관점이다. 진정으로 실재하는 존재는 사회가 아닌 개인이라고 보는 존재론적 개인주의의 연장선에 서있는 시각이기도 하다. 이는 나 자신 혹은 우리 집단(myself, my group)에게 유리한지 불리한지를 가장 중요한 가치 판단의 기준으로 따지는, 이기주의적 행위를 정당화하는 논리와 구별된다. 일상에서 이기적인 행위란 자신의 행동을 집단적인 측면에서 보지 못하고 자신의 욕심과 충동만을 좇는 행위를 주로 일컫는다. 이러한 나 중심성 혹은 우리 중심성과 달리, 규범적 개인주의는 철저히 이 사회의 모든 개인(all individuals)을 가치 판단의 중심에 둔다.

그리고 이러한 측면에서 규범론적 개인주의는 공리주의와 깊은 관련을 가진다. 개인이 어떤 행위를 할 때 자신이 속한 집단과 사회에 그 행위가 어떤 결과를 초래할 지에 대해 생각하고 책임지는 것은 집단주의나 개인주의를 떠나 윤리적 태도를 위한 기본 전제이다. 공리주의는 나 자신과 같은 특정 개인의 이익이 중심이 아니라 사회 전체의 유익을 가져다주는가를 중심으로 개인의 행위의 윤리적 의미를 판단하는 사상이다.

문제는 집단주의도, 개인주의도 공리주의와 연계될 수 있지만, 공리주의적 시각에 개인의 권리와 자유에 대한 인식이 결여되는 순간 전체주의적 성격을 띠게 될 수 있다. 즉 전체의 이익을 위해 소수에 해당하는 개인들의 이익은 무시될 수 있다는 논리로 흐르게 된다.

반대로 다원주의와 상대주의를 바탕에 두고 있는 개인주의가 공리주의와 결합할 때, 각 개인들은 서로 다른 가치를 추구하는 존재임을 인정할 수 있게 되며, 동시에 특정한 가치나 이데올로기를 통해 개인이 집단에 희생당하는 것을 강요하지 않을 수 있게 된다. 이는 각자 행복을 달리 정의하는, 서로 다른 가치를 가진 개인들이 때로는 이해관계를 달리 하며 갈등하기도 하고 때로는 이해관계가 일치하여 협력하기도 하는 복잡한 상황 속에서 이해 관계의 갈등을 풀어나가기 위해 특히 중요한 의미를 가진다. 즉, 서로 다른 가치를 가지고 살아가는 사람들이므로 결코 나 자신의 가치만을 내세워서는 안되며, 그렇다고 집단이 추구하는 가치에 복종과 희생을 강요받는 것도 거부한다.

규범론적 개인주의는 이처럼 개인주의에 바탕을 둔 공리주의적 태도를 취하게 될 때 사회적 윤리의 형성과 유지에 기여할 수 있게 된다. 규범론적 개인주의는 결코 나 자신의 이익을 내세우는 이기주의와 다르다. 즉, 사회의 구성원들이 서로의 가치를 존중하며 자신의 행위가 사회 전체에 어떠한 결과를 초래하게 될지를 고려하여 행동하는 모습은 개인주의를 바탕으로 한 공리주의적 태도이자, 이것이 바로 개인주의가 지향해 나가야 할 모습이기도 하다. 결국, 타인의 이해관계를 존중하고 내 행위가 사회 전체에 해가 되지 않도록 노력하는 태도는 규범론적 개인주의를 바탕으로 한 윤리적 개인이 되기 위한 기본 태도라 할 수 있다.

가령 여기에 조나단이라는 이름의, 개인주의자를 자처하는 한 사람이 재판장에 서있다고 가정해보자. 조나단은 자신의 종교적 신념이 우리와 달랐다. 그는 우리 사회가 인정하는 신들에 대해 거부하지는 않았으나 그는 그 신들의 가르침을 우리들이 알고 있는 것과 다르게 해석하였다. 그리고 자신이 해석한 그러한 교리를 그의 주위 사람들에게 설파하였다. 그렇게 그의 교리를 받아들인 사람들 중 한 명이 최근에 다른 사람들에게 해를 끼쳤는데, 사람들은 그 사건의 근본 원인이 조나단이 퍼뜨린 이단적인 내용의 가르침 때문이라고 생각하여 조나단이 법정에 서게 되었다.

이때 물론 법정에서는 그 다툼에 대한 구체적 정황과 그에 따른 법리를 따져야 하겠지만, 여기서 규범론적 개인주의의 차원과 관련하여 중요하게 짚고 넘어가야할 점이 있다. 먼저 규범론적 개인주의에 대한 논의는 인식론적, 존재론적 개인주의의 전제 위에 제대로 이루어질 수 있다. 가령 먼저 우리는 조나단에 대해 '위험한 이단'을 전파하고 있는 자라는 편견 없이 바라보는 것이 중요하다. 실제로 위험한 이단이라는 개념은 이미 그 사회 일부 구성원들의 주관적 판단이 개입된 표현이다.

따라서 위의 가상 법정에서의 죄의 유무를 결정하기 이전에, 조나단에게 내려진 이단이라는 사회적 낙인에 대해서부터 사실 규명과 사회적 논의가 필요하다. 즉 조나단이 설교하는 교리는 어떠한 가치를 추구하고 있는지, 그 가치가 이 사회가 공통적으로 추구하는 최소한의 도덕적 가치와 어떻게 상충하는지를 살펴보아야 한다. 이를 위해 조나단의 가르침 내용에서 '어떤 부분이 구체적으로 사회의 유익에 위배될 수 있는지'를 구분해낼 수 있어야 한다. 이러한 과정을 거친 후에야 조나단의 교리가 지향하는 가치에 대해 객관적인 판단을 할 수 있을 것이다. 그리고 이러한 규명과 논의는 모든 편견을 내려놓고 개방되고 자유로운, 안전이 보장된 조건에서 진행되어야 한다.

하지만 위와 같은 과정을 충실히 밟아 나간다 하더라도 문제는 존재하는데, 규범론적 개인주의의 차원에서 제기할 수 있는 첨예한 질문은 다음과 같다. 먼저 우리는 대부분 조나단이 사회의 합의된 규범을 무시하고 더 나아가 사회를 유지시켜 나가는데 필요한 최소한의 의무나 책임을 져버려도 된다는 의견에 동의하진 않을 것이다. 하지만 그가 사회의 합의된 규범을 무시하고 더 나아가 사회를 유지시켜 나가는데 필요한 최소한의 의무나 책임을 져버렸다는 사실이 곧 그가 사회에 해를 끼치고 있다고 판단할 충분한 근거가 될까? 너무나 당연하게 들리는 말에 이처럼 문제를 제기하는 것에 대해 많은 사람들은 당혹스러울 수도 있을 것이다.

가령 위의 법정에서 새로 밝혀진 사실에 의하면, 평소 조나단은 집을 두 채 이상 가지는 것은 부도덕한 짓이므로 집이 두 채 이상인 사람의 경우 그의 집 한 채를 제외한 나머지 집은 다른 집 없는 사람에게 주어져야 한다고 주장했다고 한다. 또한 그 두 채 이상을 가진 자 역시 '한 채를 제외한 다른 집에 대해 소유권을 행사하려 해선 안 된다'고 설교했다는 것이다. 그리고 최근에 벌어진 위의 사건은 바로 조나단에게 직접 가르침을 받은 한 사람이 집을 두 채 가지고 있던 부자의 별장에 무단 침입해 금품을 약탈하려고 시도한 것이었다. 그는 경찰 조사에서 자신은 조나단의 가르침에 충실히 따라 행동하였으며 죄가 없음을 주장했다. 그는 오히려 경찰들에게 조나단의 설교를 전하고 그들을 설득하고자 시도하였다.

우리들 배심원 중에는 그렇게 설교한 조나단이 법정에서 유죄를 선고받아야 한다는데 동의하는 사람도 있을 것이다. 설령 그가 직접 침입해서 강도 짓을 하지 않았다고 해도 말이다. 그의 생각이 사회의 규범을 어기게 부추겼다고 생각하게 되는 것이다.

그런데 사회의 규범이란 무엇일까? 모두가 알고 있듯, 이는 신이 내려준 진리는 아니다. 사회를 유지시켜 나가는데 필요한 최소한의 의무나 책임 사항을 사회의 구성원 다수가 동의한 것? 이는 다수가 동의하는 행동의 원칙이라면 그 사회의 규범이 될 수 있음을 의미하는가? 집을 한 채 이상 가진 사람은 소수이고 그렇지 못한 사람이 절대 다수일 때 (실제로 대부분의 사회가 이렇다), 조나단이 설교한 것처럼 다주택 소유자의 재산을 사회가 나눠 갖자는 주장이 의회에서 다수석을 가진 집권 여당에 의해 통과되면 이것은 그 사회의 규범이 될 수 있는가? 만약 그렇다면 국가가 세금이라는 명목으로 부자의 집을 법으로 강제해서 가져가는 것과 조나단의 설교에 감명받은 가난하고 불쌍한 청년이 부자의 집에 무단 침입해서 얼마되지 않는 양을 훔쳐가려 한 것과 그 본질은 무엇이 다른가? 다수가 지지하는 공식적이고 법제적인 소유권 박탈과 소외되고 가난한 한 청년의 비밀스러운 도둑질, 둘 중 어느 것이 더 나쁠까? 둘 중 어느 쪽이 장차 사회적으로 더 큰 파급효과를 초래하게 될까?

규범론적 개인주의에 따른다면, 사회의 아무리 다수가 동의했든 모든 도덕 규범의 궁극적 가치는 개인에게 있다. 따라서 사회의 다수가 동의한 도덕 규범이라 해도 개인의 신체와 재산에 대한 자치권 및 표현의 자유 등 개인의 인격을 구성하는 본질적인 권리를 박탈하거나 침해하는 행위는 인정될 수 없다. 즉, 그러한 행위는 그것이 국가에 의해 강제되든 불한당에 의해 저질러지든 본질적인 면에서는 동일하며 도덕적으로 정당화될 수 없다. 사회적 규범에 단순히 따르기보다 자신만의 내적 도덕 기준을 내세운 조나단은 윤리적인 행동의 측면에서 일견 개인주의자다운 모습을 보여주기도 하지만, 이런 관점에서 보자면, 결코 규범론적 개인주의의 철학을 가진 자라고 볼 수는 없다. 더 나아가 조나단의 설교에 담긴 생각, 즉 그가 가진 도덕의 준칙은 보편화될 수 없는 위험성을 가지며, 특히 정치 경제적 차원에서 보면 정확히 반개인주의의 시각을 반영한다. 이어지는 내용에서는 본격적으로 개인주의가 사회 현실의 첨예한 대립 관계와 갈등 구조 속에서 어떠한 역할을 할 수 있을지에 대해 논의해 본다.

· · ·

각 개인이 서로 다른 행복을 누릴 권리

철학이 인간 삶의 영역에 직접적으로 영향을 미치는 방식은 다양하지만, 가장 적나라하게 철학의 힘이 작용하는 부분은 정치라 할 수 있다. 만약 '맛있는 것은 다 아이스크림이지(즉, 맛있으려면 아이스크림이 되어야 해)'라고 생각하는 사람들이 권력을 잡고 정치를 하게 된다면, 그 사회에서 사는 사람들은 맛있는 것을 아이스크림 외에는 먹어보지 못하고 인생을 살아가게 될 지도 모른다. 물론 극단적인 예이지만, 정치는 세상의 다른 영역들과 달리, '행동을 공식적으로 강요할 수 있는' 영역이며, 이는 정치가 가진 본질이기도 하다. 특히 그 강요하는 방식과 내용, 즉 어떤 행동을 강요할 수 있을까, 혹은 강요하기 위한 조건과 기준을 어떻게 합의해 나갈까 등의 문제에 있어서 정치철학은 정치와 깊숙이 관계된다.

즉 '행동을 강제할 수 있다'라는 것이 정치의 본질이라면, 한 사회의 정치사상(혹은 정치 이데올로기)은 바로 그 사회의 정치를 좌지우지할 수 있는 힘을 가진다. 그런 이유로 동서고금을 통해 정치 권력을 장악한 집단은 무엇보다도 그 사회의 정치 이데올로기를 장악하는데 공을 들였다. 가령 어떤 지배 집단이 그 나라 사람들에게 아이스크림만 쳐다보고 살게 만들고자 한다면, '맛있는 것이 아이스크림인 것이다'와 같은 류의 사고 방식을 그 나라 사람들의 머리 속에 세뇌시키는 것이 그들이 가진 권력을 성공적으로 작동시키는 한 방법이 될 수 있을 것이다.

앞서 인식론적 개인주의에 대한 이야기에서 비유로 들었던 초콜릿 소녀의 모습은 자신의 국가(아이스크림 나라)의 정치 이데올로기에 정면으로 저항하는 모습이기도 했다. 실제로 한 국가에서 (그 국민들이 행복해지기 위한) 정책의 방향을 누가 결정할 것인가, 그리고 '어떠한 방향의 정책들'을 추구해 나갈 것인가의 문제에 개인주의 철학은 깊숙이 관여해왔다.

서구의 정치사에서 얘기하는 개인주의 개념의 핵심을 단순하게 말해본다면, 다음과 같을 것이다. '모든 개인은 자신의 고유한 행복을 저마다 자신만의 방식으로 자유롭게 추구해 나갈 수 있어야 한다'는 것이다.

서구 근대 정치사에서 이러한 정치 철학적 개인주의 개념과 긴밀한 관련을 가지는 정치 이념이 자유주의(liberalism)이다. 앞서 언급한 저 초콜릿 소녀를 지켜주기 위해 필요한 정치사상도 바로 자유주의이다. 개인주의는 자유주의와 각별한 관계에 있다 할 수 있는데, 여기서는 간략히 이 자유주의를 정치적 자유주의와 경제적 자유주의로 구분하였을 때의 주된 특징을 이야기하고 넘어가도록 하겠다.

자유주의는 정치적으로는 양심과 사상의 자유, 그리고 이를 마음껏 표현할 수 있는 자유(언론, 출판, 집회, 결사의 자유)를 의미한다. 즉 어떤 문제, 가령 초콜릿 소녀가 초콜릿에 대한 자신의 생각을 표현한다고 했을 때, 그녀 자신의 관점에서 진리라고 생각되는 의견을 자유롭게 말할 수 있어야 한다는 것이다. 이를 위해서 그녀는 자신의 생각을 글로 쓰거나 대중 강연을 하는 등 다양한 방법으로 전달할 수 있는 자유를 보장받아야 한다. 더 나아가 비슷한 생각을 가진 사람들과 모여서 대중 앞에서 자신의 의견을 전달하거나 필요하다면 그러한 비슷한 의견을 가지고 있는 사람들과 특정한 (가령 '초콜릿을 사랑하는 사람들'과 같은) 단체도 결성할 수 있음을 의미한다. 이러한 자유주의 원리는 민주주의 제도와 19세기에 결합하여 현대 자유민주주의로 이어져 오고 있다.

한편 정치적 자유주의와 동전의 양면처럼 동시에 존재하게 되는 경제적 자유주의는 계약 체결의 자유를 그 핵심으로 한다. 가령 내가 길에서 버스를 탔을 때 버스 운전사와 나는 일종의 계약을 체결하게 되는 셈이다. 즉 버스기사는 나를 안전하게 내가 원하는 목적지 정류장에 내리게 해줄 것이고 나는 그에 대한 대가로 돈을 지불하는 쌍방계약을 체결하는 것이다. 이는 전적으로 자유롭게 체결되어야 한다는 것이 경제적 자유주의 사상이다. 내가 길을 걸어가고 있는데 버스기사가 강제로 나를 태워서도 안되고(이는 납치 행위가 된다), 내가 흉기로 버스기사를 위협하여 나를 태우게 강요해서도 안된다(이는 강도 행위이다).

이러한 정치적, 경제적 자유주의를 종합적인 측면에서 보았을 때, 자유주의의 가장 중요한 근본이 되는 전제 조건이 하나 있다. 그것은 바로 개인의 신체와 재산, 생각 등 개인에게 귀속될 수 있는 대상에 대해 그 개인이 가지는 일련의 권리들이 일정하게 보장될 필요가 있다는 것이다.

가령, 초콜릿 소녀가 학교에서 집으로 하교를 하는데 길에서 누군가가 그녀에게 무기를 들고 위협을 가하며 그녀의 가방을 넘겨줄 것을 강요하는 상황이라면 누가 봐도 부당한 상황이라고 생각할 것이다. 정확히 표현하면 이는 그 초콜릿 소녀의 신체와 재산에 대한 권리가 침해받은 것이고, 여기에는 재판에서 어떠한 처벌을 내리는 것이 가장 적절할 지에 대한 논의 외에는, 기본적으로 그 행위의 부당성에 대해 논쟁할 여지가 별로 없다.

하지만 우리가 사는 현실은 그보다 훨씬 복잡하다. 가령 그 소녀가 가게에서 초콜릿을 사려고 하는데 가격이 예전보다 2배로 올라서 그 이유를 주인에게 물었더니 주인이 '초콜릿에 특별 세금이 100%가 부과되어서 그렇다'고 말했다. 이 상황에서 그 소녀는 그 아름다운 아이스크림 나라의 입법부가 제정하고 행정부가 시행하고 있는 조세 정책에 대해서 동의하기 힘들 것이다. 만약 그럼에도 불구하고 그녀가 그 초콜릿을 결국 사게 된다면, 물론 이는 그녀의 선택이자 의사에 기반한 행위의 결과라 할지라도, 실제로는 그 소녀의 재산권이 국가에 의해서 위협당하는 상황이다. 그 나라의 정치가 민주정치이고 입법부, 즉 의회를 구성하는 의원들이 선거로 당선된 대표성을 가지는 사람들이라 해도 그 본질은 바뀌지 않는다.

물론 초콜릿에 특별 세금을 도입한 아이스크림 나라 정치인들의 그러한 결정도 나름 사정이 있을 것이다. 실제로 개인주의는 민주주의와 매우 미묘한 관계에 있다. 하지만 여기서는 아이스크림을 사랑하는 그 아름다운 나라의 국민들의 생각이 본질적으로 초콜릿 소녀의 재산권을 위협하고 있는 상황이라는 점만 지적하고 넘어가도록 하겠다.

더 나아가 위의 상황은 초콜릿 소녀의 얼마되지 않는 재산뿐 아니라 그녀가 가진 선호, 성향, 양심과 종교적 신념 등이 포기되도록 간접적으로 종용 되는 상황이기도 하다. 단순히 그녀의 재산을 직접적으로 포기하도록 위협하는 것을 넘어선, 이러한 간접적인 방식의 기본권에 대한 위협은 정치 철학적인 측면에서 볼 때 중요한 논쟁의 주제가 된다. 정치경제적 자유주의의 전제가 되는 이러한 개인의 신체, 재산, 생각, 인격에 대한 기본 권리를 신성하게 보장되어야 할 자연법적 권리로 보는 관념은 서양사상사에서 근대에 형성된 핵심적인 정치 개념이었다.

하나 더 지적할 점은, 개인주의의 핵심 원리와 마찬가지로 이 정치적, 경제적 자유의 원리들은 어느 특정한 개인 혹은 집단에게만 해당되어서는 안되고 '모든' 개인에게 똑같이 적용되어야 한다는 점이다. 결국 이러한 개인주의와 자유주의의 원리가 공유하는 기본 생각은 '나의 권리는 다른 사람의 권리보다 절대로 더 중요하지 않으며, 나의 자유는 다른 사람의 자유보다 절대 더 중요하지 않다'는 것이다. 이 생각은 개인주의와 자유주의가 공히 내포하는 도덕성의 핵심 기반이기도 하다.

・・・

왜 시장(market)은 개인주의와 관련이 깊은가

앞에서 정체성이 불분명한 자칭 개인주의자 조나단이 재판받는 가상의 법정 상황을 통해 도덕철학적 관점에서 개인주의에 대해 살펴본 바 있다. 그런데 행위의 '준칙'에 있어서 보편성을 강조하는 칸트적 도덕철학의 시각에서 보면 어떨까? 칸트(Immanuel Kant, 1724~1804)의 실천이성(practical reason) 개념에 의하면, 준칙은 각 개인이 자신의 이성적 능력을 바탕으로 도덕적 행위에 대해 가지는 기준이다. 칸트는 이 준칙이 가능한 한 자기 자신의 주관적 견해와 이해관계를 초월해 누구에게도 적용될 수 있는 기준이 되도록 해야함을 주장했다.

그러한 칸트의 도덕철학적 관점에서 조나단의 설교 내용을 보자면 다음과 같이 설명할 수 있다. 즉, 집을 두 채 이상 가진 사람에 대해 타인(국가를 포함)이 그의 소유권을 침해하는 행위에 대해서, 이 행위의 정당성이 사회적으로 인정되기 위해서는, 즉 그 침해 행위가 보편적인 도덕성을 가지는 준칙으로서 기능할 수 있으려면, 모든 사람이 자신의 집 소유 여부와 관계 없이 두 채 이상 소유한 자의 재산권을 침해할 수 있어야 한다. 행위의 준칙 개념은 항상 인간의 사회적 행위를 보편적 시각에서 바라보게 만든다. 즉, 칸트적 시각에서는, 가령 어떤 준칙이 어느 한 사회에서 보편적으로 기능하게 되는 경우 그 사회 전체적으로 볼 때 어떤 결과가 초래될지를 고려해야 한다.[5]

위의 경우엔 아마 아무도 집을 두 채 이상 가지지 않으려 하는 결과가 초래될 것이다. 이렇게 되면 시간이 지나면서 장기적으로 그 사회에 주택 시장의 공급은 점점 감소하게 될 것이다. 그 결과 주택 가격(집 값)은 점점 상승하게 될 것이다. 그렇게 되면 아마 대부분의 사람들은 젊은 시절 혹은 대부분의 인생 기간을 정부가 공급하는 공공 임대 주택에서 보내야 할 것이다. 정부는 정부 대로 늘어나는 공공 임대 수요에 대처하고 공공 주택 건물을 유지 보수해 나가기 위해 보다 많은 예산을 필요로 할 것이다. 이는 고스란히 세금 부담으로 전가되어 사회적 갈등을 증폭시키는 결과를 초래하게 된다. 한편, 공공 임대 주택에 들어갈 돈도 벌지 못하는 가난한 사람들은 (월세든 전세든) 세들어 살 집을 구할 수 없으므로 여관을 전전하거나 판잣집을 만들어서 살 수밖에 없다. 이 역시 사회적 갈등과 불안정성을 심화시키게 된다.

따라서 칸트적 도덕철학의 관점에서 볼 때 조나단의 설교는 사회 전체적으로 행위의 준칙이 되기에는 너무 많은 부작용과 위험성을 내포하는 사고이다. 가령 다주택 소유자에 대한 중과세 부과 정책을 비롯해 임차인을 보호하기 위한 (보통 다주택자인 경우가 많은) 임대인을 대상으로 한 다양한 규제 법안들은 그 기저에 조나단의 설교와 같은 사고가 자리 잡고 있다. 이에 대해 다수의 경제학자들은 이러한 국가 정책들이 다른 여러 원인들과 맞물려 결과적으로 자본 투자가 가능한 집단이 시장 가치가 높은 부동산에만 집중하게 만드는 (다수의 주택을 보유하는 것이 규제를 받으므로) 현상을 초래하여 그 결과 부동산 시장의 가격 격차 및 주택의 빈부 격차를 확대시킴을 지적한다. 물론 이러한 빈부 격차를 제한하기 위한 정부의 정책이 당연히 시행되기 마련인데, 이 경우에는 더 안 좋은 결과, 즉 자본의 해외 탈출을 초래하게 된다. 이는 정확히 아시아와 아프리카, 남아메리카 그리고 최근엔 중국까지 포함해 무수한 국가들에서 벌어져온 현상이다. 실상 오늘날 유럽이나 미국, 일본 등 선진국의 많은 금융 회사와 부동산 회사들에게 그러한 중진국 및 후진국 부유층들의 자본 유출은 중요한 수입원이다.

하지만 1가구 1주택을 선(善)으로 다주택 혹은 고가 주택 보유를 악(惡)으로 보는 경제적 시각을 바탕으로 정부가 주택 시장의 수요 공급 문제에 개입할 것을 주장하는 사회적 목소리도 강력하다. 가령 이러한 목소리를 내는 사람들은 사실상 조나단의 설교처럼 개인이 집을 두 채 이상 소유하지 못하도록 정부가 세금이나 여러 경제 정책을 통해 압박해야 한다고 주장한다. 다양하고 강력한 규제 조치들을 정부가 시행하지 않고 주택의 계약 행위를 자유로운 시장에서 이루어지도록 방치하는 경우, 부자는 너무 많은 집을, 가난한 자는 집을 영영 못 가지게 되는 상황이 펼쳐지게 된다고 보기 때문이다. 실제로 경제학자들 중에서도 이러한 논리로 정부가 주택 시장에 개입하지 않을 수 없음을 주장해온 경제학자도 많다.

가상의 이야기 속 조나단의 설교와 관련해서 시장 현상과 정부의 역할을 설명하는 위의 논쟁적인 두 상반된 시각은, 경제현상을 바라보는 본질적으로 대립하는 두 경제적 시각을 각각 상징한다. 물론 개인주의 철학을 단순히 이와 같은 시장이냐 정부냐의 이분법적 도식으로 설명하고자 하는 것은 한계를 가진다. 하지만, 경제 철학적 관점에서 개인주의의 의미는 시장을 떼어놓고는 설명할 수 없다. 시장에 대한 정부의 개입은 전통적으로 개인주의 철학과 반대되는 정책의 방향으로 인식되어왔다.

가령 사회를 '개인들 간의 상호작용의 합'으로서 인식했던 19세기 독일 철학자 게오르그 짐멜(Georg Simmel, 1858~1918)은 개인주의와 시장의 관계에 대해 일찍이 통찰력 있는 시각을 선보였다. 짐멜에게 있어서 시장의 교환 수단인 화폐는 개인들 간의 상호작용을 사회적으로 가장 정확하고 순수하게 표상하는 매개체였다.[6] 더 나아가 화폐는 개인을 사회의 여타 구속으로부터 자유롭게 만드는 결정적인 수단이기도 했다. 짐멜은 19세기 이전의 개인주의가 평등 속에서의 개인의 자유를 추구하고자 한 시도였다면, 19세기 이후의 개인주의는 분업 속에서 개인의 자유를 추구하는 특징을 가진다고 보았다. 이러한 시각에서 볼 때 시장과 화폐는 개인들이 분업화된 사회 경제적 활동을 통해서 자신의 자유를 추구하면서도 다른 개인들과 자유로이 상호작용할 수 있도록 이어주는 틀이자 매개체였다.[7]

개인주의를 시장과 화폐라는 프리즘을 통해 해석하는, 상당히 현대적으로 들리는 위와 같은 짐멜의 논의는 사실 그가 살던 19세기 후반 독일과 유럽의 경제학적 대전환을 배경으로 하고 있었다. 경제학의 역사에서 가장 드라마틱한 시각의 전환은 1870년대 초 영국의 윌리엄 제본스(William S. Jevons, 1835~1882)와 오스트리아의 칼 맹거(Carl Menger, 1840~1921), 그리고 프랑스의 레옹 발라스(Marie E. Léon Walras, 1834~1910)에 의해 일어나게 되었다. 각각 독자적으로 자신의 이론을 발표한 이들에 의해 19세기 후반 한계효용(marginal utility) 이론이 경제학에 성립하게 되었는데, 경제학의 역사에서는 이 시기에 일어난 이 혁명적인 시각의 전환을 한계혁명(marginal revolution)이라 부른다.

경제 철학에서는 인간이 시장에서 재화나 서비스를 구매하여 소비하는 목적이 효용(utility)에 있다고 본다. 이 효용은 인문학적으로 이야기하면 만족감, 즉 행복(혹은 정신적 기쁨)이라고 볼 수 있다. 그런데 한계효용이론이란 우리가 재화나 서비스를 소비함으로써 가지게 되는 효용이 일정하지 않고 변화한다는 이론이다. 즉, 이는 달리 표현하면 우리가 시장에서 구매하는 재화나 서비스의 가치는 고정된 것이 아닌 변화하는 것임을 의미한다. 즉, 그 재화나 서비스의 가치는 객관적으로 결정되어지는 것이 아닌 시장에서 그 재화나 서비스를 선택하는 구매자의 주관적인 욕구에 의해 영향받을 수 있음을 의미한다.

19세기 후반은 이른바 한계 혁명의 시대였다. 아름다운 수학적 공식으로 증명된, 시장에서 교환되는 상품의 가치가 가지는 주관성이라는 개념은 기존 서양인들이 가지고 있던 정치, 경제, 사회, 문화의 제반 시각을 뒤흔들어 놓기에 충분했다. 아리스토텔레스적인, 뉴턴적인 객관적 물리 세계에선 모든 것이 그 안에 이미 본질적으로 고정된 내재적 가치를 가지는 것으로 인식되었다. 가령 사람들은 사과라는 과일을 머리 속에서 쉽게 떠올릴 수 있지만, 사과의 본질을 이상적으로 구현한 완벽한 사과는 현실에 존재하지 않는다. 하지만 이러한 완벽한 사과, 즉 이데아적 사과는 플라톤의 철학 속에선 분명 존재했다. 인간 역시 신에 의해 창조된 그 모습 그대로 신에 의해 부여된 절대적 가치를 가지는 존재였고 이것이 스피노자나 데카르트와 같은 서양 철학자들의 사유의 기본 출발선이었다.

하지만 그런 시대는 저물고 있음이 분명해졌다. 이제 다시 크리스트교 전파 이전 그리고 아리스토텔레스 이전, 즉 혼돈과 경쟁의 그리스 도시국가 시대로 유럽인들의 사고는 원상 복귀될 수밖에 없었다. 1880년대 후반부터 전 유럽에 널리 알려지기 시작한 니체(Friedrich W. Nietzsche, 1844~1900)의 1870년대 저작들도 그러한 1870년대 초부터 불기 시작한 한계 혁명의 바람이 일으킨 인문학적, 철학적 파도의 결과이기도 했다. 니체는 플라톤 철학과 크리스트교 등이 서양인들에게 심어준 절대적인 관념, 절대적인 가치들을 부정하였다. 사과의 본질이 무엇인지, 왜 사과가 그러한 본질을 가져야 하는지에 대한 플라톤의 설교는 이제 공허하게 들릴 뿐이었다. 마찬가지로 사람들은 신을 평생 동안 열심히 믿지만, 누구도 신이 어떤 존재인지 정답을 알고 있지 못했다. 현실의 세상을 살아가는 개인들이 종교적 교리의 절대성에 짓눌려 새장에 갇힌 듯 살아가는 모습을 니체는 '크리스트교는 대중을 위한 플라톤 사상에 불과하다'고 선언했다.[8]

개인주의 역시 1870년대 경제학의 한계 혁명에 의해 비로소 새로운 장을 맞이하게 되었다. 그 이전까지, 인간 삶의 다른 모든 영역들처럼 경제의 영역에서도 개인주의가 자리잡을 여지는 많지 않았다.[9] 18세기 애덤 스미스(Adam Smith, 1723~1790) 이전 시대, 즉 경제학이라는 학문이 사실상 존재하지 않았던 시대에 비해서는 19세기에 와서 대부분의 유럽 사회에선 개인의 경제적 활동의 자유라는 개념을 중요하게 인식하게 되었지만, 개인의 선호와 욕망 자체를 인정하기보다 단지 사회 전체의 부, 특히 국가 재정의 차원에 도움이 되는 한도 내에서 개인의 경제적 자유를 그저 인정하는 수준이었다.

1860년대에 칼 마르크스(Karl Marx, 1818~1883)가 주장했던 노동 가치 이론 역시 사회를 자본가 계급과 노동자 계급으로 나누어 전자가 후자의 노동력을 착취하는 것으로 도식적으로 이해하는 집단주의적 시각을 바탕에 두고 있었다. 그는 상품의 가격은 상품에 투입된 노동자의 노동량에 자본가가 가져갈 이윤이 더해져 결정된다고 보았다. 여기에는 인간 개인의 주관적 선호나 욕망, 특히 노동자의 개별적 인격성이 개입할 공간은 찾기 힘들다. 이러한 논리로 마르크스는 자본주의가 노동자를 자신의 노동으로부터 소외시킨다고 주장했다.

　이에 반해 한계효용이론을 바탕으로 한 경제적 시각에서 보면 시장은 철저히 개인주의의 작동원리로 움직여지는 공간이다. 한계효용에 기반한 상품 가치는 판매자와 구매자가 서로 교환하는 데에 합의한 가격으로 표시된다. 그 결과 객관적인 '노동의 가치'와 같은 개념은 실제로 생산된 상품의 가격과 분리시켜 이해할 수 없게 된다. 가령 칼 맹거는 상품의 가치는 주관적으로 결정되며 이는 시장 가격으로 표현됨으로써 사회적 의미를 가진다고 보았다.

　이러한 가치의 결정 과정이 일어나는 곳으로서의 시장(market)은 더이상 단순한 물리적 공간이 아니다. 즉 한 개인의 선호와 욕망이 타인의 그것과 경쟁을 하고 선택을 받음으로써, 결과적으로 무수한 개인들 간의 상호작용이 발생하는 공간이다. 시장은 개인주의의 사회적 실험 공간인 것이다.

　이런 점에서 볼 때 시장에 대해 설명하고자 하는 학문인 경제학은 개인주의와 밀접한 관련이 있다. 개인주의 철학과 경제학의 만남은 집단주의 철학과 정치학의 만남처럼 필연적이라고 볼 수 있다. 시장이 그저 돈이 오가고 물건과 서비스가 거래되는 공간이 아니듯, 경제학 역시 사람들이 단순히 생각하는 것처럼 그저 가격과 상품에 관해 분석을 하기만 하는 학문은 아니다. 경제학은 단적으로 표현하자면 인간의 행복(경제학에서는 이를 효용이라고 칭한다)을 논하는 학문이다. 이런 점에서 경제학은 인문학과 과학의 경계선에 위치한 학문으로서의 성격을 가진다.

경제학이 문학과 철학 같은 여타 인문학과 다른 점은, 개인이 어떤 행복을 추구하는지에 관심을 두기 보다는, 그 행복을 어떻게 효율적으로, 그리고 사회적으로는 어떻게 가장 평화롭고 조화되게, 추구하도록 할 것인가에 관심을 집중한다는 점에 있다. 우리 모두가 알고 있듯, 인간은 저마다 자신의 행복을 각자 다르게 정의하고 살아간다. 개인이 자신의 삶에서 궁극적으로 추구하는 목적은 비교 불가능한 가치를 가지는 것이다. 오스트리아 경제학파의 대표적 학자인 루드비히 폰 미제스(Ludwig von Mises, 1881~1973)는 이를 다음과 같이 표현하기도 했다. "(각 개인에 있어서의) 궁극적 목적(ultimate ends)은 어떠한 합리적 검토도 초월하며, 이를 평가할 수 있는 개인들 상호 간에 이용 가능한 표준은 존재하지 않는다."[10]

많은 경제학자들은 이렇듯 (미제스처럼 강조하진 않더라도) 모든 개인이 자유롭게 자신의 목적을 추구하는 것을 자연스럽고 긍정적인 현상으로 바라본다. 그리고 경제학에선 사회의 모든 개인들이 그렇듯 다양한 행복을 추구하는 것이 사회 전체적으로 보다 공정하고 조화롭게 일어날 수 있도록 돕기 위해서, 불가피하게 행복을 수량화하기도 한다. 모든 개인의 행복은 다 똑같이 소중하므로 그러한 관점에서 각 개인의 행복을 사회 전체 행복에서 평등하게 1/n로 나누어 파악하는 것이다. 또한 행복의 정도를 상대적으로 비교 가능한 수치로 수식화하기도 한다. 한 개인이 이 상품을 선택하지 않고 저 상품을 선택하는 것은 저 상품이 주는 행복이 이 상품이 주는 행복보다 상대적으로 더 크다고 볼 수 있기 때문이다.

이러한 경제 철학적 측면의 개인주의는 특히 역사적으로 개인주의의 윤리성을 강화하는데 큰 기여를 했다. 근대 이래로 개인주의는 개인이 재산을 소유하고 행복을 자유로이 추구하는 것을 종교적인 가르침과 같은 신성한 자연법적 권리로 설명하는 경제적 자유주의와 결부되었는데, 때로는 도덕적 방종을 초래한다는 비판을 받기도 하였다. 하지만 19세기에 와서 개인주의는 (정책 결정에 있어서 개인의 행복을 사회 전체 행복의 1/n로 간주하는) 공리주의적 철학과 연관되어 보다 사회 전체를 생각하는 윤리적 성격을 가질 수 있게 되었다. 현대의 자유민주국가에서 개인주의가 중요한 사회적 가치를 가질 수 있는 바탕 중 하나 역시 이러한 공리주의적 윤리성에 있으며, 공리주의 역시 앞에서 설명한 바 있듯 개인주의에 바탕을 두게 될 때 사회적 윤리의 형성과 유지에 보다 효과적으로 기여할 수 있게 된다.

보다 개인주의적인 사회란 어떤 사회일까?

행복을 추구하는 각 개인의 삶을 중립적이고 객관적인 시각으로 바라보고자 하는 경제학의 특성은 근대적인 개인주의의 개념이 구체화되는데 크게 기여하였다. 물론 이는 경제학이 사회과학의 대표적 학문 분야라는 사실과도 관계된다. 그리고 경제학은 어떤 사회과학 분야보다도 각 개인이 자신의 행복을 치열하게 추구하는 사회적 공간으로서의 시장이 가지는 중요한 의미에 집요하게 관심을 보여왔다. 특히 효용 가치의 상호 확인 및 경쟁을 시장의 본질로 바라보는 경제학적 시각은 효용의 주관적 측면이 강조되기 시작한 한계효용이론이 나온 이래로 점차 주목받아왔다.

경제학은 서양에서 애초에 도덕철학적 관심에서 자라나기 시작한 학문이었다. 애덤 스미스는 〈국부론(1776)〉에서 가난한 사람들을 돕기 위해 부자에게 세금을 부과하는 것은 개인적 노력에 대한 보상을 감소시켜 생산을 위축시키고 인간의 게으름과 의존성을 고취하는 이중의 잘못이라고 말했다.[11] 이러한 시각은 스코틀랜드 계몽주의(Scottish Enlightenment)를 대표하는 도덕철학자였던 애덤 스미스가 바라본, 더도 덜도 할 것 없는 인간의 사회적 본성에 대한 냉철한 인문학적 시각이었다.

하지만 동시에 애덤 스미스를 통해 경제학은 도덕철학으로부터 독립하여 사회 현상을 독자적으로 해석하고자 하는 시도를 드러내게 되었다. 스미스가 〈국부론〉에서 주장한 경제에 대한 생각의 핵심은 소위 '보이지 않는 손'이라는 표현에 잘 담겨 있다. 이 표현에 담긴 의미는, 시장의 복잡한 현상은 인간 개개인의 지식과 능력의 한계를 뛰어 넘은 오묘한 작동 원리에 의해 매우 효율적이고 정교하게 흘러가게 된다는 것이다. 가령 가격이 결정되는 과정은 전형적인 그러한 예라고 할 수 있다.

오늘날 소위 창발성(emergence)이라 불리는 시장의 이러한 경제적 특성은 시장 참가자 개인의 사적 욕구나 동기, 의도와 관계없이 나타나게 된다.[12] 스미스가 자신의 책을 통해 이야기하고자 했던 주된 생각 역시, 개인 내면의 문제인 도덕(morality)이 정치적 결정의 영역으로 넘어오는 순간 이미 그것은 도덕이 아니라 욕망(desires)을 위한 수사(rhetoric), 즉 개인 혹은 집단의 욕망 실현을 위한 명분 논리로 흐르게 된다는 것이었다.

19세기 이래로 사회과학(social science)적 연구 방법 역시 연구자 자신의 주관적 시각을 배제한, 철저히 객관적 시각으로 현상을 접근하는 것을 강조해왔다. 사회학(sociology)적 이론을 만들기 위해서 사회학자들이 주로 시행하는 연구방법은 가설을 세우고 이를 검증하기 위해 흔히 자료 수집 및 통계 분석에 의존하는 것이었다.

가령 개인주의에 대한 사회학적 연구 초기에 다양한 가설을 제시한 대표적인 학자인 페르디난트 퇴니스(Ferdinand Tönnies, 1855~1936)는 공동사회와 이익사회라는 개념으로 인류 사회의 역사 속에서 개인주의와 집단주의가 어떤 모습으로 표출되었는지에 대한 개념적 설명을 시도하였다. 집단주의에서 개인주의로의 사회적 성격 변화가 자급자족적 경제체제인 공동사회가 시장이 발전해 나가는 경제체제인 이익사회로 변모하는 과정과 연관되어 나타나게 되었다는 설명이었다.[13]

이후 사회학자와 심리학자들은 각기 다른 사회의 문화적 차이를 설명하기 위한 비교문화론적 개념으로서 개인주의와 집단주의를 활용하기 시작했다. 실제로 개인주의와 집단주의 간의 갈등은 1980년대의 가장 중요한 시대적 화두로 인식되었다.[14] 물론 이는 이 시기 일본의 비약적 경제적 발전을 통해 서구 권에서 동양의 유교적 문화에 대한 관심이 새삼스레 높아진 배경에서 기인한 측면이 컸다. 게르트 호프스테드(Geert Hofstede, 1928~2020)의 연구가 그 대표적인 경우로서 그는 다국적 기업인 IBM 회사의 다양한 문화적 배경을 가진 직원들을 대상으로 광범위한 설문조사를 하고 그로부터 얻은 데이터 결과를 분석하여 문화적 가치관을 비교하기 위한 구도를 이론화하였다.[15] 호프스테드가 이론화한 문화 비교 개념 중 가장 대표적인 것이 개인주의-집단주의였다. 특히 그의 연구는 1980년대 사회학자들에게 개인주의와 집단주의에 대한 관심을 폭발적으로 불러일으켰는데, 그가 바라본 개인주의의 특징은 한 사회의 구성원이 자신의 목표와 자신이 속한 집단의 목표 사이에 갈등이 생길 경우 자신의 목표를 우선시하는 모습이었다.

위와 같은 흐름 속에 지금까지 다양하게 개인주의와 집단주의의 이원론적 개념 구도가 발전되어 왔다. 가령 개인중심주의와 집단중심주의,[16] 수직적 개인주의와 집단주의, 수평적 개인주의와 집단주의,[17] 독립적 자아와 상호의존적 자아[18] 등은 그러한 개념 구도를 보다 정교하게 발전시켜 나가는 가운데 제안된 여러 새로운 개념들이었다. 그런데 주로 서양에서 행해진 이러한 연구들은 한국과 같은 아시아 문화권 사회에서 대중이 가지는 개인주의에 대한 고정관념과 상반되는 연구 결과를 제시하는 경우가 흔했다. 가령 개인주의 사회에서 개인은 자신의 집단과 자신이 속하지 않은 집단에 대해 큰 차이 없이 반응하며 공정성을 유지하고자 하는 반면, 집단주의 사회의 개인은 그 반응의 격차가 크고 자기 집단에 대한 편애적 감정을 보인다고 설명한 연구가 있다.[19] 최근의 조직 행동학 영역의 연구들 역시 사람들이 갖고 있는 개인주의에 대한 선입견과 반대되는 결과를 제시한다. 가령 개인중심주의자가 집단중심주의자보다도 타인에 대한 더 높은 신뢰와 더 높은 관용성, 그리고 더 많은 외부 집단과의 관계 형성을 보인다고 설명하였다.[20]

한편 이러한 비교 문화적 프리즘을 통해 개인주의를 집단주의와 대비하여 이해한 연구들과 달리, 개인주의와 집단주의를 인간의 인지(perception) 작용과 관련시켜 분석하고자 한 심리학적 연구들도 있었다. 가령 해리 트리안디스(Harry C. Triandis, 1926~2019)는 그러한 개인주의와 집단주의 개념을 개인 차원에 대입하여 보다 세밀한 설명을 시도하였다.[21] 그는 각 문화가 내적으로 형성시킨 인지(perception) 구조 상의 특징이 집단주의적인지 개인주의적인지에 따라 그 문화 속에서 살아가는 개인의 성향에 영향을 미친다고 보았다.

조금 당연하게 들릴 수도 있지만, 그에 의하면 집단주의 문화를 가진 사회의 구성원은 그 반대인 개인주의 문화의 경우와 비교하여 자신을 집단의 일원으로서 강하게 인식함으로써 집단의 목표를 우선시할 뿐만 아니라, 사회적 행위에 있어서도 행위 내용 자체보다 그 행위의 맥락에 더 많은 관심을 가지는 경향을 보인다.

특히 리차드 니스베트(Richard E. Nisbett, 1941~)는 개인주의에 대한 사회심리학적 논의에 매우 의미 있는 기여를 한 심리학자이다. 그는 서양인과 동양인이 각각 사물을 파악하고 논리를 형성하는 사고 패턴에는 큰 차이가 존재한다고 주장하였다.[22] 니스베트에 따르면 고대 그리스 시대 이래로 서양인은 개별 사물을 전체 맥락에서 떼어내어 변하지 않는 본질을 추구하는 분절적, 환원론(reductionism)적 사고가 발전하였다. 반면, 동양인은 중국 고대 이래로 사물을 전체와의 조화 속에서 계속적으로 변화해 나가는 것으로 바라보는 융합적, 전체론(holism)적 사고가 발전하였다고 보았다. 그리고 이러한 문화적 배경의 차이에 따른 인지 습관의 차이는 개인주의적, 혹은 집단주의적 태도와 관련한 동서양의 차이를 어느 정도 설명해준다.

즉, 개인과 사회의 관계에 대해 본질적으로 서양과 동양이 가지는 시각의 차이는 개인을 어떤 존재로 바라보는지, 또 사회를 어떠한 존재로서 인지하는 지에 대한 인지 방식의 차이에서 출발한다. 가령 사회와 개인 간의 관계에 대해 서양에서는 개인을 독립된 주체로, 사회를 그러한 주권을 가진 개인 간의 자유로운 계약을 통해 성립한 기관으로 본다. 따라서 사회는 각각의 개인들의 권리가 더 잘 보장되도록 기능해야 하는 본질적인 책임을 가진다고 할 수 있다. 반면 동아시아를 비롯한 동양에서는 인간을 개인과 사회로 구분시키지 않고 인간 사회를 하나의 통합된 유기체로서 바라본다. 따라서 개인에 대한 관념 자체가 희박한 동양에서 개인의 법적 권리를 강조하는 사고가 발전하기 힘들었다.

많은 심리학자들은 이렇듯 인간의 인지 방식의 차이가 개인주의와 집단주의의 성향과 관계된다는 점에 주시해왔다. 우리는 지금까지 가장 고전적이고 전형적인 인문학의 영역이라 할 수 있는 철학에서부터 19세기 이래 사회과학의 꽃이라 불리우는 경제학 그리고 현대 인간의 마음을 과학적으로 분석하는데 열성적인 공을 들이고 있는 심리학에 이르기까지 각 영역에서 개인주의가 어떻게 비추어지고 논의되어 왔는지를 대략적으로 살펴보았다. 마지막으로 이제 사연과학과 관련된 영역이 남았다. 가령 의학이나 생명과학에서는 개인주의에 대해 할 말이 없을까?

· · ·

생물학적 시장과 개인

자연과학적 영역과도 관련된 개인주의의 측면에 대해 논하기에 앞서서 왜 이러한 광범위한 영역을 아우르는 융합적 관점이 필요한지에 대해 설명할 필요가 있을 것이다. 지금까지 인식론 및 존재론부터 시작해 도덕철학, 정치 철학, 경제 철학 및 사회 심리학 등의 분야에서 개인주의가 어떠한 형태를 띠고 존재하는지를 간략히 살펴보았다. 하지만, 한 인간의 총체적인 삶의 모습 안에 개인주의가 정치의 영역, 경제의 영역, 윤리의 영역 등으로 분절적으로 기능하지는 않는다.

앞선 비교문화론적, 사회심리학적 접근 방식이었던 개인주의와 집단주의 각각의 특징적 요소들을 기준으로 한 통계 분석 연구도 이전부터 이미 많은 철학자와 사상가들이 주장해왔던 영미사회의 개인주의적 성격에 대한 논의를 단지 실증적으로 뒷받침하는 것 이상의 큰 의미를 가지지는 못한다. 이런 측면에서 볼 때 현대의 사회과학자들이 주도하는 개인주의 논의들은 개인주의라는 개념에 대한 이해가 다소 평면적이었다고 볼 수 있다.

실제로 현대의 많은 사상가들이 개인주의를 바라보는 시각은 한쪽에서는 이를 사회적으로 지향해갈 가치로서, 다른 한쪽에서는 이를 극복해야할 가치로서 바라보며 대립해왔다. 그렇지만 개인과 사회의 관계를 단순히 이러한 이분법적 도식으로 이해하는 것은 문제가 있다. 개인이라는 존재는 자신이 속한 여러 다양한 집단의 성격 및 그 속에서 자신이 맺고 있는 인간관계의 성격에 따라 실제로는 다양한 모습으로 상호작용하므로 사회 속 개인 간의 상호작용에 초점을 맞추어 개인주의에 대해 살펴볼 필요가 있다.

이런 측면에서 볼 때, 동물학자들이 생물학적 시장(biological market)이라고 부르는 개념은 개인주의에 대한 논의에 있어서 꽤 흥미 있는 시사점을 가진다. 생물학적 시장은 어떤 개념일까? 2013년에 펴낸 책 〈우리 안의 개인주의와 집단주의〉에서 나는 그 중의 한 챕터를 '생물학적 시장'이라는 개념에 할애했다.[23] 그 때에는 내가 동물학자 로널드 노에(Ronald Noë)가 쓴 1990년대 생물학적 시장의 개념을 다룬 논문들을 알기 전이었다.[24] 노에가 쓴 논문과 그가 다른 저자들과 공저로 펴낸 〈자연의 경제학(Economics in Nature)〉은 서구의 동물학자들이 생물학적 시장이라는 개념을 활용하여 동물 행동을 분석하고 있었음을 잘 보여준다.[25] 노에의 논문이나 저작은 아직 한국에는 소개된 것이 없고, 대신 이미 국내에 번역 출간된 다리오 마에스트리피에리(Dario Maestripieri)의 책 〈영장류 게임〉에서 생물학적 시장에 관한 노에의 동물학적 실험과 주장이 충실히 소개되어 있다.[26] 동물학자들이 정의하는 생물학적 시장이란 동물들 사이의 상호 선택과 경쟁이 일어나는 메커니즘을 의미한다. 즉, 자연세계에서 동물들이 상호 간에 짝을 짓거나 상호 보호를 하는 등의 행위에 있어서 파트너로 삼을 상대의 가치를 신중하게 판단하거나, 파트너로 선택받기 위해 잠재적 라이벌들과 경쟁하는 모습을 핵심으로 한다.

생물학적 시장 개념이 왜 개인주의와 관련하여 중요한 의미를 가지는 지에 대해서는 앞선 경제 철학적 관점에서의 개인주의에서 설명한 내용을 기억하면 쉽게 이해할 수 있을 것이다. 한마디로 그 가장 중요한 논지는 경제적 시장에서 개인은 자신의 '선호'와 '욕망'을 '선택'과 '경쟁'이라는 행위를 통해서 표출하게 된다는 것이다. 그 결과 무수한 개인들 간의 상호작용이 자연적으로 발생하게 되는 공간인 시장은, 앞서 표현했듯이 '개인주의의 사회적 실험공간'이기도 하다. 그리고 생물학적 시장의 메커니즘 또한 인간의 경제적 시장에서 상품 거래와 관련된 수요와 공급의 양상이 만들어내는 변화무쌍한 특징과 본질이 같다. 왜냐하면, 인간의 경제적 시장 속에서도 단순히 화폐를 매개로 상품이 거래되는 피상적인 현상 이면에는 구매자와 판매자가 신중하게 자신의 선택을 결정하는 모습이 전제가 되기 때문이다. 시장 속에서 구매자와 판매자 간의 그러한 선택의 과정 속에서 상품 혹은 그 상품을 거래하는 개인들 간의 가치의 확인이라고 하는 시장의 본질적인 행위가 나타나는 것도 생물학적 시장의 원리와 동일하다.

인간의 경제적 시장이든, 자연 세계 동물들의 생물학적 시장이든 그 본질은 가치의 확인과 선택에 있다고 볼 수 있다. 흔히 시장경제는 인간 사이의 무한 경쟁을 부추기고 그럼으로써 빈부 격차를 심화시킨다는 비판을 받는다. 하지만 시장 속의 경쟁을 통해 인간은 보다 합리적이고 보다 개방적인 인간, 그리고 보다 나은 인간이 되고자 하는 노력을 자유로이 펼칠 수 있었다. 실제로 시장의 역사가 오래된 국가들, 가령 일본이나 영국, 그리고 오늘날 시장이 전세계적으로 가장 크게 발달한 미국과 같은 나라에서 관찰할 수 있는 특징적인 현상이 있다. 이들 국가의 크고 작은 수많은 기업들은 단순히 자신들 사회에 경제적 유익과 생활의 편리, 창의적 혁신, 활력 등을 제공하는 것에 그치지 않는다. 그들은 사회적 공헌 및 유대와 협력 그리고 더 나아가 그 사회 속 개인들의 자율성과 근면, 도덕성 등을 함양하는 데 중요한 기여를 하고 있다. 이는 기업의 부정적인 측면에 집중하는 비판자들이 놓치고 있는 중요한 사회적 현실이다. 위에서 언급한 나라들처럼 시장이 성숙한 나라에서 볼 수 있는 전형적인 모습을 단순히 그 나라의 국민성이나 그 나라의 문화적 특성으로 간주하는 것은 현상의 본질을 오해하는 것이다. 그들 나라의 국민과 기업인이 특별히 다른 나라의 국민과 기업인보다 더 도덕이 뛰어나고 이타심이 강한 사람들이라고 볼 수는 없다. 그보다는 오랜 시장의 역사 속에서 시장에 참여하는 인간의 사회적 행위 역시 문화적 진화를 겪어온 데에서 그 근본 원인을 찾을 수 있다.

시장의 역사적 과정 속에서 인간의 도덕과 지성이 성숙한다는 사실은 시장의 진화를 잘 보여주는 기업의 역사를 통해 분명하게 확인할 수 있다. 특히 정부 기관이 아닌 사회적 기관들의 독립성이 전통적으로 강했던 역사를 가진 영국의 근대사에서 기업의 성격은 그것이 처음 생겨나던 시기 이래로 다양하게 발전해왔다. 14세기 정부의 승인을 받아 운영된 허가 회사(chartered company)였던 동인도 회사 이래로 마치 사람의 인생 목적이 다양한 것처럼 다양한 목표와 성격을 가진 기업들이 명멸해왔다. 소유적 개인주의(possessive individualism)가 발달한 영미권 사회에서 전통적으로 기업을 자연인과 같은 독립된 인격을 갖는 사회적 실체로 보는 관점이 우세한 것은 그 자연스러운 결과였다.[27] 그리고 분명한 것은 많은 성공적인 기업들은 결코 단순히 이윤 극대화 만을 추구하지 않았음을 기업의 역사가 반영하고 있다는 점이다. 이는 현대의 주류 경제학의 관점이라 할 수 있는 신고전파 경제학(neoclassical economics)의 이론적 가정, 즉 기업은 이윤 추구를 목적으로 하는 영리법인이라는 단순한 정의가 가지는 한계성을 잘 보여주기도 한다.

실제로 동물들의 생물학적 시장에서도 동물들이 같은 부류의 개체들과 경쟁을 한다는 사실이 그들이 무자비하게 서로를 공격하고 살벌한 위협을 가하는 행동을 함을 의미하지는 않는다. 오히려 대부분의 동물들 사이의 경쟁, 특히 짝짓기 시장(구애 시장)에서의 선택과 경쟁 행위는 그 본질에 있어서 자신의 가치를 더 높여서 잠재적 라이벌들을 이기려는 시도라고 볼 수 있다. 이는 오랜 진화의 역사 속에서, 파트너를 선택하는 경우 여러 파트너 후보들의 가치를 비교하여 신중하게 선택을 하는 행위를 동물들이 지속적으로 해왔던 것에서 연유한다. 만약 매력적인 암컷을 차지하기 위해 그저 수컷들 사이에 죽고 죽이는 싸움 만이 경쟁적으로 펼쳐졌다면 생물학적 종의 진화는 단절되거나 종이 절멸되거나 했을 것이다.

하물며 인간 사회의 '시장'에서 펼쳐지는 사회적 상호작용은 늑대 같이 서로 물고 뜯어 죽이는 소모적인 경쟁 혹은 한정된 자원을 놓고 서로 상대의 몫을 탈취해야만 하는 제로섬(zero-sum) 게임의 메커니즘으로 인식해서는 곤란하다. 그보다는 시장에서의 장기적인 거래, 즉 오랜 기간의 경쟁과 선택이라는 과정을 통해 불완전한 인간 존재가 보다 나은 자신이 되기 위한 끊임없는 노력을 해왔다고 보는 것이 더 정확한 이해에 가까울 것이다. 진화생물학자들은 특히 동물들이 어떻게 '협력 관계'를 맺기 위해 상대를 찾는지에 많은 관심을 기울여 왔다. 이는 경제학자들이 게임이론(game theory)에서 설명하는 '죄수의 딜레마' 상황처럼 개인들이 서로 배신당하지 않기 위한 전략을 고안하는 것에 초점을 맞추는 것과는 대조된다.

인간 사회에서도 지구 상의 생물들이 온갖 종류의 협력 관계를 위해 상대를 찾는 과정과 유사한 방식으로 고용시장이나 결혼시장 등에서 상대를 고르는 모습을 관찰할 수 있다. 가령 경쟁에 대해, 원하는 것을 취하기 위해 수단과 방법을 가리지 않고 라이벌들을 물리치거나 그런 과정 속에서 배신자들을 가려내고 상대를 통제하는 쪽으로 관심을 기울일 수도 있지만, 반대로 (그런 감옥에 갇힌 죄수의 딜레마 상황과 달리) 협력하고자 하는 상대를 직접 찾아 나설 수 있는 현실 상황에서의 동물과 인간은 어떻게 하면 보다 잘 신뢰할 수 있는 협력 파트너를 찾을까를 모색하는데 더 많은 관심과 에너지를 쏟는다.

즉, 동물들 사이의 '호혜적 상호작용'을 생물학적 시장의 핵심 원리로 바라본 노에와 같은 동물학자들의 분석은 인간 사회 현상을 설명하기 위한 목적으로도 충분히 적용될 수 있다. 이런 관점에서 보자면, 생물학적 시장의 개념은 오히려 동물들보다 인간 사회의 다양한 현상을 해석하는 데에 적극적으로 활용될 필요가 있다. 내가 예전 나의 책에서 설명했던 생물학적 시장 개념 역시 서구의 동물학자들이 만든 생물학적 시장 개념의 많은 특징적 요소들을 포함하였다. 단지 그 요소들을 인간 사회에서 관찰 가능한 여러 현상들, 가령 결혼시장, 교육시장, 노동시장, 지식시장 등을 이해하고자 하는 데에 보다 직접적으로 활용하였다는 점이 달랐다. 가령 나는 책에서 생물학적 시장이란, 개체들이 비교 가능한 대상을 두고 더 가치가 높아 보이는 대상을 선택하고자 혹은 선택받고자 애쓰는 행위가 일어나는 공간으로 정의하였다. 이러한 생물학적 시장을 경제학적 시장과 비교해 보자면 후자가 교환과 거래 가격에 중점을 두는 것에 반해, 전자는 선택과 가치의 확인에 중점을 둔 개념이라고 볼 수 있다. 하지만 그 본질에 있어서는 동일하다. 즉 생물학적 시장에서의 주체는 자신이 선택하고자 하는 대상으로부터 동시에 선택을 받아야만 거래, 즉 교환이 이루어진다고 주장했는데, 이는 우리가 살고 있는 사회에서 일상적으로 관찰되는 시장의 본질이기도 하다.

실제의 현실에서는 시장에 참가하는 우리 자신이 시장의 주체이자 동시에 대상이 된다. 우리가 만원의 돈을 지불하고 책을 한권 산다고 했을 때 나만 그 책을 사기로 선택한다고 그 거래가 이루어지지 않는다. 책 혹은 책을 파는 사람의 입장에서도 그 책을 사고자 하는 잠재적 구매자인 나를 선택해야 한다. 내가 현금 없이 외상으로 사겠다고 말하거나, 그 책이 인기가 있어서 나 외에도 그 책을 사고자 하는 사람이 여러 명인 경우 나 역시 그 판매자의 선택에 있어서 다른 구매자에게 밀릴 수 있다. 즉 교환을 하는 거래자 양쪽이 모두 서로를 선택해야만 책을 사는 거래 행위가 성립하게 된다. 동물들의 생물학적 시장에서 파트너를 찾는 것과 동일한 원리가 적용되는 것이다. 위의 상황에서 책을 사고 돈을 지불하는 거래 행위의 본질은 가치의 확인과 교환이다. 즉 내가 그 책의 가치를 확인하고 그 책을 선택함과 동시에, 판매자가 그 책의 가치에 상응하는 돈을 내가 지불할 용의가 있음을 확인하고 나를 구매자로 선택하는 행위가 동시에 일어남으로써 거래가 성립하기 때문이다.

· · ·

성향적 전략으로서의 개인주의란?

결국 인문과 과학의 경계를 뛰어 넘어 인간이라는 존재를 보다 종합적인 시각으로 바라볼 수 있기 위해서는 모든 생명체는 인간을 포함해서 본질적으로 매우 유사한 생물학적 원리에 입각해 움직인다고 보는 관점을 받아들이는 것이 중요하다. 특히 인간의 삶이 본질적으로 분자세포학적 수준에서 설명 가능하다는 현대 과학의 인식에 어느 정도는 동의할 필요가 있다. 이를 통해서 인간의 행동도 결국에는 모든 동물들의 자연 속 상호작용에 적용할 수 있는 원리로 설명 가능하다. 가령 시공간적으로 쉼 없이 변화하는 외부 환경에 맞서 항상성(homeostasis)의 유지를 통해 지속적인 생존을 추구하는 모든 생명체의 본질에 있어서 인간은 결코 예외가 아니다. 또 모든 생명체는 자신이 취한 특정한 형태의 (가령 ATP와 같은) 에너지를 그러한 목표를 달성하기 위해 살아서 움직이는데 사용한다. 그리고 그러한 모든 생명체의 활동과 기능은 가령 스스로 복제할 수 있는 특이한 거대 화학 분자라 할 수 있는 DNA와 같은, 세포의 분자 수준에서 설명이 가능하다. 이 역시 인간에도 똑같이 적용된다.

과학철학적 내용을 다분히 담고 있던 나의 예전 책에서 나는 스트레스와 자아 인식이라는 두 가지 화두를 통해 인간이 자신의 자아를 정확히 인식하고 스트레스를 관리하기 위해서 개인주의와 집단주의라는, 인간 정신의 크게 두가지 방향성을 직시할 필요가 있음을 말하였다. 나는 이 방향성을 성향적 전략(dispositional strategies)이라고 설명하였다. 이러한 나의 인식은, 인간이 전략적으로 사고한다는 사실, 즉 얻고자 하는 것을 단순하고 파괴적인 방식으로 취하기 보다 다소 복잡하더라도 보다 안정적인 방법으로 취하는 것을 선호한다는 사실, 그리고 인간은 자신과 자신의 주변 세계를 인지(perception)함에 있어 연합(association)과 분리(dissociation)라는 두 방식, 그리고 감성(emotion)과 이성(reason)이라는 대뇌 활동에 의존함에 착안하였다.

가령 공격적인 부정적 태도이든 친절한 긍정적 태도이든 상대의 자의(恣意)에 내 삶이 휘둘리거나 의존하게 되는 것을 거부하는(혹은 미연에 차단하려는), 그래서 그 결과로 초래되는 스트레스를 피하고자 하는 태도와 사고가 개인주의의 성향적 전략이라 볼 있다. 한 마디로 개인주의는 나를 타인 혹은 집단과 거리를 두고 위치시키려는, 분리의 전략이다. 이와 반대로 집단주의는 나와 타인 혹은 집단 사이의 거리를 좁히려는, 일종의 연합의 전략이다.

자아의 인식 및 그와 결부되어 나타나는 태도에 있어서의 일종의 내재화된 전략으로 개인주의와 집단주의를 개념화하는 것은 특히 시장 혹은 다양한 사회적 상황 속에서의 인간의 행위를 이해하는 데에 적합하다. 또한 이원론(dualism)적으로 인간 정신의 두 가지 방향성을 구분함으로써 이분법(dichotomy)적으로 개인이나 사회를 개인주의적 인간이나 개인주의적 사회로 단정 짓는 오류를 피할 수 있다.[28]

더 나아가 이러한 성향적 전략으로서의 개인주의와 관련하여 앞에서 제시한 생물학적 시장 개념이 가지는 가장 중요한 시사점은 개인주의의 발달이 인간들 사이의 생물학적 시장의 존재를 전제로 한다는 점이다. 이는 단순히 동물적으로 종족보존을 위한 짝을 구하는 일차원적이고 원시적인 생물학적 시장의 차원을 넘어서는 의미를 가진다. 인간 사회에서는 경제적 상품 시장 외에도 여러 시장들이 다층적으로 존재한다. 가령 한 개인은 학력시장의 경쟁을 통해 대학교에 입학하고 졸업하면 노동시장에서 경쟁을 한다. 이러한 시장들이 개인의 삶 속에서 자리잡고 있는 사회 속에서의 인간은 그러한 시장이 존재하지 않는 사회에서보다 개인주의적인 사고를 하게 된다.

시장에서 인간은 상당히 전략적인 동물로 살아간다. 시장이 발전하고 성숙한 사회에서, 즉 경쟁의 룰이 정착된 예측 가능한 안정된 사회에서는 이성적 지능을 개발시켜 자기 자신의 능력과 가치를 높여나가는 개인주의적 전략을 쓰게 된다. 반면 시장이 빈약하고 억압받는 사회에서, 즉 개인들이 자신의 생존과 안전이 보장받지 못하는 폭력적이고 불안정한 사회에서는 감정적 지능을 발휘해 지지자나 조력자를 찾아나서는 집단주의적 전략이 더 성공적일 것이다. 물론 보통의 사회에서 대부분의 인간은 두가지 전략을 자신의 성향에 맞게 무의식적으로 취해 살아가게 되겠지만, 시장경제가 보다 발전한 더 안정적인 사회에서 사람들은 더 개인주의적인 인간이 될 확률이 높다.

특히 인류 역사적 측면에서 개인주의의 발달과 관련하여 가장 중요한 시장이 있다. 바로 지식 시장 혹은 사고의 시장(the market of intelligence)이다. 생각을 하는 고등생물로서의 인간이 가지는 가장 독특한 생물학적 시장인 이 시장은 생각의 자유, 즉 표현의 자유가 보장되는 사회에서 만개한다. 인간의 역사에서 춘추전국시대의 중국이나, 고대의 그리스 세계 등은 가장 오래전에 그러한 사회가 꽃을 피웠던 사례에 해당한다. 서로 다른 생각들 사이의 경쟁은 보다 창의적이고 보다 혁신적인 생각을 도래하게 만들며, 그 속에서 인간의 사고는 진정으로 자유로워진다. 적어도 인간이 자신을 내리누르는 사상의 감옥에서 벗어나기 위해서는 지식 시장, 즉 사고의 시장이 사회적으로 전제되어야 한다.

사회적으로 볼 때 생물학적 시장 개념과 관련해 개인주의의 측면에서 또 다른 주목할 점이 있다면 그것은 생물학적 시장에 참가하는 각각의 개인들이 보여주는 다양한 태도 및 전략이다. 가령 시장에 참가하는 개인들은 모방의 전략을 활용하는 경우가 많음을 볼 수 있는데, 이는 여타 동물들에게도 관찰되는 모습이기도 하다. 이는 신경학적으로 거울 뉴런과 같은 특정한 세포 체계의 발달과도 깊은 관계가 있을 것이다. 이 외에 때로는 (운에 맡겨서 한번 해보고 통하면 그대로 계속해 나가는 습성에 바탕을 둔) 소위 '우연의 전략'을 쓰기도 한다. 사실 우연에 맡기는 것은 생명체의 탁월한 생존 전략 중 하나이기도 하다. 그런가 하면 경쟁을 가능한 피하고자 하는 시도도 상황에 따라서는 하나의 전략이 될 수 있다. 즉 특정한 경쟁에 들어가는 정신적 육체적 시간적 소모가 너무 많다고 판단될 경우 그 경쟁 자체를 회피하려는 전략을 쓸 수 있다. 하지만 현실의 인간 사회에서는 다양한 시장이 여러 차원에서 중첩되어 존재하므로 경쟁을 피해서 살아간다는 것은 불가능하다. 그 결과 개인들은 경쟁이 덜하거나 자신에게 유리한 (가치의 척도가 일반적인 시장과 다른) 특정한 시장을 찾아 나서거나 시장의 다른 참가자들이 관심을 두지 않는 대상을 주로 탐색하는 전략을 채택하기도 한다.

여기서 중요한 점은, 생물학적 시장에는 수많은 인간이 참가하게 되는데 개개의 인간이 가지는 다양한 태도나 전략들이 모여 전체적인 수준에서 볼 때 그러한 각 개인들의 의도와는 상관없는 독특한 현상이 나타나게 된다는 점이다. 이는 앞서 말한 창발성에 해당하는 생물학적 시장의 특성이기도 하다. 마치 뇌의 구성요소인 뉴런 자체는 단순하지만 이 단순한 구성요소가 수많은 방식으로 상호작용하는 과정에서 독특한 질서를 창출해내거나 혹은 단순히 예측되던 것과 상반되는 새로운 현상을 출현시키는 것과 흡사하다. 질서와 발전을 가져오는 긍정적인 창발성의 발현은 집단주의적 통제와 계획 속에서는 일어나기 힘들다.

지금까지 인문사회과학과 자연과학의 융합적 관점에서 생물학적 시장 개념 및 성향적 전략으로서의 개인주의 개념을 바탕으로 개인주의의 또 다른 측면을 살펴보았다. 동물학자들의 생물학적 시장 개념이 구체적인 관찰에 바탕을 둔 사실의 묘사에 치중하고 있다면, 여기서는 이를 사회학적, 철학적으로 발전시켜 인간 행위의 특성을 해석하고자 하는데 초점을 맞추었다. 이러한 생물학적 시장 개념은

('개인주의의 사회적 실험공간'으로서의) 시장의 사회적 의미를 잘 보여준다. 그런 점에서 개인주의는 생물학적 시장 개념을 통해 보다 효과적으로 이해될 수 있다.

Chapter 2

개인주의가 걸어온 길

개인주의(individualism)라는 단어는 지금은 사회적으로 매우 보편적이고 일반적으로 쓰이고 있지만, 의외로 이 단어의 역사는 짧다. 개인주의는 유럽에서 19세기 전반에서야 그 용어가 비로소 만들어지고 대중적으로 사용되기 시작했다. 세계사적으로 볼 때 그 개념이 정식으로 사람들 사이에 사용되기 시작한지 200여 년 밖에 되지 않은 셈이다. 그리고 한국인들이 그 개념을 본격적으로 사용하게 된 것은 그보다도 역사가 짧다.

인류 전체의 역사로 보면 1만여 년 전 빙하기가 끝나면서 그 이전까지 씨족적인 공동체집단으로 무리 지어 살던 시대가 끝이 나고, 거대 공동체 사회가 성립하게 되면서 지배층과 피지배층 사이의 구분이 선명하게 드러나게 된다. 인간이 개인과 사회의 관계에 대해 고민하기 시작하게 되는 시점이 바로 그 지점이기도 하다. 하지만 근대이전까지는 피지배층이나 지배층이나 모두 집단주의적 가치관을 공유하는 것이 보편적이었다.

개인주의적 사회를 추구하는 새로운 경향성은 서양에서조차 19세기를 전후한 시기에 와서야 사회적으로 하나의 움직임으로 출현하게 된다. 이는 호모 사피엔스 사피엔스가 지구상에 출현한 10만여 년 전, 특히 시신과 함께 동물의 부장품을 함께 묻는 등 지금과 비슷한 인간의 마음 혹은 정신이 출현한 이래 지금까지 긴 시간 속에서 극히 최근에 와서야 인간이 '개인을 중심에 두는 사회'라는 생소한 관념을 진지하게 인식하게 되었음을 의미한다.

자아를 발견하는 여정의 시작

개인주의가 역사적으로 어떻게 발전해왔는지 살펴볼 때 서구의 학자들은 전형적으로 고대 그리스 시대로 거슬러 올라간다. 바다와 좁은 평지로 이루어진 지형적 조건 속에 해상 무역이 발달하면서 다양한 문화가 광범위하게 뒤섞이고 그로 인해 개방성과 합리성이 지식과 정치의 영역을 이끌게 된 것이 그 시대의 특징이었다.

특히 이들 서구의 학자들이 그러한 초기 개인주의의 시원을 얘기할 때 주로 주목하는 영역은 문학이다. 문학사적 측면에서 개인주의는 인간이 타인과 공동체를 향해서 뿐 아니라 자기 자신의 내면을 향해 맺게 되는 새로운 인간 관계의 유형으로서 형상화된다. 이런 식으로 개인주의를 이해하게 되면, 가령 개인의 이름을 걸고 자신의 독특한 사색이나 지식을 펼치는 저작들이 이 시대에 생겨나게 된 것을 개인주의의 시원으로 해석하는 것은 매우 자연스러운 귀결이다. 이후 헬레니즘 시대(Hellenistic period), 즉 알렉산더의 동방 정복으로 인해 그리스 문화가 서아시아에 광범위하게 전파된 시기에 그러한 특징은 널리 확산되었는데 이는 헤브라이즘 문화, 즉 유대인들의 문화와 대비되는 특징이기도 했다.

하지만 이런 서양 개인주의의 시원에서 눈 여겨 보아야 할 부분은 그 당시 관심의 방향이 주로 개인이 아닌 자신을 향하고 있었다는 점이다. 가령 미셸 푸코(Paul-Michel Foucault)는 헬레니즘 시대에 천재적 작가들이 남긴 아름다운 철학적 글귀들에 대해 이들이 자신의 계발, 즉 자기와의 관계를 강화하고 자신을 돌보고자 했던 '자신에 대한 배려'의 원칙을 추구했음을 지적했다.[29] 엄밀히 말하면 이는 개인주의라기보다는 자아의 발견 혹은 자아에 대한 관심에 가깝다.

이러한 그리스의 도시국가 사회에 만연했던 자기 중심적 시각의 문제점에 집중했던, 또 그러한 시각에 맞서 보다 높은 수준에서 진정한 개인과 사회의 관계에 대해 고민했던 대표적인 사상가가 소크라테스였다. '너 자신을 알라'라는 그의 사상의 핵심은 아테네 민주정치 속의 개인들이 진정한 사회적 존재로서의 개인의 자유와 책임을 병행하도록 만드는 것이었다. 이를 위해 그는 자기 논리에 도취된 아테네인들의 사고의 편향성을 지적하고 각성시키는 데 평생을 보냈다. 그 보답으로 아테네 민주주의는 70세 되던 나이의 그를 법정에 세웠다. 멜레토스에 의한 고소 내용은 소크라테스가 청년을 타락시키고 국가가 믿는 신들을 믿지 않고, 다른 새로운 신을 믿음으로써 죄를 범했다는 것이었다.[30] 그는 아테네 민주 정치의 적폐로 몰려 결국 처형당했다.

아테네는 소크라테스가 죽고 얼마 지나지 않아 급속히 쇠퇴하게 되었지만 개인과 사회의 관계에 대한 소크라테스의 고민과 생각들은 마케도니아 왕자의 스승 아리스토텔레스에게도 이어졌다. 아리스토텔레스의 유명한 문구, '인간은 사회적 동물'은 그가 선과 정의 등에 대해 역설했던 개인주의적 시각과 병행하여 이해되어야 한다. 그는 분명 (인간을 사회적 동물로 규정함으로써) 인간이 사회를 벗어나 존재할 수 없다고 보았던 집단주의 사상의 핵심을 제공한 인물이기도 했지만, 행복의 의미는 이를 추구하는 개인만이 정의할 수 있고 사회적 정의 역시도 개인들이 각자 더 도덕적인 인간이 되려는 노력이 그 본질이 될 수밖에 없음을 강조하였다.

이와 같은 도덕적 행위의 주체로서의 개인에 대한 강조는 아리스토텔레스뿐 아니라 이후 에피쿠로스학파나 스토아학파 등 많은 철학자들에게 이어졌다. 단지 이후의 철학자들 역시 개인의 도덕적 행위의 중요성을 사회적 맥락이나 개인과 사회 사이의 긴장을 통해서 접근하기 보다는, 자아의 완성에 초점을 두고 바라보는 경향이 강했다. 가령 스토아 학자들은 개인의 고독하고 내면적인 자기 수행을 통해 보다 성숙한 인격(personality)의 완성을 추구할 수 있다고 믿었다.

헬레니즘 시대의 이러한 자기 중심적이면서 본질적으로 자기 성찰적인 철학의 절정을 보여주는 예는 로마 황제 마르쿠스 아우렐리우스의 저작 〈명상록〉일 것이다. 황제는 이 책에서 다음과 같이, 현대의 개인주의 인문학자가 쓴 책이라 해도 하나도 낯설게 들리지 않을 자기 성찰의 진면목을 보여준다.

'힘든 일을 피하지 말 것이며 욕망을 줄이고, 원하는 것을 스스로 노력하여 성취하되 남의 일에 간섭하지 말며, 남을 비방하는 소리에도 귀 기울이지 말라. … 다른 사람이 무슨 생각을 하는지는 몰라도 된다. 그렇다고 그대가 불행해지지는 않는다. 그러나 그대 자신의 마음을 헤아리지 못한다면 불행해진다.'[31]

인문학적 측면에 한정해서 보았을 때 그 시대의 철학자들은 그리고 황제는 오롯이 개인주의자로 살 수 있었다. 하지만 개인주의는 사회적 측면에서 보자면 할 것이냐 말것이냐의 문제라기보다 할 수 있느냐 없느냐의 문제에 가깝다. 분명 노예들을 거느리고 안정된 경제적 기반을 갖춘 그리스와 로마의 부유한 '시민'들은 개인주의자가 될 수 있었지만, 그렇지 못한 평범한 개인들, 가령 토지를 소유하지 못한 농민들이나 빈민들은 폐쇄적이고 집단주의적인 고대사회의 공동체적 규율과 압박에 저항하기란 불가능했다.

한편 서양 고대 문명의 세 기둥(헬레니즘, 헤브라이즘, 기독교) 중에 다른 하나인 기독교와 개인주의 간의 관계는 묘한 속성을 가진다. 분명 초기 기독교 교인들의 집단주의적 공동체 조직과 그들의 사유재산에 대한 부정적인 시각은 그들이 보편적 개념으로서의 개인주의

자와는 거리가 멀었음을 말해준다. 하지만 이들은 자신의 영혼에 대한 영원한 구원 앞에서 집단이나 국가를 떠나 오롯이 자신 스스로 결단을 내리고자 하였다. 그들은 신 앞에서 자신의 영혼에 대한, 자신의 구원에 대한 책임을 스스로 지고자 했다. 그들에게 개인적 영혼은 '카이사르의 것에게' 속하는 일체의 세속적 가치를 뛰어넘은 절대적 가치를 지니는 것이었다.[32] 그리고 이러한 기독교의 속성은 이후 종교 개혁 시대를 촉발시킨 중요한 원동력이기도 했다.

물론 역사가들이 주장하는 위와 같은 기독교의 '개인주의적 특성'에는 동의하기 어려운 측면도 존재한다. 실제로 세상의 많은 이단 종교들은 종종 그 교인들에게 그들이 '세상 밖에서' 그들 자신의 결단에 따라 구원받을 수 있다고 가르친다. 그리고 초기 기독교인들 역시 함께 기독교를 믿는 같은 교인 집단 안에 다시 깃히는 모습을 보여준다. 이후 기독교가 국교가 된 후에는 국가와 사회 전체가 '함께' 구원으로의 여정에 나아가게 되며 이는 유럽인들이 종교적인 집단적 규범 속에 갇혀 중세 내내 살게된 주된 배경이기도 하였다.

· · ·

제자백가(諸子百家)의 꿈

한편 동아시아에서 공자가 엮은 동양 최고(最古)의 시집인 시경(詩經)은 그 안의 시들이 대부분 공자가 태어나기 이전부터 전해지던 연대미상, 작자미상의 옛 시들이다. 이는 문자 기록이 아직 보편화되기 이전 옛 구전 문학의 특성을 반영하는 측면도 있겠지만, 공자가 살던 시대까지 중국 사회 구성원들이 아직 개인으로서의 자신에 대한 인식이 분명하지 않았음을 반영하기도 했다. 이는 성경 속 구약의 내용에 등장하는 가부장적 유대인 사회의 모습 혹은 카스트 제도(Caste system)에 속박된 고대 인도인들의 삶의 모습 등을 떠올려보면 전혀 놀랍지 않다.

헬레니즘 시대의 개인주의 흔적에서 살펴볼 수 있듯 사회 윤리보다 개인 윤리에 더 관심이 많았던 서양과 달리, 고대 동아시아에서는 공동체 중심의 사회 윤리가 사회 구성원들의 사고를 강하게 지배했다. 물론 동아시아에서도 개인을 윤리적 주체로 인식하지 않았던 것은 아니다. 가령, 논어와 맹자 등에서 강조하는 선비(사대부)의 자질은 헬레니즘 시대 철학자들의 개인 저작에서 추구되었던 덕목들과 크게 다르지 않다. 모름지기 선비는 타인의 인정을 구하지 아니하고 자기자신으로 살아가며 도(道: the natural order of the universe)를 실천하고 인(仁: holistic human excellence)을 추구한다.

하지만 고대 동아시아에서 한(漢) 제국 이래의 지배적 정치 이데올로기로 기능했던 유학 사상에서 그러한 도와 인은 위계질서를 통해 행사되는 것이었다. 그리고 이러한 위계질서를 통해 개인에 대한 공동체의 통제와 보호가 이루어졌다. 따라서 이러한 동아시아 사회의 공동체는 서구화된 오늘날의 우리들 시각으로 보면 결국 개인 간의 불평등한 관계를 기초로 공동체 사회가 유지되고 있었다고 볼 수 있다. 가령 순자(荀子)의 철학을 대표하는 개념인 예(禮)는 단순히 유교 사상의 외적 표현 양식으로 머물지 않고, 사회 질서를 규정하는 사회 윤리로 발전하였다. 예라는 개념에서 특히 중요했던 것이 분별과 차등이었고 이는 공동체 사회의 상하 질서를 구축하는 토대였다. 남녀노소 간에는 분별(나누어 구별함)이 있어야 했고 그들은 서로 대등한 위치에서 살아갈 수 있는 존재가 아니었다. 가령 스토아 학자들이 개인으로서 더욱 성숙한 자아를 가지는 것에 초점을 맞추었다면, 고대 중국의 유학자들에겐 개인이 속해 있는 가족과 사회의 질서와 조화를 이루는 것이 보다 중요했다.

물론 고대 동아시아에도 개인주의적 사상이 펼쳐지지 않았던 것은 아니었다. 진(秦)으로 중국이 통일되기 이전 춘추전국 시대에는 제자백가(諸子百家)라 불리는 수많은 사상가들이 저마다 자신들의 사상을 경쟁적으로 세상에 펼쳐 보였다. 당시 여러 국가의 왕들도 보다 훌륭한 정치 사상을 통해 자신의 국가를 발전시키고자 하였기에 능력이 뛰어난 인재를 영입하는데 적극적이었다. 그리고 이들의 사상 중에선 분명 오늘날 개인주의와 비슷해 보이는 사상도 존재했다. 그 중 도(道)라는 개념을 창시한 노자(老子)나 그의 사상을 계승한 장자(莊子)로 대표되는 도가 학파는 집단주의적 규율과 강제, 구속을 자연의 이치에 어긋나는 것으로 이해하였다. 특히 인이나 의(義)처럼 유학자들이 내세우는 논리는 인위적으로 인간을 구속시키는 기능 만을 하는 독선적 체계로 간주하였다. 특히 장자는 상대주의적 관점을 극단적으로 추구하여, 선과 악, 미와 추 등은 결국 개인 각자의 시각에 기반을 둘 수 있을 뿐 절대적인 진리처럼 받아들여져선 안된다고 보았다.

무엇보다 이렇듯 자신의 이름을 걸고 자신의 사상을 경쟁적으로 자유롭게 펼쳐 나갔던 사상가들의 모습 자체가 개인주의적 현상과 관계가 깊다. 더 우수한 사상은 더 높은 가치를 인정받아 국가의 통치에 도입되고 그 사상가는 재상으로서 왕을 자문하는 높은 자리에 오르게 되었음은 당시 중국 사회에 일종의 (다양한 지식들이 서로 경쟁하는) 지식 시장이 기능하고 있었음을 의미한다. 하지만 춘추전국 시대뿐 아니라 이후 한(漢) 제국 붕괴와 함께 이어지는 삼국시대와 남북조 시대 내내 전쟁은 끊이지 않았다. 경제사와 과학사적인 측면에서 발전이 없었던 것은 아니나, 고대 중국 사회에서 백성은 철저히 군량미를 제공하거나 군사력을 구성하는 전쟁 수행의 자원이며 통치의 대상일 뿐이었다. 이런 이유로 역사 기록이나 문학적 서술 속에서도 군주와 주요 장수 및 참모들의 개인적 고뇌와 인격은 보이지만, 백성 개인의 삶은 찾아보기 힘들다.

· · ·

노예 제도에 대하여

　고대 사회에서 서양이든 동양이든 지적인 차원에서 거의 성인, 군자와 같은 개인들의 선집을 탐구하여 이를 가지고 개인주의의 등장을 이야기하는 것은 당시의 대다수 인간의 모습을 도외시한 설명이 될 수밖에 없다. 가령 고대 사회의 일반적인 사람들에게, 만약 선택할 수만 있다면 더 근본적인 문제는 '개인주의자로 살 것인가, 말

것인가'의 문제보다 '노예로 살 것인가, 자유인으로 살 것인가'였을 것이다. 하지만 이는 대부분의 경우에 그들 자신의 선택 영역 밖에 있었다. 특히 사적인 경제적 요인 때문에 노예가 되는 경우가 아닌 주로 고대 사회의 노예의 경우, 잦은 정복 전쟁의 와중에 국가권력에 의해 범죄자 혹은 적성(適性)으로 분류되어 노예가 되는 경우가 많았고, 이 경우 개인에 의한 선택이나 결정의 측면은 찾기 힘들다.

물론 역사 속의 노예로 살았던 사람들을 살펴보면 사람들이 흔히 생각하는 바와 달리 결코 모두가 육체적으로 정신적으로 비참하게 혹사당하는 삶을 살지는 않았던 것은 사실이다. 실제 역사 속에서도 자유를 찾아 험난한 인생 역정을 겪었던 몇몇 노예 출신 인물의 기록을 살필 수 있다. 또한 소설이나 영화에서도 용감히 자신의 운명과 맞서 싸운 노예 출신 주인공들의 모습을 드물지 않게 만날 수 있다.

한마디로 노예의 형편은 일반화하기 힘들며, 그들은 처해진 조건, 가령 주인의 성향에 따라 매우 다양한 삶을 살았다. 예를 들어 19세기 말까지도 법적인 노비(비자유민 신분) 제도가 존속했던 조선의 경우 노비 중에는 과중한 세금이나 공물, 노동력 등을 부과하는 국가와 지방 관리의 수탈을 피해, 혹은 일자리나 경작할 토지를 구하기 위해 스스로 지방의 유력자 집에 들어간 경우가 많았다. 이런 식으로 스스로 노비가 된 사람들은 자신의 인생에서 어떤 선택이 보다 나은 삶을 가져다줄 수 있을지를 고민하고 판단하는, 일종의 선택과 결정의 행위를 한 셈이다. 가령 국가 혹은 관청 보다는 그들의 주인인 양반이 그들에게 더 안전하고 생존에 도움되는 조건을 제공해 준다고 판단을 한 것이라 볼 수 있다.

그렇지만 개인주의의 관점에서 바라볼 때는, 고대 사회든 근세 사회든, 사적 경로든 국가적 경로든, 노예가 된 자들의 삶은 결코 행복하게 보일 수 없다. 편안하고 불편하고를 떠나서, 어떤 대접을 받았는지를 떠나서, 나의 삶이 나 자신의 뜻이 아닌 다른 누군가의 뜻에 따라 좌우되는 것이야말로 사실상 노예의 삶의 본질이다. 어떤 면에서는 민본주의를 내세우는 유교 정치 속에서 법의 집행이 관리들의 손에 온전히 맡겨졌던 조선 사회에선 농민과 노비 모두 본질적으로는 노예적 삶의 위험에 노출되어 있었던 셈이다.

물론 인간은 늘 완전히 자신의 뜻에 따라서만 살기는 힘들 수도 있다. 하지만 내가 맞이하는 불행조차도 결국 나 자신의 뜻에 따라 초래된 것이라면 그 불행은 노예가 자신의 뜻과 상관없이 맞이하는 불행과는 의미가 다르다. 어떤 의미에서 인간의 역사는 인간이 자신의 인생의 행복과 불행을 스스로 자유롭게 선택하고 결정하고자 노력해온 역사이기도 하다. 그리고 이것이 개인주의의 역사의 본질이다.

탁월한 개인이 없었던 시대는 없을 것이다. 고대에도 자유를 마음껏 누릴 수 있었던 소수의 사람이 존재하지 않았던 것은 아니다. 하지만 소수의 천재적 개인들의 생각만으로 한 시대의 특성 혹은 시대정신을 논하는 것은 그들이 아무리 영향력 있는 시대의 지성이었다고 해도 무리가 있다. 더구나 분명 고대의 지식 시장에서 탁월한 지성들의 개인주의적 사상이 빛을 발하긴 했지만, 그들의 인문학적 취향은 아쉽게도 중세에 접어들면서 보다 집단주의적인 사회적 가치체계와 통치 사상에 흡수되어버리거나 시들어 버리게 된다. 서양에서도 오늘날 '개인'을 뜻하는 영어 단어 individual의 기원이 되는 라틴어 individuum은 중세시대 후반부에 가서야 나타난다. 좀 잔인하게 이야기하자면 인류의 역사에서 중세시대까지도, 아니 서양에서도 19세기 이전까지는 '모든' 개인이 자신의 행복을 자유롭게 추구해나간다는 말은 꿈 같은 이야기였다. 지구상 대다수의 나라에서는.

• • •

새장 속에 갇힌 자아

중세 시대에 들어와 기독교의 사회적 지배력이 강화되면서 서양인들이 자기 자신에 대해 관심을 갖는 행위는 더이상 성숙한 인격의 도야가 아닌 사회적 이단 행위로 간주되어 나갔다. 중세 지성을 이끌어가던 수도회의 사제들이 영혼의 구원에 해를 끼치는 시장과 무역에 대해 부정적인 시각으로 바라보았던 것도 개인주의가 발전하기 힘든 상황을 초래하였다.

하지만 서양 중세 시대를 전체적으로 보면 서양인들이 봉건제 속에서 장원(manor)이라고 하는 토지에 결박된 존재로서의 구속을 점차적으로 벗어남과 동시에 신분의 한계에 도전해 나가는 과정이기도 했다. 그리고 그 결말, 즉 중세 말 15세기에 이르면 르네상스라고 불리우는 문화적 격변을 통해 인간 본래의 자유로운 사고를 향해 나아가는 새로운 인간형 혹은 인간성을 창조하게 된다. 이는 유명한 예술사가 부르크하르트(Jacob C. Burckhardt) 이래 많은 역사학자들이 개인주의와 관련하여 서양 중세 사회의 변천에 대해 묘사해온 시각이기도 하다. 그 결과 중세 말에 유럽인들은 촌락 공동체적 존재로서의 제약, 특히 사회적 신분에 의해 규정된 다양한 구속으로부터 벗어나 자유를 갈망하는 개인들에 대한 이야기를 도처에서 듣게 된다.

위와 같은 중세의 개인주의에 대한 전체적인 역사는 그 이전 고대의 철학자들이 시도했던, 인간 자신 안의 내면 세계 또는 자아에 대한 탐구를 그 출발점으로 하고 있었다. 이러한 현상은 이미 11~12세기부터 유럽의 일부 성직자들이 시도한 자기성찰을 담은 글, 특히 고백서와 자서전 등에서 나타나고 있었다.[33] 물론 많은 경우 그러한 중세 사제들의 자아 성찰은 개인주의적 각성이라기 보다는 당시 신학의 전형적인 규범을 충실히 따라서 성자나 그리스도의 삶을 자신 안에 내면적으로 체험하기 위한 묵상의 일환인 경우가 많았다.[34]

하지만 12세기에 가장 대담한 신학자였던 아벨라르(Pierre Abélard, 1079~1142)의 경우에서 볼 수 있듯, 자아를 드러내는 데에 보다 거침없었던 중세인의 모습도 볼 수 있다. 아직 프랑스에서 대학이 생기기 이전 12세기 파리의 노트르담(Notre-Dame) 성당 주변은 수많은 교수와 학생이 모여들던 지성과 학문의 중심지였다. 그곳에선 다양한 고전 철학적 지식과 논리학, 신학적 교리 등의 논쟁이 꽃을 피웠고, 유명한 교수의 강연은 현대의 스타 연예인의 공연 못지않은 큰 인기를 누렸다. 이처럼 만개한 파리의 지식 시장에서 단연 독보적인 존재는 젊은 신학자 아벨라르였다. 그는 훗날 자신의 글 〈나의 불행의 역사〉에서 당시 그 시대의 가장 권위적인 신학자와 철학자들의 논리에 맞서 자신의 신학적 논리를 설명하고 이를 정당화하던, 절정기의 자신을 이렇게 묘사했다. '나는 내가 세상에서 유일한 철학자라고 생각하기 시작했다. 어느 누구도 그 무엇도 두렵지가 않았다.'[35]

하지만 우연히 엘로이즈(Héloïse, ?~1164)라는 여인을 사랑하게 되었고 그녀를 임신시킨 그는 이 일로 자신의 몸이 거세되는 아픔과 불명예를 겪기도 했던 불운한 인물이었다. 그런데 〈나의 불행의 역사〉에서 보여지는 그의 모습은 결코 고대나 중세의 많은 철학자들처럼 '나는 누구인가 그리고 어떻게 살 것인가'류의 성찰을 통해 자아를 찾고자 했던 모습과 달랐다. 또한 단순히 그가 살던 시대의 종교적 사회적 압력에 저항하여 자아를 수호하고자 노력했던 한 인물로 기억하기에는 개인주의의 역사 상에서 차지하는 남다른 의미가 있다. 그 책에서 아벨레르의 주된 관심은 자신의 내면 속 자아에 대한 성찰이나 권위적 사회 체계에 대한 열정적 저항심이 아닌, 철저히 이성의 눈으로 바라본 그 자신과 그를 둘러싼 주변 세계 사이의 관계였다. 그는 이 관계에서 자신의 논리에 바탕을 두고 당시 대다수 지식인의 논리 방식에 대한 회의(skepsis)를 통해서, 다른 이들과 구별되는 남다른 사고 체계를 펼쳐나가는 독자적이고 이단적인 개인의 상(image)을 자신에게 투영시키고자 하였다.

하지만 극소수의 천재적 개인을 제외하면 대부분의 중세인들은 그들의 삶에서 개인적 정체성이 확인되기 위한 객관적 기준에 대한 인식조차 희박했다. 개인의 필적을 비교할 공식 문서도 제대로 형성, 관리되지 않았고, 얼굴을 유심히 바라보는 것도 무례한 행위로 간주되어 세부적인 인상 묘사도 극히 드물었다. 자연히 타인을 사칭하는 사기는 광범위하게 횡행했다. 역사학자 아론 구레비치(Aaron Gurevich)는 중세인들은 자신의 개인성을 주장하거나, '자기를 주장하는 특별한 방식을 발견할 필요를 느끼지 않았다'고 지적하기도 했다.[36]

구레비치가 지적한 위와 같은 중세 유럽의 일반적 상황에 예외적인 사회가 있었다면 그것은 영국이었다. 오히려 영국에서는 농촌에서 먼저 개인이 집단 내부의 위계 질서로부터 해방되는 모습이 나타났다.[37] 그 대표적인 예가 개인이 자유로이 결혼 배우자를 선택할 수 있었고 자신의 토지를 자유로이 매매할 수 있었다는 점 등인데, 이는 명백한 개인주의의 사회경제적 지표이기도 하다. 14세기 영국 옥스포드의 과학 연구 성과들을 배경으로 오컴(William of Ockham, 1280~1349)이 정립한 유명론(nominalism)에 의하면 교회란 실제로 존재하지 않는 이름에 불과했다. 실제 존재하는 것은 교회를 구성하는 수도사나 신자들일 뿐이었다. 마찬가지로 사회 역시 개인들의 단순한 집합일 뿐이었다. 이러한 오컴의 논리가 반영하듯 영국에서는 개인의 재산권은 세상의 어떤 권력도 함부로 빼앗을 수 없는 신성불가침한 권리로 인식되어 나가기 시작했다.

또한 중세 후반으로 가면서 유럽인들의 종교관 역시 원죄를 타고난 인간으로서의 비관적 자세에서 자신의 구원을 얻기 위해 스스로 노력해 가는 능동적 자세로 바뀌어 갔다. 이와 동시에 자신감을 갖게 된 개인들은 문학과 예술에서 익명성을 조용히 탈피하여 자신들의 이름과 존재를 조금씩 드러내 보이기 시작했다. 르네상스 시기에 와서 많은 예술가들은 비로소 자신이 창조한 작품에 개인 서명을 조심스럽게 남기기 시작했다. 그들의 작품은 경쟁적으로 인간의 정신 수준을 고양시켜 나갔으며 자신을 둘러싼 주변 세상의 구속을 벗어난 진정한 세계주의를 추구하였다.

무엇보다도 중세 후반부에는 그러한 사상적 선구자들의 탁월하고 천재적인 개인주의적 시도 이전에, 개인주의적 차원에서 보다 의미 있는 사회 경제적 변화가 이미 유럽 곳곳에 나타나고 있었다. 그 중심에 도시의 발달이 자리 잡고 있었음은 두말할 나위가 없다. 가령 자치권을 인정받은 도시 속에서는 은행이 설립되고 기업이 생겨나면서 유럽인 개인들의 취향에 부응하는 자유시장이 생겨났다. 또한 시계 제조 기술의 발달과 인쇄술의 발달 등에 힘입어 많은 유럽인들은 자신의 시간을 스스로 관리하고 세상에 대한 자신만의 시각을 형성해 나가기 시작했다. 이러한 유럽인들의 생활에 침윤된 물질적 변화는 공간적인 중세의 벽을 뛰어넘게 되는 15세기 말 신항로 개척에 의해 촉진되었다.

그리고 중세가 막을 내리던 무대 위에 (16세기 종교개혁 시기에) 유럽은 고대 샤머니즘 사회 이래로 줄곧 힘 없는 개인들 앞에서 군림해 온 권위적인 중재자(mediator)의 존재를 부정하기에 이른다. 그 중재자는 중세 시대에는 성직자였고 고대에는 제사장이었다. 이로써 유럽은 드디어 보잘것없는 개인들도 직접 신과 마주할 수 있게 되는 인식론적 전환의 시대로 진입하게 되었다. 인식론적 차원에서 개인주의는 내가 사물을 인식하는 과정에서 나 개인의 비판적, 자율적 사고를 강조하는 입장에 서 있다. 이는 인간의 인식 과정에 있어서 사회적 전통과 합의를 강조하는 입장과 대조를 이룬다. 가령 16세기 종교개혁의 시대를 이끈 주인공으로 회자되는 마틴 루터(Martin Luther)는 카톨릭의 기성 교회의 가르침에 반기를 들었다. 그는 생각했다. 그리고 당당하게 자신을 소환한 의회에 나아가 말했다. '저는 교황에게든 의회에게든 제 신념을 포기할 수 없습니다. … 신앙인으로서 자신의 양심에 어긋나는 행동을 하는 것은 안전하지 않으므로, 저는 제 신념을 취소할 수도, 취소하길 바라지도 않습니다.''[38] 인식의 기반으로 하나님의 말씀을 여전히 중요한 의지처로 삼았으므로 루터는 완전한 자신의 생각에 의지하지는 않았다고 볼 수도 있지만, 자신의 인식이 오로지 자신의 이성으로부터 나온다고 그 시대에, 그 상황에서, 감히 주장할 수 없었을 뿐이다. 무엇보다 그가 당시 사회적 관습과 명령에 그렇게 용감하게 맞설 수 있었던 것은 자신의 이성과 자신의 양심이 당시 사회의 권위자들의 명령 그리고 대다수 구성원들이 공유하던 믿음보다 우선한다고 생각했기 때문이다.

물론 모든 유럽인들이 종교개혁가들의 가르침을 따른 건 결코 아니었으나, 이성에 근거하여 스스로 자신의 구원에 이르는 길을 찾아 나선 개인의 출현은 유럽의 역사에서 의미심장한 순간이었다. 그 길을 두려움으로 외면하든 해방으로 환영하든 그것은 유럽인 각자가 선택할 몫이었다.

인간의 마음에 대한 자연철학적 분석

기독교 가치 체계가 서양 중세인들에게 자신의 독특한 개인성을 주장하지 못하게 가로막았던 것과 비교하면, 동아시아에서 중국의 경우 국제무역이 번성했던 당(唐, 618년~907년) 말기까지 비교적 포용적이고 개방적인 불교의 영향력 하에 있었기에 많은 다양한 종교가 번성을 했다. 중국 중세 시대 최대의 도시이자 당의 수도였던 장안(長安)은 당시 국제적으로 큰 번영을 누렸던 상업도시였다. 장안은 원래 한나라 때부터 비단길이 시작되는 지점으로서 무역과 부의 상징과도 같은 곳이기도 했다. 또한 유학을 정치이념으로 삼았던 고대 중국의 한나라에 비해서 당나라에서는 불교와 결탁된 귀족 문화가 꽃피었다. 한시(漢詩)의 창작이 두보(杜甫, 712~770)와 이백(李白, 701~762)으로 대표되는 중국 문학 사상 가장 절정에 달했던 시기도 이 시기였다. 특히 이백의 시에는 도가 사상에 영향을 받은 천재적 시인의 창조적 상상력과 함께, 세상 사람들과 어울리지 못했던 시인의 고독한 내면이 환상적이고 낭만적인 문체 속에 녹아 들어 있다.

그런데 송나라 때에 와서, 특히 유럽에서 아벨라르가 개인주의적 새로운 인간형을 선보이던 12세기에 남송(南宋, 1127~1279)의 주희(朱熹, 1130~1200)는 이전의 훈고학(訓詁學)적 성격이 강했던 기존의 유학을 대체하는 새로운 유학 사상을 정립하였다. 즉, 이전의 유학이 경전에 기록된 문장의 정확한 해석에 골몰해 있었다면, 주희의 성리학

(性理學)은 우주의 질서와 인간의 본성을 해명하고자 하는 심오한 관념 철학이었다. 그럼에도 불구하고 귀족적 성격이 강했던 불교나 고서 해독에 매몰되어 있던 훈고학에 비하면 훨씬 현실적인 성격이 강했다고 할 수 있고 당시로서는 실천적이고 개혁적이기까지 하였다.

하지만 훈고학이 성리학으로 대체되고 시간이 지나면서 사회적으로 집단주의적 규범과 이에 대한 복종은 더욱 강조되어 갔다. 원래 공자에 의해 집대성된 유학은 전통과 질서, 조화를 중시하는 도덕 규범에 가까웠다. 그리고 현실 정치에서는 황제의 권력 혹은 중앙집권을 강화시켜주는 법가(法家) 사상과 대비되어 지배 계층이던 사대부, 즉 학자 관료들의 입지를 강화시켜주는 기능을 수행하였다. 사대부 계층은 유학의 직분론(職分論)을 바탕으로 자신에게 주어진 역할이 일반 농민들과 다르다고 믿었던 것이다. 성리학은 그러한 기존 유학의 도덕 규범적 성격을 우주 자연의 원리와 연계시켜 철학적인 차원에서 더욱 합리화시키고 강화시킨 사상체계였다. 그 결과 사농공상(士農工商)의 사회적 위계 서열은 더욱 확고해지고 상업과 공업이 혁신적으로 발전할 가능성은 점차 낮아지게 되었다.

이로서 동아시아는, 아리스토텔레스 이후 유럽이 그의 강력한 철학적 유산과 기독교 신앙의 교리 속에 구속되어 몇 세기를 개인 없는 집단주의적 공동체로서 조화와 구원을 꿈꾸며 잠자고 있었던 것과 유사한 상황이 이제부터 펼쳐지게 되었다. 실제로 성리학이 정치 사회 원리로 확립되어가면서 중국과 동아시아 사회는 이후 20세기초까지 그 지배적 사고의 틀이 그대로 거대한 사상의 감옥이 되어 지식

시장이 형성될 여지가 매우 좁아지게 되었다.

• • •
개인의 인격성에 대한 자각

르네상스와 종교개혁이 끝나고 17, 18세기에 들어와 유럽에서는 정신적, 물질적으로 개인을 위한 공간이 본격적으로 열리기 시작하는 정치경제적 변화를 맞이하게 되었다. 즉 정신적으로는 스스로의 이성적 사고에 입각하여 모든 개인은 자신을 위해서 살아갈 권리를 가짐을 인식해 나가게 되었다. 또한 물질적으로는 사유재산(private property)의 관념이 강화되면서 재산의 범위가 확대되고 재산을 규정하고 보장하는 법적 내용들이 정교해지고 복잡해졌다.

정신과 물질의 두 측면은 상호 밀접한 연관성을 가진다. 가령 자신을 위해 살아갈 권리는 자신에게 속한 재산, 자신의 신체, 더 나아가 자신의 생각에 대한 관심과 직결된다. 경제적인 차원에서 사유재산에 대한 개념과 관련하여 자신의 사유재산에 대해 매매, 증여, 처분 등의 결정을 자유로이 할 수 있게 된다는 것은 정신적, 물질적 측면 모두에서 진정으로 독립된 개인이 법적, 사회적 인정을 받게 됨을 의미한다. 이는 더 나아가 계약 체결의 당사자로서의 개인으로 하여금 시장에서 자신이 확인하고 부여할 가치에 대해서 보다 예민하게 인식하게 만든다. 그리고 결정적으로 자기 자신의 의견과 생각에 대해서도 그 가치를 보다 정확하게 인식하고자 노력하게 만든다. 보다 가치 있는 의견과 생각이란 일반적으로 무지와 편견에 기초한 주관적인 자기 위주의 생각이 아닌, 객관적인 관계와 현실에 기초한 합리적 의견이다.

17세기 이후에 이러한 정신과 물질의 두 측면의 개인성, 즉 자아를 확립하고 이성적 사고를 스스로 해 나갈 줄 아는 주체로서의 개인과 자신의 재산을 소유하고 시장에서의 가치 교환 과정에 자유로이 참여할 줄 아는 주체로서의 개인, 두 측면이 병행 발전해 나가게 된다. 여기서는 이 중에서 개인주의의 역사적 흐름과 관련하여 주로 전자에 초점을 두어 설명하고자 한다. 후자에 관해서는 다음 챕터에서 보다 심도 있게 다루도록 하겠다. 정신적 측면의 개인성에 있어서도 영국의 경우에는 자연법적 관념을 바탕으로 보다 경험적이고 현실적인 방향으로 발전해 나간 반면, 유럽 대륙의 경우에는 합리론적 회의를 통해 인간의 자기 중심성을 극복해 나가고자 하는 방향으로 발전해 나갔다.

17세기에 영국의 존 밀턴(John Milton)은 모든 기독교 신자들은 자유롭게 자신의 양심에 입각해서 기존의 성경 해석과 다른, 자신이 발견한 성경의 진리를 표현할 수 있어야 한다고 주장했다. 성직자 계층의 일방적 설교를 수동적으로 받아들여야 하는 수직적인 상하 질서로서의 성직자-평신도 관계를 거부한 것이다. 이러한 주장의 세속 버전이 그보다 한 세대 뒤의 같은 영국 철학가에게서 나오게 된다. 바로 존 로크(John Locke)였다. 그리고 그는 개인의 '자유로운 생각'을 지지하기 위한 철학적 기반을 만들고자 하였다.

로크는 모든 개인은 자신의 방식대로 세상을 바라볼 수밖에 없음을 논리적으로 설명해내고자 했다. 그의 기념비적 저작인 '인간지성론'(An Essay Concerning Human Understanding, 1690)은 온전히 그러한 노력에 바쳐진 결과물이었다.[39] 결론적으로 말하면, 로크는 인간이 가지고 있는 관념은 그 개인의 '경험의 산물'일 수밖에 없으며, 따라서 개인은 자신의 경험을 토대로 자신과 세상에 대한 관념 체계를 형성한다고 보았다. 이는 데카르트(Descartes)로 대표되는 당시 유럽 대륙 철학의 주된 인식, 즉 수학적 논리에서 볼 수 있듯 절대적 관념은 외부 세계와 상관없이 실재하며 인간은 태어나면서부터 그러한 실재하는 관념(본유관념: innate ideas)을 머리 속에 가지고 성장해 나간다는 이론에 정면으로 도전하는 것이었다.

　로크에 따르면, 사실상 내가 살아온 '경험'이 곧 나이다. 나는 과거의 기억들, 즉 추억, 시련, 환희, 절망 등의 내 개인적 경험을 통해 나 자신과 내가 살고 있는 사회에 대한 관념을 머리 속에 가지게 되는데, 이렇게 형성된 머리 속의 관념 자체가 바로 나 자신인 것이다. 로크는 개인의 자아(self) 및 정체성(conceptions of identity), 더 나아가 주체성(subjectivity)에 대해 그 이전의 다른 어떤 철학자보다 예민하게 의식했다. 이러한 그의 인식론적 자각은 정치철학적으로도 그가 개인의 자유와 권리에 대해 강렬하게 주장하게끔 만들기도 했다. 그리고 이러한 그의 생각은 장차 영국 사회가 보다 평등하고 민주적인 사회를 지향해 나가도록 하는 데 있어서 하나의 나침반 역할을 하였다.

한편 유럽 대륙에서는 코페르니쿠스(Nicolaus Copernicus, 1473~1543)로부터 본격화된, 자연 현상의 인식에 있어서 인간이 그 특유의 자기 중심성을 극복해 나가고자 하는 노력이 17세기에 갈릴레오 갈릴레이(Galileo Galilei, 1564~1642)로 이어진다. 갈릴레이는 철학은 (인간의 주관적 시각에 좌우되지 않는) 수학의 언어로 쓰여야 한다고 믿었고, 인간이 살고 있는 지구 중심으로 우주를 해석하는 시각(천동설)을 거부하였다. 그는 지동설으로 인한 가톨릭 교회와의 대립 이전에 이미 16세기말 피사(Pisa) 대학교의 수학교수로 일하던 젊은 시절에 〈운동에 대하여〉라는 책을 출판하면서 아리스토텔레스 물리학에 반대하는 자신의 이론을 펼치기 시작했다.[40] 그는 피사대학교의 동료 교수들이 아리스토텔레스적 우주관의 틀을 벗어나지 못하고 있다고 비판했으며 이때문에 동료 교수 및 대학교 측과 심한 갈등을 겪기도 했다. 이후 그와 교황청과의 대립도 사실상 종교 지도자들이 나서기 이전에 그를 적으로 간주하고 있던 당시 수많은 학자들이 먼저 나서서 그를 공격하였던 학문 분위기가 크게 영향을 미쳤다.

갈릴레이가 보여준, 객관적 지식과 원리를 향한 지칠 줄 모르는 비판적 합리주의 태도는 그보다 한 세대 뒤의 프랑스 철학자 데카르트(René Descartes, 1596~1650)의 저작 속에 그 결실을 맺게 된다. 〈방법서설〉에서 데카르트는 방법적 회의(의심)를 통해 이 우주에서 가장 확실하고 의심할 여지가 없는 진리를 찾고자 했다.[41] 그리고 이러한 논리적 의심을 거듭한 결과 마지막에 다다른 결론은 사유하는 나 자신이 존재한다는 사실은 결코 부정될 수 없다는 ('나는 생각한다. 고로 나는 존재한다') 결론이었다. 이 책은 결국 모든 주관적인 요소를 배제하고 인간이라는 존재를 철두철미하게 객관적이고 이성적으로 인식하고자 했던 그의 노력을 보여준다.

더 나아가 데카르트는 〈방법서설〉에서 자신이 펼쳐 보여준 철저한 논리적 사고를 위한 잠재적 능력은 모든 인간이 가지고 태어난다고 생각했다. 즉, 그는 누구나 타고난 이성을 소유하고 그러하기에 모든 개인은 각자가 이를 바탕으로 자신의 이해관계와 삶의 목적을 가진다고 보았다. 또한 이러한 논리적 전제를 바탕으로 개인은 자신의 이해관계만을 고집하거나 자신의 목적을 타인에게 강요해선 안된다는 결론에 이르렀다. 그는 어떠한 경우에 있어서도 특수한 자신의 이익에 우선하여 자신이 속한 전체 사회의 이익을 먼저 생각해야 한다고 주장하였다. 이렇게 인간의 자연스런 독립적 이성으로부터 논리적으로 도출된 데카르트의 철학은 개인주의적 사유가 어떻게 자연스럽게 책임감 있는 이타적 삶의 태도로 이어지게 되는지를 잘 보여주었다.

한편 18세기 후반으로 갈수록 프랑스를 비롯한 서유럽 사회에서 개인주의의 물결은 더욱 격렬하게 분출되어 나갔다. 특히 감성적 충동의 지배에서 벗어나 개인의 이성을 중시하고 자제력을 겸비한 새로운 인간형은 프로이센의 철학자 칸트(Immanuel Kant, 1724~1804)가 형상화한 계몽주의 시대 개인주의의 핵심이기도 했다. 실제로 〈계몽이란 무엇인가에 대한 답변〉에서 칸트는 외부적 전통과 규율에 단순히 복종하고 순응하는 지적 의존 상태에서 벗어나 자신의 행동을 일관되게 이끌어 나갈 도덕의 준칙을 스스로 만들고 지켜나갈 수 있는 지적 자율성을 무엇보다 강조하였다.[42]

칸트는 신학적 세계관에 의지하지 않고도 인간으로서 개인은 스스로 도덕적 가치를 추구할 수 있는 존재임을 증명하고자 했던 진정한 근대적 개인주의 철학자였다. 그에게 있어 '도덕의 형이상학적 기초'는 주관적 욕망이 아닌 객관적 이성에 근거해 도덕적 가치를 지향하는 인간의 선의지(good will)였다.[43] 그의 개인주의적 도덕철학 논리의 최종판이라 할 수 있는 〈실천이성비판〉은 도덕적 행위의 준칙을 스스로 가지는 독립된 개인들에 대해 설명하는 책이었다.[44]

칸트적 의미에서의 이들 자기규율적 개인은 당시 현실의 유럽에서 절실히 요구되던 인간형이기도 했다. 즉 도시의 시민들은 이전보다 훨씬 자유로운 존재가 되었지만 그와 동시에 개인 간의 욕망이 충돌할 수 있는 가능성 또한 훨씬 높아졌다. 그리고 그러한 충돌을 중재해 줄 수 있는 기관들이 더이상 혹은 아직 제대로 기능하지 못하는 상황이었다. 즉 권위를 내세우며 개인의 욕망을 억누르려는 종교적 중재에 더이상 따르고 싶은 생각도 없었지만, 그렇다고 약자 보다 강자, 소수보다 다수의 요구에 맞추어 편파적으로 기능하는 정치권력의 거친 간섭도 못마땅하긴 마찬가지였다. 이런 상황에 놓인 유럽의 시민들에게 칸트의 개인주의적 도덕철학은 종교나 정치 등의 외부적 개입이 아닌, 오로지 이성의 힘으로 각자의 욕망이 초래할 수 있는 사회적 문제를 근본적으로 해소할 수 있는 길을 제시하고자 하였다.

칸트는 인간이 이기심을 버리지 못하는 존재임을 수긍하면서도,

타인을 자신의 욕망을 실현하기 위한 도구로 인식하는 이기적인 태도는 결국 자신의 욕망을 실현하는 데에 있어서도 궁극적으로는 도움이 되지 않음을 이성적으로 논증하고자 했다. 이른바 실천이성에 관한 그의 이러한 생각은 정언 명령으로 알려진 크게 두 개의 결론으로 요약된다. '보편적인 법칙에 근거한 행동의 준칙을 가질 것', 그리고 '인간을 수단이 아닌 목적으로 대할 것'이 그것이다.

행동의 준칙이란 우리가 각자 행동을 하는데 있어서 가질 수 있는 자신만의 원칙이다. 보편적 법칙이란 특정한 개인이나 집단에게만 적용될 수 있는 법칙이 아닌 누구에게나 공평하게 적용될 수 있는 법칙이다. 가령 내가 '다른 사람의 뒷담화는 어떠한 일이 있어도 하지 않겠다'라는 행동 준칙을 가지고자 할 때 이 준칙이 과연 보편적 법칙에 근거할 수 있는지를 따져보아야 할 것이다. 만약 이 준칙이 나에게만 이득을 가져다주고 다른 사람들에게는 피해를 끼치는 것은 아닌지, 나나 특정 사람과 관계없이 모든 사람이 그러한 준칙으로 인해 유익을 얻을 수 있겠는지를 생각해야 한다는 것이다.

즉 칸트의 첫 번째 정언 명령은 우리 자신이 가진 행동의 원칙이 혹시 자기 중심적인 이기적 원칙이 아닌지를 돌아보라는 의미이다. 두 번째 정언 명령은 더욱 직접적으로 우리에게 이기적인 행동(뿐만 아니라 생각까지도)을 금지시킨다. 이렇듯 칸트의 실천이성은 우리가 우리 자신의 이성을 통해 모두가 서로 존중하며 조화로운 관계를 맺어나갈 수 있기 위해서는 결국 자기 중심적인 이기심을 극복해야 함을 말하고 있다.

이 같은 칸트의 정언 명령이 반영하듯, 18세기 후반 당시 확대되어 나가던 도시적 상황 속에 유럽인들은 이전과 다른 성격의 사회적 관계 혹은 상호의존 가능성을 도시 생활 속에서 탐색해 나가고 있었다. 대체로 이들은 합리적 이성으로 무장한 자기 목적적인 존재로서 생활의 사유화를 추구해 나갔다. 이러한 도시적 사회 관계는 보다 안전하고 자유로운 개인의 삶을 가능하게 하는 '사생활(private life)의 확장'을 약속하고 있었으며, 이는 개인주의적 문명의 서막을 알리는 현상이었다.

문제는 이러한 개인주의로의 이행이 시장의 자율성과 기관(institutions)의 독립성이 강했던 영국에서는 다양한 사회적 기관들의 변화와 적응 과정을 통해 점진적으로 이루어진 반면, 상대적으로 보다 중앙집권적 사회였던 프랑스에서는 완고한 종교적, 정치적 권력의 억압에 부딪히면서 혁명적 양상을 띠었다.

대헌장(the Great Charter of Freedoms, 1215)의 선례를 가진 영국에선 권리 장전(Bill of Rights, 1689)의 인준을 거치며 개인의 신성한 자연법적 권리에 대한 의식이 확고히 자리 잡아갔으며 특히 홉스와 로크의 소유적 개인주의(possessive individualism) 사상이 보여주듯, 사적 소유권과 연계된 개인주의 사상이 18세기를 거치며 공고히 확립되어 나갔다.

반면 18세기 프랑스 시민들은 자신들의 독립성과 자율성을 억누르는 억압의 궁극적 주체인 절대왕정 체제를 뒤엎는 투쟁의 과정에서 강력한 국가주의적, 민족주의적 연대 속에 스스로 단결하였다. 특히 콩도르세(Marquis de Condorcet, 1743~1794)와 같은 18세기 후반 소위 진보주의자로 불리던 프랑스 계몽주의 사상가들은 이러한 혁명적 열망을 대변하였다. 그리고 그러한 혁명적 과정에 의해 얻어진 자연법적 권리와 관련해 그들은 자신들의 소유권이 더이상 왕이나 귀족들에 의해서 침해되어선 안됨을 분명히 선언하였다. 많은 학자들은 이러한 역사적 과정을 개인주의의 승리를 상징하는 것으로 성급히 간주하기도 하였다. 가령 17, 18세기를 거치며 프랑스를 중심으로 유럽 사회에서 일어난 이러한 혁명적 변화상에 대해 전통주의자이자 공동체주의자였던 사회학자 로버트 니스베트(Robert A. Nisbet)는 개인의 이성을 중심으로 한 개인주의가 역사 속에서 가장 승승장구하던 모습이라고 보았다.[45]

・・・

개인주의의 확산과 이에 대한 저항

하지만 니스베트는 기세등등하던 이 개인주의의 흐름이 19세기에 와서 거센 반동과 저항에 직면하게 되었다고 보았다. 분명 19세기 이래로 유럽의 개인주의의 역사에서는 계몽주의 시대처럼 확신에 찬 개인의 이성을 바탕으로 신분, 교회, 길드 등의 권위적인 구속과 제약에 맞서 투쟁하던 모습은 찾아보기 힘들다. 더이상 자연법의 영도 하에 진군해 나가야할 목적지가 사라져버린 시대처럼 보인다.

그렇지만 19세기의 개인주의를 바라보는 다른 시각도 존재해왔다. 대표적으로 게오르그 짐멜은 19세기에 와서 개인주의가 이전의 단순히 '자유로운 개인'을 넘어서 '특별하고 대체불가능한 개인'을 향하게 되었다고 보았다.[46] 이전처럼 추상적인 개념으로서, 그리고 이상적인 목적으로서 보다는 개인의 삶의 방식, 그리고 타인과의 상호작용에 초점을 두는 방향으로 발전해 나갔다고 본 것이다. 실제로 생활의 사유화 현상은 유럽에서 18세기가 끝나고 다음 세기가 열리면서 보다 분명해졌다. 18세기까지의 개인주의는 주로 철학자들의 사유 속에서 자유롭고 평등한 개인의 권리라는 개념을 세우는 것에 초점이 맞춰졌다. 실제 현실에서 자유로운 개인적 독립성의 추구는 오직 극소수의 이야기였다. 반면 19세기에 오면 (여전히 소수이긴 했지만) 각자의 자유와 권리를 가진 개인들이 사회 속에서 새로운 삶의 가능성을 본격적으로 탐색하기 시작한다. 특히 도시의 신흥 부르주아 계급의 청년들은 이러한 새로운 사조를 주도하였다.

그리고 이 과정에서, 즉 짐멜이 말했던 17, 18세기의 '평등한 개인'이 강조되는 양적 개인주의 시대에서 19세기의 '개인의 특수성'이 강조되는 질적 개인주의 시대로의 이행에 가장 크게 영향을 미친 요인은 다름 아닌 18세기 후반의 낭만주의였다.[47] 신앙의 본질은 감정이라고 보았던 낭만주의 신학자 슐라이어마허(Friedrich D. E. Schleiermacher, 1768~1834)가 표현한 바 있듯이, 개인 각자는 그 자체로 우주를 대표하는 존재론적 가치를 가진다는 생각은 이 시기의 예술가와 지식인들 사이에 널리 퍼진 생각이었다.[48] 자연으로부터 부여받은, 하지만 사회적인 구속과 무관심 속에 파묻혀 있는, 자신의 잠재성을 열정적으로 개발시켜 나가고자 하는 시도는 낭만주의적 문화 사조 속에서 빠르게 확산되어 나갔다.

개인주의(individualism)라는 단어가 처음 생겨난 시점도 바로 이러한 시대적 분위기 속이었다. 하지만 프랑스에서 처음 선보인 이 단어는 거의 나타나자 마자 경멸적인 시각을 받아야만 했다. 아니, 애초에 경멸하기 위해 만든 단어(pejorative term)였을 수도 있다. 특히 카톨릭에 바탕을 둔 공동체적 가치를 고수하는 반혁명주의자들은 전 유럽에 걸쳐 19세기 내내 정치적으로 전통주의 혹은 반동주의로 무장하였으며 가장 강력히 개인주의에 반대한 집단이었는데, 이들은 개인주의를 무질서와 무신론, 향락주의 등과 연계시켜 비판하였다.

하지만 프랑스에서 볼 수 있듯, 이들 반혁명주의자(대부분 전통주의자)의 반대편에 선 혁명론자들도 상당수는 그다지 개인주의에 호의적이진 않았다. 혁명의 초기에는 콩도르세처럼 개인주의적 정신을 희구했던 진보주의자도 있었으나 혁명재판소가 설치되고 공포정치가 실시되던 시기에 많은 자유주의자들은 루소의 평등주의 이상을 추구하던 혁명 급진파들에 의해 가혹하게 탄압을 받았다. 실제로 콩도르세 역시 이들 급진파에 의해 투옥되어 감옥에서 사망하였다. 자유와 평등, 우애를 외쳤던 19세기의 많은 진보주의자, 특히 생시몽(Henri de Saint-Simon, 1760~1825)과 같은 사회주의자들의 시각에는 그러한 도시 중산층의 낭만주의적 사생활의 추구는 사회적 불평등을 초래하고 민중을 소외시키는 결과를 낳는 해로운 현상이었다. 오웬(Robert Owen, 1771~1858), 생시몽 등과 같은 공상적 사회주의자들

(utopian socialists)을 묶는 가장 대표적인 특징 자체가 자본주의에 의해 확산되어 나가는 개인주의에 대항하여 공동체적 사회의 전통을 수호하고자 하는 시각이었음을 감안하면 매우 당연한 논리적 귀결이기도 했다. 신생 학문인 사회학(sociology)의 발전을 이끌어낸 진보계열의 대표적 인물이었던 콩트(Auguste Comte, 1798~1857) 역시 사회를 하나의 유기체로 간주하여 개인을 마치 생명체 내에서 각 기관이 맡은 일을 수행하는 것과 유사한 기능을 하는 존재로 보았다. 19세기 후반 이래 많은 사회학자들이 공유하던 이러한 (사회를 하나의 유기체로 바라본) 구조기능론적 시각에선 애당초 개인의 이익이나 독립된 개인성 등의 가치가 자리 잡을 여지가 많지 않았다.

하지만 중산층에서부터 외연을 조심스레 확장해 나가던 개인주의의 흐름 속에서 19세기 유럽 대륙의 진보주의자들 중에는 개인주의의 의미에 대한 새로운 가능성을 발견하고자 하는 이도 있었다. 바로 보편적인 대중의 (혹은 민중의) 정치적 권리, 특히 노동자와 여성의 참정권, 그리고 귀족적, 종교적 기득권의 배제 등의 정치사회적 이슈에 개인주의의 정신이 일정한 기여를 할 수 있으리라는 희망을 읽어낸 것이었다. 특히 콩트, 뒤르켐(Émile Durkheim, 1858~1917) 등이 개인주의에 대해 긍정적인 태도를 보이기도 했던 것은 그러한 시대의 분위기를 반영하였으며 또 그러한 경향을 심화시키기도 하였다. 특히 사회주의자이자 당대 가장 영향력 있는 사회학자였던 뒤르켐은 개인주의는 자기자신에게 집중하는 이기주의가 아닌, '일반적 개인'의 관념에 집중함으로써 어떤 의미에서 사회주의적 요소를 포함하며, 그리하여 개인 간의 연대와 공감을 통해 국가의 도덕적 일체감에 봉사하는 믿음의 체계라고 개인주의를 규정하였다.[49]

이러한 관념적 도덕론에 가까운 사회주의자들의 주장은 종종 19세기 민주주의적 개인주의라고 부르는 하나의 시각을 보여주는 것이었다. 하지만 그 반대편에 서 있던 많은 자유주의적 개인주의자들에 의해 이러한 시각은 당연하게도 반박되었다. 이들 후자의 집단이 볼 때 개인주의와 사회주의는 개인과 사회의 존재 의미와 역할을 전혀 상반되게 보는, 양극단에 선 두 시각일 뿐이었고, 물과 기름처럼 합쳐질 수 없는 것이었다. 실제로 개인주의에 대한 혐오가 사상적 공격의 차원을 뛰어 넘어 다음 세기에 가서 '전체주의'라고 불리는 집단주의적 체제에 의한 탄압으로 나아가는데 있어 가장 크게 기여한 사상 중 하나도 맑시즘(Marxism)이었다. 칼 미르크스(Karl H. Marx, 1818~1883)에 의해 이론화되어 19세기 사회주의를 대표하게 된 맑시즘은 현대에 개인주의를 반대하는 많은 사상의 기원이자 구심점 역할을 하고 있다.

· · ·

집단주의 전성시대

원래 19세기 당시에는 구조기능론적 시각을 가진 사회학보다 갈등론적 시각으로 사회를 바라보는 맑시즘이 개인의 해방에 보다 호의적인 입장이었다. 이해관계를 달리하는 집단 간의 갈등을 핵심으로 하는 맑시즘의 시각은 갈등하는 그 집단들이 본래 대등한 지위와 가치를 가진다는 사실을 전제하였다. 하지만 맑시즘은 결국 노동자나 자본가 개인들의 다양한 의도와 목적, 그리고 인간의 복잡한 상호작용 등에 대해 관심을 기울이기 보다는 노동자 집단과 자본가 집단 등의 집단적 이해관계에 집중했다. 이는 맑시즘뿐 아니라 오늘날 맑시즘에 뿌리를 두고 있는 다양한 사회주의 계열 사상들의 특징이기도 하다. 이들 사상의 관심은 개인보다는 남성, 여성, 흑인, 백인 등 집단적 정체성에 초점을 맞추는 경향이 강하다.

특히 20세기 전반기에 맑시즘은 개인의 공간을 인정하지 않았다. 소위 계급 투쟁을 위해 집단 속에서의 개인은 자신의 자유를 내려놓고 단결해야만 하는 존재로 보았다. 만약 이를 거스르는 개인의 의지가 존재하는 경우 이는 제거되어야 할 악으로 인식되었다. 이와 같은 과격한 맑시즘의 흐름은 러시아 혁명 이후 20세기 전반부에 유럽은 물론 전세계로 빠르게 확산되었다.

한편 전통주의나 사회주의와는 또 다른 성격의 집단주의인 민족주의(nationalism)도 19세기 후반에서 제2차 세계대전 시기까지 유럽에서 반개인주의의 기운을 크게 드높이는데 일조했다. 1870년대를 전후하여 대두한 민족주의의 광풍은 국민국가 수립(nation building)의 열망이 드높았던 독일과 이탈리아 지역을 중심으로 일어났다. 이후 민족주의는 낭만주의적 영향과 전인민의 정치 참여 보장을 호소하는 민주주의적 열망에 힘입어 전유럽에 거세게 몰아쳤다. 하지만 전유럽에서 국가간 식민지 경쟁을 촉발시킴으로서 19세기 후반 제국주의(imperialism)가 본격화되는데 일조하기도 하였다.

이렇듯 집단주의의 기운이 팽배했던 19세기말 유럽 사회의 분위기는 결코 니체와 같은 예외적인 소수의 개인주의 철학자들의 바람과는 정반대로 흘러갔다. 민족주의는 결국 다음 세기의 제1차 세계대전 발발의 주요인이 되었다. 더 나아가 제2차 세계대전은 사실상 일련의 집단주의 사조들, 즉 전통주의와 민족주의, 맑시즘 등이 서로 영향을 미쳐 형성한 거대한 집단주의 이데올로기 정서가 자유주의적 개인주의에 대항하는 전선을 이루었다. 그 결과 제2차 세계대전으로 이어지는 1920~1930년대는 근대 이래 유럽사에서 자유주의적 개인주의가 가장 강력한 도전을 받았던 시기로 기억되고 있다.

가령 1920년대에 국가사회주의 독일노동자당(National Socialist German Workers' Party: Nazi)은 반자유주이, 반개인주의에 입각해 제1차 세계대전 패전후의 암울한 사회적 정서를 파고든 집단주의적 선동 전략을 활용했었다. 이들의 선동에 넘어간 치기 어린 젊은 대학생들은 베를린의 오페라 광장에서 반국가적인 책을 불태웠고, 군중은 금융 자본가와 유대인 등 독일 국민의 이익에 반하는 것으로 인식되었던 집단들을 적폐 세력으로 몰아 청산할 것을 외쳤다. 물론 반공산주의 정서를 이용하였고 이후 산업 자본가들과 전략적으로 제휴하면서 소련과도 전쟁을 하였지만, 나치의 본질은 결국 개인주의와 시장 자유주의에 대항하는, 그래서 매우 비슷한 성격을 공유하는 공산주의와 정치적 목적에서 라이벌 관계에 있었던 것이다. 단지 소련 공산당은 자본가를 말살하고자 했다면 나치는 전쟁의 재원을 위해 자본가를 이용, 착취했다는 점이 다를 뿐이다.

몇몇 예외는 있었지만 전통주의적 공동체주의자든, 사회주의자든, 민족주의자든, 19세기이래 제2차 세계대전에 이르기까지 반개인주의의 흐름은 존재론적, 인식론적 개인주의를 부정하는 입장을 취했다. 즉 개인의 실재성을 부정하고 집단주의적이고 전체론적인 사회 질서를 추구하는 모습을 주로 보였다. 가령 1930년대 프랑스에서 일어난 인격주의 운동 속에서 카톨릭 사상가들은 '공동체적 인격주의'의 개념을 통해, 원자화된 개인 간의 자기파괴적인 자유경쟁의 중단과 이타주의적인 평등한 공동체의 건설을 추구하였다. 또한 그 운동의 대표격이라 할 수 있는 임마누엘 무니에(Emmanuel Mounier, 1905~1950)는 자유주의적 개인주의(혹은 그가 호칭한 부르주아적 개인주의)가 인간을 타락시키고 결국 고립시켜 돈의 지배를 불러오는 주원인으로 보았다.

이러한 흐름의 연장선이었다고 할 수 있는 제2차 세계대전 당시 페탱주의(Pétainism) 역시 나치즘 및 파시즘과 마찬가지로 개인주의를 사실상 국가 반역으로 취급할 정도로 만악의 근원으로 간주하였다.[50] 하지만 반개인주의 사조의 여러 갈래 중에서 이러한 (흔히 반동주의로 일컬어지기도 했던) 전통주의 사조는 제2차 세계대전이 끝나면서 유럽에서 거의 사라지게 된다. 유럽 전통주의의 몰락은 그것이 국가주의와 사회주의의 결합으로 만들진 전체주의 정치체제와 손을 잡으면서 예견된 결과이기도 했다.

제2차 세계대전 이래로 현재까지 민족주의나 전통주의를 대신해

서구에서 가장 강력히 개인주의에 반대하는 이념은 단연 사회주의이다. 하지만 이는 이제 마르크스의 교조적 이론을 탈피하여, 맑시즘을 모체로 성립한 일련의 계열화된 사상들을 포함한다. 가령 포스트모던 문화맑시즘(postmodern cultural Marxism)은 그 대표적인 예이다. 따라서 사회주의는 이제 다양한 스펙트럼의 진보 및 복지, 공동체 및 (인민) 민주주의 이념 등과 관계를 맺게 되었다. 특히 제2차 세계대전 이후로 유럽을 중심으로 혁명적 성격이 거세된 사회민주주의의 형태로 확산되어 온 사회주의는, 제2차 세계대전 이전에는 한 때 개인주의적 성격을 띠는 반제국주의와 반전체주의 사상과 연대하기도 했던 것과 달리, 부의 균등한 분배를 위한 정부 역할 강화를 주장하는 반개인주의적 성격을 점차 분명히 드러내왔다. 이들 민주주의적 사회주의자들은 자신을 위하는 자족적인 개인들의 존재보다는, 모두를 위한 정부의 개입에 의해 각자에게 필요한 것이 주어지는 사회를 더 선호하는 모습을 보인다.

• • •
고독한 군중의 재각성

이렇듯 맑시즘 및 그에 이은 사회민주주의의 강력한 영향 하에 지내온 유럽과 달리 가장 과감한 개인주의의 모습은 미국의 근대 역사에서 찾을 수 있다. 유럽의 역사와 비교하면 미국은 유럽 사회에서 볼 수 있었던 반개인주의 사조가 상대적으로 약했다. 강력한 자유주의적 개인주의의 신념은 미국의 건국 과정 및 그 건국 정신을 투영하고 있는 헌법에 잘 드러나는데, 그 핵심은 개인의 신성한 권리와 자유에 대한 절대적 보장, 그리고 사적 영역에 대한 국가 개입의 최소화였다.

가령 19세기 후반 국가주의의 광풍 속에 있던 각국의 유럽인들이 볼 때 동시대 많은 미국인들의 모습은 애국심이라고는 찾아볼 수 없는 지리멸렬한 국민의 모습과도 같았다. 하지만 아이러니하게도 이민자들의 집합소와도 같았던 이 시기의 미국은 유럽의 그 어떤 국가보다도 시장에서 수많은 활력 넘치는 기업들이 성장하고 있었다. 그리고 그러한 기업들에 의한 사회경제적 부의 증가와 비례하여 국민들의 문화적, 도덕적 의식 수준 역시 유럽인의 그것을 순식간에 따라잡기에 충분할 만큼 빠르게 성숙되고 있었다. 무엇보다 이 과정에서 니체에 뒤지지 않을 만큼 독창적이고 과감한 개인주의의 철학으로 무장한 철학자들이 이 시대 미국인들의 지성의 등불 역할을 자처하고 있었다. 대표적으로 랠프 월도 에머슨(Ralph Waldo Emerson, 1803~1882)과 헨리 데이비드 소로(Henry David Thoreau, 1817~1862)가 그러한 예였다.

하지만, 이러한 '거친 개인주의(rugged individualism)'로 상징되는 미국의 사회 풍조도 20세기에 접어들면서부터는 연방 정부의 권력 행사가 늘어나기 시작하면서 사정이 달라진다.[51] 특히 대공황의 침체기인 1930년대에 케인지언 경제학(Keynesian economics) 이론에 바탕을 둔 재분배적 성격의 시장 개입 정책들은 미국에서 폭넓게 시행되었다. 케인지언 이론은 기본적으로 시장에서 공급과 수요 간의 균형이 무너지는 경우 (주로 과잉공급) 정부가 시장의 균형을 유지하기 위한 명분으로 인위적으로 수요를 창출하는 것을 정당화하였다. 이 시기 이래로 미국의 사회경제적 정책들 역시 유럽 국가들에서처럼 복지국가를 지향해 나가는 노선을 점차 띠기 시작했다. 이와 함께 대중 소비문화의 확산 속에 타인과 동료집단의 가치에 자신을 자발적으로 순응시키는 1950년대의 미국의 개인들은 서서히 '고독한 군중(The Lonely Crowd)'이 되어갔다. '고독한 군중'은 1950년에 출판된 데이비드 리스먼(David Riesman, 1909~2002)의 책 제목이자 그가 이 책에서 지적한 미국 사회의 특징적 모습이기도 했다.[52] 이 책과 1954년에 출간된 그의 후속작 〈개인주의의 재검토〉에서 그는 미국인들이 점차 동료집단의 기대와 가치에 순응해가며 내면의 독립성, 즉 개인주의를 상실해 가는 모습을 비판적으로 바라보았다.[53]

이렇듯 실종되고 있던 미국 사회에서 개인주의와 고전 자유주의 정신의 회복에 큰 힘이 되어 준 것은 제2차 세계대전을 전후하여 유럽 대륙에서 건너온 사상이었다. 특히 루드비히 폰 미제스를 필두로 한 오스트리아 학파의 개인주의 경제 철학은 사회 현상의 본질을 (다양한 의도를 가진) 개인들 간의 상호작용으로 바라본 방법론적 개인주의(methodological individualism)의 접근법을 취하였다. 이 학파의 핵심 인물이자 미제스의 제자로서 1974년 노벨 경제학상을 수상한 프리드리히 하이에크(Friedrich Hayek, 1899~1992)는 영국과 미국을 오가며 영미 학계에 많은 제자를 길러내었다. 1944년에 영국과 미국에서 동시 출간된 그의 책 〈노예의 길〉은 특히 미국에서 선풍적인 인기를 끌었고, 오늘날까지 개인주의자들의 필독서로 전해진다.[54] 이 책에서 그는 개인주의와 고전 자유주의 정신의 실종은 자유를 위협받은 개인들이 궁극적으로는 압제적인 사회에 노예로 전락하는 결과를 가져온다고 보았다.

이후 대중 저술가 아인 랜드(Ayn Rand, 1905~1982)와 저명한 철학 교수 로버트 노직(Robert Nozick, 1938~2002)을 거치며 미국에서는 1960~1970년대의 신좌파(the New Left) 사조에 대한 저항이 유럽의 그 어떤 나라보다도 강하게 일어났다. 집단주의의 관점에서 볼 때 신좌파 사상은 소위 정치적 올바름(political correctness) 및 정체성 정치(identity politics)의 추구 등을 특징으로 하였다. 이에 맞선 개인주의의 흐름은 한 때 20세기 후반 미국에서 소위 신자유주의의 대두와 함께 사회적 주류 시각의 위치를 노리기도 한다. 하지만 학문과 언론 등 문화계를 중심으로 이미 공고히 확립된, 사회주의적 감성을 바탕으로 경제적 평등과 보편 복지를 추구하는 도도한 집단주의 흐름은 미국에서도 거스를 수는 없었다. 그 결과 현재는 정도의 차이는 있지만 유럽이나 미국 모두에서 개인주의의 담론이 최소한 학계나 언론계에서는 주류 위치에서 멀리 떨어져 있는 실정이다.

급격했던 변화의 물결

동아시아에서 19세기에 들어와 유럽의 개인주의가 처음으로 확산되어 나갔던 나라는 일본이었다. 19세기의 대표적인 사상가 후쿠자와 유키치(福澤諭吉, 1835~1901)는 서구 사상의 핵심인 개인의 자유와 권리 보장 및 입헌군주제 등을 일본에 소개하는데 앞장섰다. 그에 앞서 에도시대 중엽 이후부터 활발히 상인층을 중심으로 이루어진 네덜란드와의 교역은 일본에서 난학(蘭學)을 발전시켰는데, 18세기 후반 해부학 번역서 〈해체신서(解體新書)〉를 발간한 의사 스기타 겐파쿠(杉田玄白, 1733~1817)부터 서구 사상을 자신의 번역어인 철학(哲學)이라는 학문의 형태로 소개한 19세기 중반의 니시 아마네(西周, 1829~1897)에 이르기까지 난학자들에 의해 수많은 유럽의 어휘들이 한자로 개념화되었다.

그리고 이렇게 새로이 한자로 번역된 글들 속에 담긴 서구의 사상과 지식이 청일 전쟁 이후에는 동아시아 전체에 빠르게 확산되어 나갔다. 특히 청나라는 일본에 많은 유학생을 파견하기도 하였다. 가령 영어의 Individual은 1870~1890년대에 걸쳐 많은 일본 학자들에 의해 다양한 표현이 시도되다가 최종적으로 개인(個人)으로 번역되었는데, 단순히 한 사람(人)도 아니고 그렇다고 인민(人民)도 아닌 이 개념은 이때에서 와서야 비로소 동아시아인들의 사고 속에서 조금씩 확산되어 나가기 시작했다.

하지만 일본의 메이지 정부 핵심 관료들이 보다 관심이 있었던 것은 영국처럼 기관과 개인의 자율성에 초점을 두는 자유주의적 개인주의도, 프랑스처럼 일거에 지배층이 몰락하고 민중적 성격이 강화된 민주주의적 개인주의도 아닌, 독일식의 엘리트주의적 개인주의였다. 독일은 19세기 중반 산업혁명이 일어나면서 농민층의 임금노동을 기반으로 한 토지 귀족인 융커(Junker)들이 신흥 산업자본가들과 '호밀과 철의 연합(Coalition of Rye and Iron)'이라 불린 협력관계를 형성하였다. 또한 귀족들은 국왕의 관료 조직에 스스로 흡수되어 민중의 불만을 군사적 해외 팽창을 통해 해소시키면서 동시에 산업화와 근대화를 달성해 나가는 국가 정책을 주도적으로 이끌어 나갔다. 1871년에는 제국 헌법이 제정되며 입헌군주국을 표방하는 자유주의적 정치 제도를 완성하기도 하였지만, 영국과 같은 실질적인 개인의 자유 보장을 본질로 하는 입헌 정치체제와는 거리가 있었다.

독일이 걸었던 그 길을 일본은 대외 팽창에 이르기까지 착실히 답습하게 된다. 조슈번과 사쓰마번의 사무라이들이 에도막부를 타도하고 1868년 메이지 정부 수립을 주도한 이래, 이들을 중심으로 한 권력 집단은 1886년 제국대학령을 공포하고 근대화와 산업화를 위한 고등교육 인재의 배출에 전념하는 한편, 1889년 이토 히로부미(伊藤博文, 1841~1909) 등의 핵심 관료들은 독일 헌법을 본뜬 대일본제국 헌법을 제정하고 이어 제국의회를 개설하였다. 이렇게 짧은 시간 내에 일사천리로 이루어진 입헌 정치 개혁은 독일에서와 마찬가지로 자유주의적 개인주의의 관점에서 볼 때 한계가 분명해 보였다.

하지만, 이어지는 1900년대 후반~1920년대의 소위 다이쇼 데모크라시 시기에는 민주주의와 자유주의의가 발전되어 나갔다. 참정권이 확대되고 민중과 여성의 지위가 상승하는 한편, 정당을 중심으로 한 의회 정치가 자리를 잡아가면서 입법과 행정의 견제가 자연히 일어나게 되어 개인의 정치적 자유를 위한 공간이 확대되었다. 이는 1870년대 독일 귀족들이 당시 유럽대륙을 몰아친 사회주의적, 민족주의적 혁명의 광풍 속에서 정치적 타협의 일환으로 자유주의적 정치 제도를 시도했던 것과 마찬가지로, 제1차 세계대전을 전후하여 신해혁명, 러시아혁명 등 주변국에서 전제군주제가 붕괴하는 위기적 상황이 일본의 핵심 권력집단에 영향을 미쳐 나타난 타협적 결과로 볼 수 있다.

특히 이전 시기의 국가 형성(state building)에 맞춰져 있던 사회적 관심과 에너지는 러일 전쟁 후에는 개인에게로 옮겨짐과 동시에 탈정치적 경향 및 세계시민적 인식이 확산되어 나갔다. 그 결과 이 시기의 개인주의 사조는 '다이쇼 로망'이라는 사조가 반영하듯, 특히 문화 방면에서 두드러지게 나타났다. 그에 따라 많은 천재적인 문학가와 예술가들, 그리고 사회과학과 자연과학의 눈부신 성과들이 이 시기에 나타났다. 수필류나 문학 잡지를 비롯한 각종 매체에 '개인주의'라는 용어가 눈에 띄게 증가하였고 언론뿐 아니라 사회주의, 아나키즘 등을 표방하는 각종 사회단체들이 반자유주의적 정책을 비판하였다.

가령 국내에도 잘 알려진 이 시기 대표적 문학가 나쓰메 소세키

(夏目漱石, 1867~1916)가 1914년 펴낸 강연집 제목도 '나의 개인주의'였다. 소세키는 처음으로 영어의 romanticism을 낭만주의(浪漫主義)로 번역한 인물이기도 하다. 특히 오스기 사카에(大杉 栄, 1885~1923)는 니체의 사상을 일본에 소개한 이 시기 가장 대표적인 개인주의자이자 무정부주의자(anarchist)였다. 일본에 병합되어 있던 한국인 사회에서도 이 시기에는 자유민주주의가 가져온 사회적 부흥과 취향의 자유 속에 일본인과 한국인이 차별의 벽을 조금씩 극복해 나갈 수 있었고, 문학과 예술 분야의 많은 새롭고 창의적인 한국인 작품이 창작되었다. 또한 개인주의에 대한 관심은 높아져 1922년 매일신보는 '개인주의자와 사회주의자'라는 제목으로 총 4편의 시리즈 연재를 내보내기도 하였다.[55]

지식인 사이에서 널리 확산된 개인주의와 이상주의, 허무주의의 정서 등은 자유연애를 유행시켰다. 특히 비극적 운명을 초월한 사랑을 증명하고자 하는, 일본어로 신쥬(心中)로 불리는 자살 사건이 자주 발생하여 사회문제가 되기도 하였다. 에도시대인 17, 18세기부터 심심찮게 일어나곤 했던 이 현상은 다이쇼 시기에 유명 인물들의 동반 자살 사건을 통해 세간의 이목을 집중시켰다. 가령 1923년 일본 소설가 아리시마 다케오(有島 武郎)와 여기자 하타노 아키코(波多野秋子)의 동반 자살 사건은 일본 사회에 충격을 던져 주었다. 그로부터 3년 뒤 한국 최초의 성악가 윤심덕과 작가 김우진 역시 현해탄에 몸을 던지는 동반 자살 사건을 통해 한국인 사회를 떠들썩하게 만들었다.

역설적으로 이러한 모습은 근대사 이래 처음으로 동아시아인들이 보편적으로 경험했던 가장 분명한 개인주의의 분출이기도 했다. 그러나 아쉽게도 일본의 지식인 사회를 중심으로 일어난 이러한 문화적 개인주의의 만개는 오래가진 못했다. 다이쇼 후반기에 일어난 관동 대지진과 노동자 계층에 확산되던 사회주의가 만들어낸 정치적 긴장은 미국에서 비롯된 대공황의 여파와 맞물려 우울한 사회 분위기를 몰고왔다. 또한 극심한 경제 침체를 타개하기 위해 일본 군부에 의해 기획된 만주 침략은 군국주의적 정치 상황을 몰고 왔을 뿐이었다.

이 당시 군부의 젊은 장교들 사이에 사회주의적, 국가주의적 사상은 빠르게 확산되어 나갔는데, 이들은 전략산업의 국유화 및 사유재산권 축소 그리고 토지 개혁을 통한 농촌의 안정 등을 주장하였다. 이러한 1930년대 중반 이후 일본 사회의 급격한 전체주의의 확산은 사무라이 가문 출신의 노회한 군부지도자들을 대체해 농민 출신의 장교들이 리더십을 형성하게 된 것과도 관련이 있다. 즉, 후자의 정치적 욕망이 경제공황 이후 일본 대중의 중우적 요구와 맞물려 극단으로 치달은 결과가 일본 사회의 급격한 전체주의화였다.

제2차 세계대전 후에도 일본 사회는 동아시아에서 개인주의의 중심지로 지금까지 이어져 왔다. 특히 1960~1970년대에 홍콩과 더불어, 당시 사회민주주의의 확산 속에 경제적 침체의 기로에 있던 개인주의 종주국 영국을 위시한 서구 국가들과는 대조적으로 활력이 넘쳐나는 시장경제의 발전과 함께 반세기 전의 자유주의적 개인주의 시절로 완전히 복원된 모습을 보여주었다.

하지만 동아시아 사회는 거대한 사회주의 국가 중국을 중심으로 집단주의적 성격이 아직 강하게 남아 있고, 그 반개인주의의 주된 기조도 사회주의보다는 유교적 전통과 민족주의에 뿌리를 두고 있다. 유럽에서 두 차례에 걸친 전쟁으로 민족주의와 전통주의가 설 공간이 사라진 반면, 패전국 일본을 제외한 동아시아 지역은 민족주의가 전후에도 강하게 온존해왔으며, 20세기 후반의 경제적 약진과 더불어 전통 가치 재발견의 일환으로 유교적 전통도 다시금 재조명되고 있다. 또한 산업화와 자본주의화의 결과로 개인주의에 대한 사회주의적 대항 논리가 빈부격차의 확대 및 사회적 불평등 심화라는 명분을 앞세우고 강화되어 왔다. 그 결과 이들 민족주의, 유교적 전통 및 사회주의적 철학의 발호로 인해 정치적 개인주의의 성숙은 아직 더디게 진행 중인 상태이다. 이러한 지체된 정치적 개인주의와 대조하여, 경제적 개인주의만이 사회주의적 시장 규제의 강화에도 불구하고 철학적 바탕 없이 추구되고 있다. 그 결과 경제적 개인주의에 편중된 동아시아 사회에서 개인주의는 대중 소비문화의 확산과 함께 전반적인 배금주의와 물질만능주의적 사회분위기를 초래하고 있다는 비판에 직면해 있는 실정이다.

Chapter 3

개인의 욕망은
어떻게 실현될 수 있는가

　개인주의는 정치 철학적으로 '모든 개인이 자신의 고유한 행복을 저마다 자신만의 방식으로 자유롭게 추구해 나갈 수 있어야 한다'는 의미라고 설명했다. 그런데 이 문장에서 가장 중요한 단어는 맨 앞의 '모든'이라는 점을 중요하게 지적할 필요가 있다.
　개인이 자유롭게 자신의 행복을 추구해 나갈 수 있어야 한다고 하는 선언 자체는 어떤 특별한 사회적 의미도 가지지 못한다. 우리가 개인의 행복이나 자유를 이야기할 때 이는 타인의 행복이나 자유와 늘 상충됨을 기본적으로 전제하기 때문이다. 단지 힘이 센 한 개인의 행복과 자유를 위해서 다른 개인의 행복과 자유가 희생되어야 한다면 이는 개인주의의 원칙에 위배되는 것이다. 그런데 현실에서는 누군가의 행복이 다른 누군가에게는 불행이 되는 경우가 흔하며 그 반대의 경우도 마찬가지이다. 만약 어떤 사람이 자신의 행복은 다른 누군가가 자신에게 무엇인가를 해 주어야 비로소 행복을 느낀다고 말한다면 그의 행복은 개인주의와 자유주의의 관점에서 정당화될 수 있을까? 가령 그가 자신의 딸이 자신이 원하는 남자와 결혼해야만 자신이 행복해질 수 있다고 믿는다면 그의 행복을 개인주의나 자유주의의 관점에서 인정할 수 있을까? 즉 문제는 각기 다양한 선호와 이해관계를 가진 개인 간의 욕망의 충돌을 어떠한 일관된 원리로 해소해 나갈 것인가를 설명할 수 있어야 하는 것이지, 단순히 개인은 행복과 자유를 누려야할 권리가 있다고 선언하는 것은 공허한 외침일 뿐이다.

즉, 개인주의는 '모든' 개인들이 사회에서 저마다 행복을 자유롭게 추구할 수 있도록 하기 위한 원리로서 효과적으로 기능할 수 있을 때에 진정한 의미를 가지게 된다. 실제로 이러한 개인들 간의 이해관계의 상충을 정치적으로 적절히 해소하기 위한, 대립되는 두 입장이 있다. 이는 개인주의를 바라보는 크게 두 입장이기도 하다. 어떤 이들은 개인주의를 자유주의의 원리를 통해 추구해야 한다고 주장하는가 하면, 다른 이들은 민주주의적 원리를 통해 추구해야 한다고 주장한다. 이 챕터에서는 자유주의적 원리를 통해 개인주의를 추구하는 입장, 소위 자유주의적 개인주의에 대해 살펴본다(민주주의와 개인주의 사이의 관계에 대해서는 다음 챕터에서 살펴보게 될 것이다). 역사적으로 자유주의적 개인주의가 가장 앞서 발전했던 영국의 사례를 중심으로 설명하게 될 것이다. 특히 정치적 자유와 경제적 자유는 사회 속 개인이 개인주의적 삶을 유지해 가는 데 있어 핵심적인 수단이며, 이 두가지 가치가 분리될 수 있는 것인가는 이 챕터에서 중요한 내용을 차지한다.

욕망의 주체로서의 개인

유럽의 역사에서 개인주의를 실현하기 위한, 즉 '모든' 개인들이 사회에서 저마다 행복을 자유롭게 추구할 수 있도록 욕망의 대립을 해소하기 위해 펼쳐온 노력은 크게 서로 다른 두 방향으로 나뉜다. 그 중 한 방향을 대표하는 나라가 영국이며 유럽 대륙은 영국과는 구별되는 다른 방향으로 발전해왔다. 그리고 이러한 차이는 결과적으로 자유주의적 개인주의와 민주주의적 개인주의의 차이를 만들어내게 된다. 무엇보다 영국식 개인주의의 특징은 개인주의와 자유주의 간의 긴밀한 관계를 핵심으로 한다. 이러한 개인주의와 자유주의, 둘 간의 상호의존성은 모든 개인이 가지는 사적 소유권에 대한 관념을 바탕으로 그 개인들이 모두 대등하게 선택의 자유를 누릴 수 있어야 한다는 점을 핵심으로 한다.

17세기에 데카르트와 논쟁하기도 했던 동시대 영국의 토머스 홉스(Thomas Hobbes, 1588~1679)는 영국 특유의 소유적 개인주의를 본격적으로 발전시킨 정치철학자였다. 소유적 개인주의란 개인의 사적 소유권을 가장 중요한 요소로 하는 개인주의이며 영국을 중심으로 발전한 자유주의적 개인주의의 뿌리를 이루는 사상이다. 이미 중세 후반기에 사적 소유권이 확립되고 이를 통해 시장경제가 발전하고 있던 영국에서는 개인의 소유권의 경계를 타인의 그것과 엄밀하게 구분하는 법적 논의가 발달해 있었다. 소유적 개인주의는 바로 이러한 사적 이익에 대한 관심을 바탕으로 개인의 법적 권리의 범위를 구체화하기 위한 철학적 근거였다.

특히 홉스는 데카르트와 같은 추상적인 관념적 사유보다는 눈에 보이는 물질적 개념에 초점을 맞추었다. 소유권과 관련하여 그에게 가장 중요한 대상은 개인의 몸, 즉 생명이었다. 그는 자연법(law of nature)이 궁극적으로 추구해야할 가장 중요한 목적도 개인들의 생명과 신체의 안전을 보장해주는 평화의 달성에 두었다. 이와 관련하여 잘 알려있듯이, 〈리바이어던〉에서 그는 국가(혹은 국왕)의 절대권력이 개인의 자발적 양도에 근거한다는 사회계약론 사상을 제시하였다.[56] 이는 당시 프랑스의 왕권신수설, 즉 국왕의 권력이 신으로부터 주어진 것이라는 사상과 대조를 이루었다.

또한 홉스가 보인 개인주의적 접근법은 오늘날 방법론적 개인주의의 단초가 되는 논리를 처음으로 선보인다. 방법론적 개인주의(methodological individualism)는 모든 사회현상들을 독립된 개인들의 사회적 행위의 총합의 결과로 이해한다. 이는 인간 행위를 조정하는 예정된 계획이나 법칙이 존재한다고 보는 목적론적, 절대주의적 시각과 대조를 이룬다. 가령 중세 이래 유럽의 전통적인 관점에서는 사회는 그 자체의 목적을 가지며 개인은 당연히 그 목적에 봉사하고 순종해야 했다. 하지만, 홉스는 자연 상태에서의 개인들을 (권력과 소유욕 등을 가지는) 욕망의 주체로 보았다. 그리고 필연적으로 이는 타인의 이해관계와 상충하는 결과를 가져오리라 예상했으며 이를 해결해 나가는 것을 자신의 철학적 과제로 삼았다.

홉스보다 한 세대 뒤 영국의 정치철학자인 존 로크 역시 서로 다른 이해관계를 가지는 개인들의 존재를 전제하였다. 그리고 여기서 초래되는 갈등을 해소하기 위한 수단으로 인간이 가지는 이성의 힘에 의존했다는 점에서도 홉스와 동일하다. 하지만 홉스처럼 갈등을 해소하기 위한 방법으로 개인들이 이성의 이름으로 자연법적 권리를 포기하는 (주권을 양도하는) 것에는 동의하지 않았고 국왕의 절대권력도 인정하지 않았다.

이러한 둘의 차이의 근원적 출발점은 홉스가 신체와 생명의 보존에 초점을 맞춘 것과 달리 로크는 재산권과 소유에 초점을 맞추었다는 점에 있을 것이다. 즉 홉스와 달리 로크는 경제적 소유권을 정치적 주권보다 우선시하였다. 로크에게 있어서 국가(왕)는 국민이 소유한 그 어떤 것도 침해해선 안된다. 만약 침해하는 경우 국민은 왕을 몰아내는 것도 허용된다. 실제로 영국에서 이러한 사적 재산권의 신성성은 1689년 발표된 권리장전(Bill of Rights)을 통해 왕권의 전제성에 대항하는 개인의 자연법적 권리로서 확고히 자리잡아갔다.

로크에게 있어서 삶의 자연적 조건으로서의 소유와 정당한 소유의 원천으로서의 노동은 개인의 인격과 필연적인 상호연관성을 가졌다. 소유의 대상은 단지 돈과 저택처럼 눈에 보이고 만질 수 있는 물질적 자산(재산)뿐 아니라, 개인의 자유와 인격 등 개인에게 귀속될 수 있는 거의 모든 것, 즉 자연법(natural law)에 근거한 일반적 권리를 총체적으로 의미하였다.[57] 이처럼 폭넓게 소유 개념을 해석함으로써 로크는 영국의 소유적 개인주의 사상을 17세기에 가장 완성적인 형태로 발전시킨 철학자였다. 그리스 시대 철학자 페리클레스가 모든 아테네 시민은 '자기 자신을 소유'한다는 사실을 강조했던 것과 마찬가지로, 로크는 영국인들에게 '모든 개인은 자기자신에 대해 소유권을 가진다'는 사실을 강조했다.[58] 개인이 자신에 대한 소유권을 가진다는 그의 말의 의미는 개인이 자신의 육체와 인격에 대해 자유로운 결정권을 가짐을 의미했다.

사적 이익을 추구한다는 것

이처럼 소유를 개인의 인격과 자유의 전제 조건으로 보았던 로크의 사상은 사적 재산권을 강하게 옹호하는 영국사회의 전통적 특징을 반영하였다. 특히 이는 관념론적으로 흐르던 유럽 대륙의 지적 풍토와 극명한 대조를 이루었다. 가령 로크와 동시대인이었던 독일의 천재 수학자 라이프니츠(Gottfried Wilhelm Leibniz, 1646~1716)는 1695년 〈자연과 물질의 소통에 대한 새로운 체계〉에서 '모든 인간 정신은 스스로 충분한 하나의 독립된 세계'라고 주장하며 독립된 개인성을 유럽인의 의식 속에 확립하고자 독일에서 고군분투 중이었다.[59]

이와 비교하면 영국에서는 개인의 독립성이 관념의 세계가 아닌, 신성한 소유권 및 자유로운 경제 행위 등 구체적인 사회적 상호작용을 통해 점차 확립되어 나갔다. 아담 스미스는 시장의 자율조정 기능이라는 개념을 통해 시장에서 펼쳐지는 개인의 사익 추구 행위를 이기적 탐욕의 표출로 부정적으로 인식하기보다 전체 사회에 효용 증가를 가져올 수 있는 이로운 행위로 인식하였다. 개인에게 사적 이익을 가져오는 행위가 타인에게 유익을 주는 행위이기도 하다는 것은 스미스가 바라본 시장에서의 인간의 사회적 상호작용의 본질이었다. 이로써 자연스럽게 도출되는 논리적 결론은 공공의 이익을 목적으로 정부가 시장에서 개인의 사적 이익 혹은 자유를 제한하게 되면 개인들 간의 상호작용이 가지는 그러한 효율성이 저하되는 결과를 초래하게 된다는 것이었다.

관념론적인 차원이 아닌 경제적 소유권을 바탕으로 개인주의가 발달하였던 이러한 특성은 18세기에 이미 영국을 유럽에서 가장 개인의 자유가 안전하게 보장되는 국가로 만들었다. 즉, 상업자본의 발전은 자본가들로 하여금 재산권에 대한 보장을 강렬히 원하게 만들었고, 자신의 권리에 대한 이들의 인식은 이전 시대의 토지 귀족들이 국왕으로부터 자신들의 권리를 보장받고자 했던 것 이상의 수준이었다. 그들은 자신들의 경제적 권리뿐 아니라 정신적 권리, 즉 자유로운 의견과 사상을 표현할 수 있는 권리 그리고 법적으로 부당한 처우를 받지 않을 수 있는 권리 등을 요구했다. 이는 자연스레 도서출판의 검열 폐지 그리고 왕권의 제약을 동반하는 입헌 체제를 초래하였다.

그 결과 시장 속에서 (혹은 시장과 연계된) 각종 사설 기관들이 정부의 간섭으로부터 벗어나 독립적으로 자유롭게 발전해 나갈 수 있었다. 영리 기관이든 비영리 기관이든, 국왕으로부터 자체적인 챠터(charter: 권리를 명시한 헌장)를 허가 받은 기관들이 독자적인 정체성 및 전통의 수립 그리고 재정적 자립을 추구하는 모습은 영국에서 가장 활발하게 일어났다. 이렇듯 경제적 소유권을 중심으로 개인의 자유가 확립되어가던 분위기 속에서 영국 영토의 소유주, 즉 지주를 대상으로 참정권을 인정해왔던 기존의 정치적 관습 역시 더욱 공고해졌다.[60] 그 결과 영국은 동시대 유럽의 다른 어떤 국가보다도 정부의 기능이 약한 '작은 정부'를 가진 국가였고 반대로 개인과 시장의 자율성은 가장 크게 보장된 국가가 되었다.

19세기에 이르면 사적 소유권을 보장하는 새로운 철학적 논리가 만들어진다. 즉, 기존의 자연법적 권리로서의 사적 소유권의 신성성을 대신하여 공리주의(utilitarianism)에 **토대를 둔** 사적 소유권의 정당성이 새로이 주장되었다. 그 결과 18세기와 같은 자본가 계층과 사회적 기관들 위주의 자유가 아닌 진정한 다수의 개인, 특히 소시민(프티 부르주아)들의 자유가 강조되었다. 이러한 새로운 정치 사회적 흐름의 선구자는 1826년 런던 대학교(현재의 UCL: University College London)의 설립에 정신적 기둥 역할을 했던 법철학자 벤담(Jeremy Bentham, 1748~1832)이었다. 잉글랜드에서 런던대학교는 옥스포드 대학이나 캠브리지 대학과 달리 최초로 '모든' 사람이 자신의 종교와 사상과 상관없이 자유롭게 입학이 가능했던 고등교육 기관이었다.

벤담은 자연법 논리에 의지하는 대신 최대다수의 최대행복이라는 철학적 원리를 통해 개인들의 자유로운 경제적 행위를 사회적으로 조화시키고자 하였다. 그는 최소 비용으로 최대 행복을 얻고자 하는 개인들의 동기를 법적 장치들로 통제함으로써 그러한 조화를 달성할 수 있다고 보았다. 1789년 출간된 〈도덕과 법의 원칙 입문〉에서 그가 표현한대로, 모든 개인들은 자신의 이익에 관한한 최소의 비용으로 최대의 효과를 추구할 줄 아는 '가장 현명한 재판관'이기 때문이었다.[61] 이러한 그의 보편적인 공리주의적 사상은 1838년 인민헌장(People's Charter)의 공표와 함께 시작된 영국의 차티스트 운동(Chartism)의 전개에도 사회적인 영향을 미쳤다.

・・・
사적 소유권에 대한 반발

이렇듯 개인의 정치적 자유가 개인의 경제적 자유와 따로 떨어져 발전하는 것이 아닌, 병행하여 발전해 나갔던 점은 영국 근대사의 가장 큰 특징이었다. 하지만 물리학의 작용-반작용 법칙처럼, 영국은 개인의 사적 소유권에 대한 관념이 유럽에서 가장 앞서 발전함으로써 그에 대한 사회적 반발도 유럽에서 가장 앞서서 촉발되었다. 역사적으로 잘 알려진 19세기 사회주의자 로버트 오웬 이전에 이미 영국에선 17세기에 제랄드 윈스탠리(Gerrard Winstanley, 1609~1676) 같은 사상가들이 사회주의 경제적 주장을 하였다. 윈스탠리는 토지에 대한 개인의 소유를 부정하였고 더 나아가 개인의 지적 소유권도 일찍감치 부정하는 등, 토지 자산가와 지적 엘리트들에 대한 깊은 반감을 드러내었다. 또한 그는 모든 사람들이 근면하게 일하는 사회를 꿈꾸었으며, 그렇지 못한 (근면하지 못한) 자들에겐 가혹한 벌을 가해야 한다고 믿었다.[62]

개인의 사적 소유권에 대한 사회적 반발이 가장 극렬하게 분출된 공간은 프랑스였다. 사적 자치권과 관련하여 18세기에 볼테르(Voltaire, 1694~1778)는 1733년 영어로 출판된 자신의 저작 〈영국에 관한 서간〉에서 절대왕정 하의 프랑스 사회와 비교하여 입헌정치 하의 영국 사회가 얼마나 종교와 표현의 자유 등에 있어서 진보했는지를 설명한 바 있었다.[63] 그리고 그 후 자신의 책이 정부에 의해 불태워지고 자신은 파리에서 추방당하는 수모를 통해 자신의 시각이 정확했음을 보여주었다. 볼테르와 같은 시각은 프랑스 지식인 사회에서는 극소수의 견해일 뿐이었다.

전체 인민의 다수결로 표현되는 '일반의지'만이 합당한 권력 행사의 유일한 근거가 될 수 있다는 루소(Jean-Jacques Rousseau, 1712~1778)의 낭만주의적, 민주주의적 정치관에 고무된 프랑스 혁명기의 많은 사상가들은 모든 인민의 평등에 초점을 맞추었다.[64] 이들 평등주의적 진보주의자들은 이국적인 낯선 문화에 도취되어 사적 소유가 없는 비유럽인들의 삶을 이상화하기도 하였는데, 〈인간 불평등 기원론〉 및 〈사회계약론〉 등에서 펼쳐진 루소의 주장대로 프랑스 사회 문제의 핵심을 빈부격차로 보았다.[65] 또한 그 근본원인으로 소유권 제도에 주목하고 사적 재산권과 같은 인간을 타락시키는 사회제도에 맞서 교육의 중요성을 강조하기도 하였다.

하지만 무엇보다 프랑스에서 재산권에 대한 법적 보장이 영국처럼 안정적으로 이루어지지 못했던 주 원인은 프랑스 대혁명으로 구체제가 급작스럽게 무너지는 바람에 의회를 장악한 공화주의자들이 자신의 지지 기반으로 무산 계급이었던 민중을 이용할 수밖에 없었던 점에서 기인한다. 또한 계속되는 정치적 불안정으로 인해 개인의 권리를 법적으로 보장하기 위한 법치주의적 제도 기반이 형성되지 못하기도 하였다. 결국 지배적 정치 권력을 획득한 집단이 법 위에 군림함으로써 사실상 법치주의 원칙보다 국가 권력이 우위에 서는 결과를 초래하였다.

유럽 대륙에서 18세기 이래로 확산된 이러한 사적 소유권에 대한 반감은 진보 혁명주의자들의 개인주의에 대한 적대감의 원천이었으며, 19세기 후반 자유주의 개념의 변화 및 개인주의의 분화를 초래한 주 원인이었다. 이 사적 소유권에 대한 반감은 19세기 초 프랑스에서 개인주의라는 단어가 처음 생겼을 때 이 단어에 경멸적인 뉘앙스를 부여하게 만든 근본 요인이기도 했다. 보다 중요하게는, 이 사적 소유권에 대한 반감은 19세기 이래로 유토피아적 사회주의 및 맑시즘을 발전시킨 근본 동력이었다. 1848년 마르크스와 엥겔스의 〈공산당 선언〉은 한마디로 사적 소유의 철폐를 궁극적 목표로 하고 있었는데, 그 이유는 소유가 인간을 자신으로부터 소외시켜 돈의 노예로 만든다고 보았기 때문이었다. 즉 존 로크가 소유를 인격의 실현으로 보았다면, 이들은 소유를 '인격의 부정'으로 보았다고 할 수 있다.[66]

특히 19세기 후반에 이 사적 소유권을 바탕으로 한 경제적 자유에 대한 부정적 인식은 사회주의뿐 아니라 자유주의에도 영향을 끼쳐서 자유주의 개념이 전통적인 로크적 개념(classical or Lockean liberalism)으로부터 결별하여 진보적이고 사회주의적인 요소들을 포함한 (단어만 그대로인) 새로운 개념으로 변화하게 만든 주원인이기도 했다.[67] 가령 존 스튜어트 밀은 자유와 소유의 관계에 대해 로크처럼 불가분의 관계로 보지 않았다. 즉 정치적 자유에 대해서는 로크 이상으로 확고했지만 경제적 자유에 대해서는 그렇지 않았다. 밀에게 사적 소유는 그저 노동생산성을 향상시켜준다는 점에서 의미를 가질 뿐이었으며, 그보다는 생산적 부의 균등 분배에 보다 관심이 많았다. 실제로 19세기 후반에는 관념적 도덕론에 가까운 주장을 펼치던 많은 사회주의자들조차, 가령 페이비언 협회(Fabian Society)의 사회주의자들처럼, 개인의 자유를 외치는 개인주의자로서뿐만 아니라 자유주의자로서 자신을 인식하는 경우도 많았다.[68]

하지만 '사적 소유권에 기반한 경제적 자유의 추구를 개인주의의 핵심요소로 보느냐 아니냐'는 자유주의적 개인주의와 민주주의적 개인주의의 차이를 가르는 핵심 요인이었다. 19세기 후반의 자유주의 개념의 변화에도 불구하고 사적 소유권에 기반한 경제적 자유를 정치적 자유와 불가분의 관계로 보는 시각은 영국 사회에선 전통적으로 확고한 편이었다. 즉 영국에서는 전통적으로 소유가 자유 개념의 핵심 요소였다. 이는 경제적 자유를 제한할 필요가 있다는, 그리고 소유와 자유를 분리해서 보는 시각이 보다 팽배했던 유럽 대륙의 모습과 대비되었다. 이러한 차이는 유럽 대륙과 비교하여 영미권 특유의 자유주의적 개인주의 발달의 주요인이기도 했다.

자유주의적 개인주의자들 사이에서도 미묘한 관심사의 차이가 존재했는데, 가령 영국의 밀이나 스펜서(Herbert Spencer, 1820~1903)의 관심은 프랑스의 바스티아(Frédéric Bastiat, 1801~1850)나 콩스탕(Benjamin Constant, 1767~1830)의 그것과 일정한 차이점을 보여준다. 이미 경제적 권리가 관습법적으로 잘 확립되어 있던 (자유주의적 개인주의의 본원지인) 영국의 자유주의 사상가들의 다수는 19세기에 정치적으로 개인이 국가나 사회에 대응하여 얼마나 자유를 누릴 수 있어야 하는 지의 문제에 집중하였다. 이른바 비순응주의, 즉 국가 권력뿐 아니라 다수 혹은 대중의 압력에 저항하여 개인이 자유롭게 자신의 이견을 표현할 수 있어야 한다는 데에 초점을 두는 모습이 특징이었다. 가령 타인의 사유를 침해하지 않는 한, 개인은 자신의 어떠한 권리의 행사도 자유롭게 허용될 수 있어야 함을 핵심적으로 주장하는 밀의 〈자유론(1859)〉,[69] 그리고 점차 민주화(democratization), 사회정의(social justice) 등의 명분으로 강화되어 가는 빅토리아 시대 영국 사회의 집단주의 및 정부권력에 의해 개인의 자유가 위협받고 있음을 주장한 스펜서의 〈국가 대 개인(1884)〉은 이러한 관심을 대표적으로 보여주는 저작이었다.[70] 정치 사상가임에도 이들의 영국에서의 대중적 인기는 동시대 프랑스 낭만주의 음악가 리스트나 슈만의 인기에 버금갈 정도였다.

19세기 동시대의 유럽 대륙은 정반대였다. 영국에서 엄청난 사회적 명예를 누리던 밀이나 스펜서에 비교했을 때, 프랑스에서 자유주의적 개인주의자들의 위치는 뒤르켐(David Émile Durkheim, 1858~1917)과 같은 기라성 같은 사회주의자들에 눌려 초라한 위치에 놓인 소수였다. 하지만 이들은, 가령 프랑스에서 볼테르 이후로 토크빌(Alexis de Tocqueville, 1805~1859)이나 바스티아가 그러했던 것처럼, 자유주의적 개인주의의 역사에 길이 남을 기여를 하게 된다. 특히 프랑스의 자유주의 사상가들은, 토크빌처럼 개인의 정치적 권리 자체에도 기본적으로 관심을 가지긴 했으나, 개인의 독립은 경제적 행위, 즉 거래의 자유가 보장되어야만 진정으로 실현될 수 있다는 점에 많은 흥미를 가졌다. 바스티아는 영국의 어떤 동시대 사상가보다도 정치적 자유와 경제적 자유의 밀접한 상관 관계에 대해 정확히 꿰뚫어 보고 있었다. 그는 아담 스미스가 얘기한 시장의 의미를 보다 깊이 있게 발전시켰으며, 자신보다 한 세대 뒤의 독일의 짐멜의 정치경제적 상관관계에 대한 심오한 논의에 근접할 만한 수준의 정치경제적 통찰을 보여주었다.

· · ·

사적 소유권과 선택의 자유는
어떠한 관계에 있을까?

위에서 설명한 영국을 중심으로 한 자유주의적 개인주의의 발전, 그리고 (특히 민주주의적 원리를 내세운) 그에 대한 반발 및 둘 사이의 타협의 역사는 인류 역사상 개인의 자유가 굴곡을 겪으면서도 점진적으로 신장되어 온 과정을 가장 잘 보여준다. 하지만 소유와 자유, 즉 사적 소유권과 개인의 선택의 자유 두 가치 사이의 긴장 관계에 있어서, 개인주의의 종주국 영국에서조차 19세기 후반 이래로는 상대적으로 후자에 비해 전자에 대한 사회적 관심과 열정이 줄어드는 모습을 보여준다.

이러한 경향, 즉 자유에 비해 소유를 간과하는 흐름에 영향을 미친 요소 중 하나는 대중이 가지는 현실적인 감정이었다. 앞서 언급한대로 사적 소유권의 관념에 있어서 19세기 후반에 이에 대한 반감은 자유주의의 개념마저 변화시킬 정도로 강해졌는데 이는 사실상 그 당시 자본가들에 대한 대중의 반감에 기인했다. 반면 모든 개인이 선택의 자유를 누려야 한다는 관념은 그다지 큰 반발에 부딪히지 않았다. 물론 자유라는 개념 역시 단순하지는 않아서, 소유를 강조하는 영미권의 자유주의적 개인주의의 전통에서는 자연히 경제적 자유와 정치적 자유 둘 모두를 중요하게 추구하지만, 소유와 자유를 분리시켜 이해하는 유럽 대륙의 민주주의적 개인주의에서는 경제적 자유와 정치적 자유를 대등하게 보지 않았다(경우에 따라 전자는 희생될 수 있는 요소로 간주된다). 19세기 후반에 유럽에서 분명하게 드러난 모습은 이를 잘 보여준다. 당시 사회적으로 많은 공감을 받으며 확산되어 나가던 (사적 소유권에 대해 부정적인) 사회주의적 사상에 우호적이었던 많은 지식인들은 여전히 적어도 자신을 자유주의자, 혹은 영국의 밀처럼 자유민주주의자로 인식했다.

이런 관점에서 볼 때, 정치 철학자였던 로크 이래로 19세기 영국과 유럽대륙 전체에서 소유와 자유와의 불가분성에 대해 프랑스 경제학자 바스티아만큼 이를 열정적으로 설파했던 사상가는 아마 없을 것이다. 실제로 바스티아는 현대의 자유주의적 개인주의 정신을 가장 극단적으로 표현했다고 볼 수 있는 오스트리아 경제학파의 사상적 근원이기도 했다. 무엇보다 그는 소유와 자유의 기본 가치들이 시장에서의 경제적 현상과 어떠한 상호 관계에 놓여 있는지에 대해 경제학적으로 분명하게 보여주고자 노력하였다.

소유와 자유의 관계를 검토하는데 있어 가장 기본적으로 해야 할 일은 개인의 자유 및 소유를 위한 핵심 기반인 개인적 권리의 법적 개념부터 짚고 갈 필요가 있다. 개인의 법적 권리라는 개념은 국가적 형태를 가지지 않는 씨족사회 등의 원시적 공동체 사회에서는 존재하지 않는다. 법학자 토마스 홀랜드(Thomas E. Holland, 1835~1926)의 유명한 정의에 따르면 개인의 권리(right)는 도덕적 권리와 법적 권리로 대별할 수 있다. 그는 권리란 '스스로의 힘이 아닌, 사회적 여론(도덕적 권리인 경우)이나 국가의 강제력(법적 권리인 경우)에 힘입어 자신의 의지를 행사할 수 있는 능력'으로써 '스스로의 힘으로 그의 의지를 행사'하는 권력(might)과 대비된다.[71] 이러한 관점에서 보면 도덕적 권리와 비교할 때, 법적 권리는 여론이 자신에게 호의적이지 않거나 권력에 의해 자신이 불이익을 받을 위기에 처하면 이로부터 자신을 지켜줄 수 있는 장치가 될 수 있다. 즉 법적 권리는 국가에 의해 생겨나고 보호받는 한편, 국가 권력에 대항해 자신을 보호해주는 장치이기도 하다. 특히 법적 권리의 핵심인 '(법이 보장하는) 의지를 행사할 수 있는 능력'은 한 인간이 진정으로 사회 속에서 자신의 존재를 인정받고 사회 성원으로 살아갈 수 있는 기본 여건이다.

한계효용이론이 대두하기 전 19세기 중엽 바스티아의 사상이 가지는 역사적 의미의 핵심은 경제적 행위로서의 선택에 관한 그의 통찰력 있는 정치경제적 시각이었다. 인간의 경제적 선택에 관한 그의 관심은 그로 하여금 인간은 본질적으로 효율을 추구하는 존재라는 사실을 그 누구보다도 명확히 인식하도록 만들었으며, 그는 이러한 선택과 효율의 개념을 연결고리로, 특히 기회비용이라는 개념을 통해, 소유와 자유 사이의 불가분의 상호의존성을 밝히고자 하였다.

현대의 경제학자들은 굳이 오스트리아 학파 경제학자가 아니더라도 이 선택과 효율성의 개념이 경제학의 가장 기본을 이룬다는 사실을 받아들인다. 인간은 자신이 원하는 것을 자유로이 다 소유할 수 없다는 사실은 경제학의 존재 이유이기도 하다. 가령 20세기 후반 이래로 전세계에서 가장 많이 읽힌 경제학 교과서 중 하나인 그레고리 맨큐(N. Gregory Mankiw)의 책 '경제학의 원리(Principles of Economics)'에서 제시하는 경제학의 10대 원리 중 첫째와 둘째 원리는 각각 '모든 선택에는 대가가 있다'와 '선택의 대가는 그것을 얻기 위해 포기한 그 무엇이다'이다.[72]

일반인들에게 선택은 흔히 자신의 욕망을 더 잘 채우기 위한 측면에서 생각되어진다. 하지만 선택은 우리가 그 욕망을 채우기 위해 우리가 소유한 (혹은 소유할 수 있는) 것들 중 무엇을 포기해야 하는

가를 생각하도록 만든다. 즉 무엇인가를 선택한다는 것은 무엇인가를 포기해야 한다는 것과 동전의 양면 관계에 있다. 인간은 본질적으로 효율을 생각하지 않을 수 없는 존재인 것이다. 가령 교사가 학생에게 잔소리를 하는 일상적 행위조차도 부작용, 즉 비용이 동반된다. 즉, 잔소리를 하느냐 마느냐의 선택에 있어 당장 교사의 잔소리를 듣고 학생이 교사가 원하는 행동을 하게 됨으로써 교사가 기대했던 목적을 달성하는 것과 함께, 교사와 학생 사이에 그 잔소리로 인해 부정적 관계 혹은 교사로서의 권위 하락 등의 부차적인 (그리고 직접 바로 나타나지 않는) 기회비용도 고려되어야 한다. 이러한 기회비용에 대한 고려를 통해 교사는 자신이 기회비용을 지불할 용의가 있는지, 즉 그가 학생들과 맺는 관계 및 교사로서의 그의 권위에 부정적인 결과가 초래되더라도 이를 일정 정도 수용할 용의가 있는지에 대한 결단이 필요하다.

사전적인 경제학적 의미로 기회비용은 어떤 선택을 위해 포기한 모든 것이라 할 수 있는데, 여기엔 돈뿐 아니라 시간, 에너지 및 건강, 심지어 감정까지, 즉 나 자신에게 귀속되는 모든 것이 포함될 수 있다. 다시 말해 이 세상에서 우리가 '소유'하고 있는 것은 모두 기회비용을 가진다. 이렇듯 기회비용 개념은 개인이 자신의 욕망을 추구하기 위한 '선택' 행위가 단순히 직접적인 기대 결과에 좌우되기 보다는 전체적이고 장기적인 결과, 즉 효율성에 대한 고려를 통해 이루어져야 함을 상기시킨다. 또한, 이는 개인에게뿐만 아니라 사회나 시장 전체에서 일어나는 현상에도 똑같이 적용된다.

바스티아는 자신의 책 〈보이는 것과 보이지 않는 것(1850)〉에서 깨진 유리창이라는 제목의 이야기를 통해 사회 전체의 경제적 차원에서 이 기회비용의 개념에 대해 (비록 기회비용이라는 단어는 쓰지 않았지만) 설명하였다.[73] 어느 마음씨 좋은 가게 주인이 그의 부주의한 아들이 가게 유리창을 깨뜨린 것을 보고 화가 나 있을 때 우리는 쉽게 그를 동정하기 위해 깨진 유리창 때문에 유리시공자들도 먹고 살 수 있는 것 아니냐고 말하게 된다.[74] 그리고 실제로 그 가게 주인이 유리시공자에게 지불하는 돈으로 유리시공자는 다른 가게에서 필요한 것을 구입할 것이고, 이러한 돈의 순환을 불러일으키는 연쇄 효과로 인해 경제는 새로운 활력을 얻게 된다고 바스티아가 살던 당시의 프랑스 지식인들은 생각했다.

하지만 바스티아는 이 경우 만약 그의 아들이 유리창을 깨지 않았다면 그가 유리 시공자에게 지불하는 돈은 (그가 진실로 원하는 일인) 자신의 헌 구두를 교체하거나 책을 사는데 쓰였을 수도 있는 돈임을 상기시킨다. 이러한 (일어나지 않았으므로) '보이지 않는 것'은 사회의 경제 현상을 전체적으로 이해하는 데 있어 매우 중요함을 바스티아는 강조하였다. 이는 이후 칼 맹거의 제자이자, 비엔나 대학에서 미제스와 하이에크 등의 제자들을 배출하여 오스트리아 경제학파를 형성한 프리드리히 폰 비저(Friedrich von Wieser, 1851~1926)에 의해 기회비용이라는 개념으로 이론화된다.[75]

무엇보다 기회비용 개념은 소유와 자유의 관점에서 중요한 의미를 가진다. 그 깨진 유리창만이 아니라 그 가게 주인의 소유 재산 전체의 관점에서 볼 때 그는 자신의 사적 재산에 대해 그 가치를 자기 나름대로 파악하고 이를 효율적(effective)으로 소비해야 할 유인을 다른 누구보다도 강하게 가진다. 그리고 그러한 동기에서 그는 (자신의 관점으로 볼 때) 합리적인 선택을 내리고자 늘 노력하며 산다. 한 개인이 어느 순간에 내리는 행위의 선택은 그 자신만이 그 선택의 진정한 가치와 의미를 가장 잘 판단할 수 있다. 물론 이 말이 행위의 주체가 늘 객관적으로 합리적인 선택을 하고 살아간다는 것을 의미하는 것은 결코 아니다. 사실상 신이 아닌 이상 우리 자신은 장난 꾸러기 아들의 아버지인 그 가게 주인이 헌 구두를 교체하든 책을 사든 그의 행위가 객관적으로 합리적인지 아닌지, 혹은 그 행위의 가치에 대하여 판단할 지혜를 가지지 못한다.

중요한 것은 자신에게 귀속된 소유 일체에 대해서 그 개인 자신만이 주관적일 수밖에 없는 자신의 효용(utility)을 가장 극대화시킬 수 있는 선택을 내릴 수 있다는 사실이다. 그 가게 주인이 가지는 자유의 가치는 이렇듯 (깨진 유리창 값으로 상징되는) 행위와 직결되는 그의 재산과 비교해서 잠자고 있는 듯이 보이는 (사람들이 관심 없고 알지도 못하는) 그의 재산의 나머지 부분도 밀접히 관련되어 있다. 그가 자신의 욕망과 자신의 인생을 위해 내리는 여러 결정, 즉 사회 경제적 행위의 선택에 그 자신이 소유하고 있는 것들에 대한 가치 부여가 기회비용의 형태로 지대한 영향을 미친다는 사실은 매우 중요한 의미를 가진다. 이런 측면에서 볼 때, 엄청난 빚을 지고 있든 엄청난 재산을 소유하고 있든, 그가 소유한 것은 그의 중요한 인격성을 구성하는 본질적인 요소이다. 이는 개인의 자유와 소유, 즉 개인이 가지는 자유로운 선택을 위한 권리와 그 개인이 가지는 사적 소유권이 서로 분리될 수 없는 핵심적인 이유 중의 하나이다. 로크와 같은 고전 자유주의(classical liberalism) 사상가들이 개인에게 있어 소유 및 자유를 그 개인의 인격과 불가분의 관계로 본 것도 근본적으로는 이러한 이유 때문이었다.

전체론적(holistic) 시각은 왜 중요한가

앞에서 기회비용 개념을 통해 한 개인의 자유로운 선택은 그 개인의 소유를 바탕으로 한 전체적인 그 개인의 인격성과 관련되어 이해되어야 함을 이야기했다. 바스티아가 자신의 책 〈보이는 것과 보이지 않는 것〉에서 시사하는 중요한 하나의 핵심은 바로 위에서 언급한 한 개인의 전체적인 인격성과 관계가 있다. 그리고 이는 환원론적 시각과 전체론적 시각의 차이와도 관련이 깊다.

바스티아가 깨진 유리창의 이야기에서 강조했던 핵심은 결국 시장에서 이루어지는 경제적 선택의 결과로 나타나는 현상을 정확히 이해하기 위해선 지엽적인 개별 행위의 효과만을 편협하게 바라보아서는 안되며, 직접적으로 드러나지 않는 효과를 포함한 '전체적 그림'을 통해 현상의 본질을 볼 수 있어야 한다는 점이었다. 환원론적 시각이란 복잡해 보이는 현상을 세분화시켜 단순 명확해 보이는 사실들 각각에 초점을 맞추어 이해하고자 하는 시각이다. 이러한 환원론적 관점에서는 사회적 혹은 경제적 현상을 이해하는 데 있어서 원인과 결과 간의 직접적인 관계에 초점을 맞추게 된다. 그 결과 하나의 선택이 원인으로 작용하여 다른 하나의 결과를 초래한다고 인식하여, 그 하나의 선택을 바꿈으로써 간단하게 문제를 해소할 수 있다고 믿는 경우가 많다. 반면 이러한 환원론적, 분절적인 시각과 달리 하나의 선택이 초래할 수 있는 무수히 많은 부차적 효과들이 전체적으로 고려되어야 한다고 보는 시각이 전체론적 시각(holistic view)이다.

가령 최근에 한국의 산림청은 온실가스 흡수량 증가를 위해 산에 수십년 동안 자라온 원래 있던 나무를 베어 내고 그 자리에 탄소 흡수 능력이 뛰어나디고 알려진 묘목을 새로 심는 정책을 발표했다. 그래서 전문가들 간에 이 정책의 효과성 여부를 놓고 논쟁이 벌어지기도 했다.[76] 그런데 효과성 여부를 떠나 이렇게 온실가스 증가 혹은 감소의 원인과 결과를 단순하고 일차원적인 도식으로 이해하여 살아 숨쉬는 숲과 나무의 존재를 온실가스 흡수 능력이라는 하나의 관점에서 그 가치 여부를 판단해버리는 사고는 환원론적인 관점을 보여주는 대표적인 예라 할 만하다. 반면 전체론적인 관점에서 보면, 숲에 오래 자라온 나무들은 그 숲의 복잡한 생태계를 전체적으로 구성하고 유지시켜 나가는 중요한 요소이므로 이들을 새 묘목으로 교체하는 행위는 온실 가스를 기대 수치만큼 상승시키는데 기여하느냐 못하느냐 보다도 훨씬 복잡하고 거대한, 예상하지 못한 변화를 초래할 수 있다. 물론 이러한 변화 마저도 다시 항상성을 되찾으려는 자연의 거대한 자체 조정 능력에 의해 회복은 될 수 있겠지만 많은 시간이 걸릴 것이다.

다른 하나의 에피소드로써 학교 교육의 상황과 관련한 가상의 이야기를 생각해 볼 수 있다. 가령 한 학급의 시험 점수에서 나타난 높은 점수 격차를 사회악으로 인식한 '나선해'라는 이름의 교사가 이를 제거하기 위해 그 학급에서 점수가 높은 학생들에게 점수를 떼어다가 점수가 낮은 학생들에게 그 점수를 부가해주었다.[77] 일단 나 교사의 인식처럼 높은 점수 격차를 사회악으로 보는 시각은 이를 유동적이고 늘 변화하는 학생 개개인의 다양한 선택들과 그로 인한 복잡한 결과로 이해하는 것이 아닌, 선악의 개념으로 단순 일차원적으로 이해하는 환원론적 시각이라 할 수 있다.

또한 이 점수격차를 해소하기 위해 점수가 높은 학생에게서 낮은 학생에게로 일방적으로 점수를 옮기는 일 역시 즉각적으로 옮기는 순간에 일어나는 점수의 재분배 결과만 바라볼 뿐이다. 즉, 그러한 외부 개입에 의한 점수 조정이 초래할 다양하고 장기적인 효과들에 대해 눈을 감는 환원론적 시각이다. 이러한 나선해 교사의 조치가 그 학급 학생들에게 시험 때마다 반복된다면 어떻게 될까? 사람은 똑같은 결과를 얻을 수 있다면 손가락을 한번이라도 덜 움직이고 원하는 결과를 얻고자 하기 마련이다. 나름대로의 효율성을 추구하는 전략인 것이다. 나 교사의 학급 학생들도 다음 시험에서 그리고 그 다음 시험에서, 점점 시간이 가면서 더이상 예전만큼 열심히 공부하지 않게 될 것이다. 즉, 시간이 갈수록 이 학급 학생들의 학업열은 점차 떨어지게 된다.

환원론적 접근은 전체적 상호작용을 읽어내지 못하고 사회 현상을 분절적으로 일차 함수 차원에서 단순하게 이해하게 된다. 이러한 접근은 흔히 문제를 해결하기보다 오히려 악화시키는 결과를 가져온다. 급기야 나 교사가 가르치고 있는 이 학급에서 이전에 100점을 받았던 학생이 결국 다른 학교로 전학을 가거나 더이상 공부하지 않는 방식으로 교사의 방침에 저항하게 되었다. 그렇게 저항할 생각을 하는 100점 맞은 학생이 문제라고 볼 수도 있을 것이다. 나 교사는 그 학생에게 이렇게 말할 지도 모른다. '너가 100점 맞은 것은 너 혼자의 능력이 아니라 너가 부모님을 잘 만난 것이고, 이 사회의 불평등한 현실에서 너가 0점 맞은 학생에게 눈감는 것은 정의롭지 않은 것이야'.

그런데 이러한 나 교사의 말이 맞을까? 알 수 없다가 정답일 것이다. 나 교사가 그 100점 맞은 학생의 인생과 인격을 무슨 권리로, 무슨 능력으로 판단할 수 있을까? 실제 현실의 교실에서도, 학종(학생부 종합전형)과 같은 수시전형 입시제도가 근본적으로 가지는 한계는 학생의 '인격'에 대한 교사의 판단이 개입될 수 있다는 점에 있기도 하다. 즉, 나 교사와 같이 자신의 사회적 신념에 함몰된 교사가 학생의 인격에 대한 자의적 판단에 근거한 기록을 하게 될 수 있다. 인간은 종종 타인에 대해서 제한된 정보와 자신의 편향된 논리에도 불구하고 낙인을 찍고 그러한 자신의 시각을 굳게 믿고 행동하기도 함을 감안하면 이는 현실에서 언제든 발생할 수 있는 현상이다. 사회적으로 그 대상이 내가 안된다고 장담할 수 있을까? 학교에서도 그런 이유에서 교사에게 잘 보이려고 가식적으로 학생들이 행동하게 되는 모습은 학교 현장에서 수시, 특히 학종 제도가 초래하는 중요한 장기적 변화상이다. 실제로 이 제도는 집단주의적 성격이 강하고 대학 선택이 사실상 서열화 되어 있는 한국 사회에서 교사에 의한 (좋은 게 좋은 것이니 자연스레) 칭찬 인플레이션 현상이 학생부 기록에 나타나게 만든다. 과연 주관적인 요소가 들어갈 수밖에 없는 학생 평가 그리고 이러한 과다 칭찬 경쟁에서 낙오자와 선의의 피해자가 없을까?

숲에서 오랜 세월을 버틴 고목들에 대해 온실 가스 흡수량 수치만을 가지고 그 존재가치를 평가하듯, 흔히 우리는 자신의 믿음, 즉 자신이 생각하는 선과 정의를 이루기 위해서 타인의 사정, 타인의 인격을 너무 쉽게 판단하는 경향이 있다. 더 나아가 숲 속 고목들을 그런 기준으로 베어버리는 산림청 정책과 마찬가지로, 나와 다른 믿음, 다른 생각, 다른 시선을 가진 타인에게 내 판단에 동의하기를 '강요' 하는 것은 명백한 폭력(violence)이다. 우리는 한 개인의 인격을 환원론적이고 분절적인 방식으로, 보여지는 부분 만으로 쉽게 평가하는 자질을 가지고 있음을 분명히 인식해야 한다. 우리 자신 스스로가 타인에 대해서 어떤 행동과 태도로 대하고 있는지 인식하는 것은 인식론적, 존재론적 개인주의의 자각을 위한 첫걸음이자 타인과의 평화로운 공존을 위한 기본 전제이다.

우리는 어떤 욕망을 가진 인간인가

분명 위에서 예로 든, 입시와 관련된 학종과 같은 많은 사회제도는 언제나 좋은 의도로 도입된다. 하지만 그 좋은 의도를 위해 그보다 훨씬 더 본질적으로 중요한 가치를 희생시켜야 한다면, 즉 어떤 선택을 위해 지불해야 하는 비용(cost)이 너무 크다면, 이는 결코 그 좋은 의도를 합리화할 수 없다. 사실 좋은 의도라는 것은 명분인 것이고, 어떠한 선택이나 결정도 그것이 가지는 도덕적인 의미는 그것이 초래하는 결과에 대한 책임으로부터 자유로울 수 없다. 만일 결과와 상관없이 의도 만으로 모든 행위나 결정이 정당화될 수 있다면 사회 전체적으로는 생각할 수 없을 정도의 비도덕적이고 무책임한 상황이 초래될 것이다. 한 개인의 인생에 있어서도 마찬가지이다.

19세기에 바스티아가 시대를 앞서서 고민했던 기회비용과 전체론적 시각이 이 챕터의 주제인 자유주의적 개인주의와 관련되는 지점도 여기에 있다.[78] 선택은 비용, 즉 자신이 소유한 것 중 무엇인가를 포기해야 함을 의미한다는 사실은 인간은 선택을 통해 보다 자신의 욕망의 본질에 가까이 다가가게 됨을 의미한다. 자신이 소유한 선택지 중 무엇을 포기할 것인지, 무엇은 포기할 수 없는지에 대한 결정의 경험을 계속해 나가면서 궁극적으로 자신의 인생에서 포기할 수 없는 그 무엇, 즉 본질에 다다르게 된다고 할 수 있다. 다시 말해 어느 한 순간 혹은 어느 한 영역에서 어떤 선택을 하였는가를 횡적으로 분절적으로 이해하기보다 종적으로 전체론적으로 한 개인이 연속적인 선택의 과정을 거쳐 다다르게 되는 지점을 이해하는 것이 중요하다. 장기적인 생애의 관점에서 볼 때, 기회비용의 지불 그리고 자유로운 선택이라는 두 요소는 결국 나는 어떠한 욕망을 가진 어떤 인간인가라는 근원적인 물음과 이에 대한 대답으로 이끈다. 앞 절에서 언급했던 '타인에 대한 우리 자신의 행동과 태도'뿐 아니라 '우리 자신에 대해 우리가 어떤 행동과 태도로 대하고 있는지' 인식하는 것 역시 우리 자신에 대한 인식론적, 존재론적 개인주의의 자각에 중요한 요소이다.

한 개인뿐만 아니라 한 사회의 수준에서도 그 사회가 어떤 선택을 한다는 것은 곧 그 얻고자 하는 바를 위해 무엇을 포기할 용의가 있는지에 대한 그 사회의 결단이기도 하다. 어떤 사회도 그 사회가 추구하는 바를 다 가실 수는 없다. 가령 우리는 경제적 평등과 같은 사회적 가치, 그리고 자유롭고 독립적인 개인의 인격성 보호와 같은 개인주의적 가치의 두 가지를 비교해 볼 수 있다. 만약 후자를 포기하고 전자를 추구한다면, 물질적으로도 지속 가능하기 어려우며 장기적으로는 사회 구성원 개인들을 불행하게 만들 가능성이 높다. 만약 그럼에도 그러한 추구가 강제적으로 지속된다면 그 사회는 결국 경제, 정치, 사회, 문화 모든 면에서 서서히 활력을 잃어가게 될 것이며, 그 결과 그 사회 전반에 걸쳐 개인들의 지적, 도덕적 수준도 저하될 것이다.

물론 전자와 후자 모두를 균형 있게 추구할 수 있다면 좋겠지만 이는 사회적으로 이상에 가깝다. 어느 누구도 그 사회가 가지는 욕망의 실현을 위한 균형점이 어디에 있어야 하는지를 알 수 없다. 가령 복지정책(혜택)과 조세 정책(비용)은 상호 관련성이 깊은데, 개인의 소유가 제대로 보장되지 못하는 그리고 개인이 집단 속에 숨어버리는 사회에서는 비용에 대한 고민은 쉽게 증발해 버리게 되고 자연히 전자로 무게 중심이 기울게 된다. 결국 비용의 문제를 외면하는 사회는 그만큼 어떤 사회적 문제에 직면했을 때 그 객관적 본질 보다는 집단적 욕망의 표출과 같은 대중의 감성에 휘둘리는 선택을 하게 된다.

인간은 자신이 현재 누리고 있는 것은 원래부터 응당 누릴 수 있어야 하는 것으로 인식하며 무엇인가를 끊임없이 더욱 갈구하는 경향이 있다. 동서고금의 문학 속에서 묘사되어 왔듯, 인간이 지닌 이러한 끝도 없는 욕망은 원초적인 본성에 가까운 것이어서, 인간은 욕망을 결코 버리지 못하며, 그렇기에 인생을 통해 자신의 욕망과 끝이 없는 경주를 하게 된다. 고전 속에서도 전형적으로 인간은 자신의 욕망을 통제하지 못하는 존재로, 오히려 욕망의 통제를 받는 존재로서 묘사되는 경우가 많다. 문제는 자신의 욕망을 스스로 제어하지 못하는 경우 스스로를 서서히 불행의 늪으로 빠트리게 된다는 사실이다.

이 세상에 당연한 것은 없는 법이다. (신경쓰지 않아서) 눈에 보이지 않았던 혜택도 이를 잃게 되는 순간이 오면 우리는 이것의 기회비용이 존재함을 뒤늦게 깨닫게 된다. 가령 (수명이 한정된 인간에게 주어진 제한된) 시간, 자유, 건강한 몸, 주변의 훼손되지 않은 자연 등이 그 예이다. 결국 이러한 가치들은 이를 상실한 후에야 그 진정한 가치가 확인된다. 그런데 이러한 가치들은 우리가 살면서 추구하는 대부분의 다른 가치들보다 훨씬 치명적으로 중요한 가치들이기도 하다.

적어도 한 개인은 (그가 충분히 현명하다면) 이러한 가치의 소중함을 분명하게 깨달을 수 있다. 하지만 한 사회는 끝없이 그 사회의 보다 높은 수준의 이상적 가치(가령 경제적 평등 등)를 욕망하며 이를 정당화하고, 이를 명분으로 그 사회 구성원 개인에게 기회비용의 지출을 요구하는 경우가 많다. 특히 현대의 부유한 자유민주주의 국가들이 더욱 그러한데, 이러한 사회에서 자유의 가치는 상실될 위험에 처해 있지 않으므로 현실적으로 절실하게 인식되지 않음에 반해 평등의 가치는 현실에 보이는 빈부 격차 등의 모습을 통해 매순간 예민하게 그리고 아프게 다가온다.

이러한 선택과 비용에 대한 철학적 관점은 시장의 본질과도 깊은 관련을 가진다. 개인이 선택을 통해 그가 추구하는 궁극적인 인생의 목적과 자신의 욕망의 본질에 다가가게 된다는 사실은 사회 전체적인 차원에서도 동일하게 적용된다. 미제스는 시장의 본질을 (눈에 보이는) 구매자와 판매자가 물건을 사고파는 장소나 기관 혹은 제도로 보기보다는 (눈에 보이지 않는) 각기 다른 욕망과 삶의 목적 및 가치관을 가진 개인들이 드러내는 서로의 선호와 선택이 만드는 상호작용 그 자체로 보았다. 특히 그는 이 시장에서의 상호작용에서 가장 핵심이자 일반인들이 흔히 간과하는 점이 시장 참가자들 간의 상호 이해와 존중, 협력임을 강조하였다. 이러한 관점은 이 책의 앞부분에서 논의했던 생물학적 시장 개념, 즉 '시장의 본질은 그 속에서 개인들 상호 간의 선택과 교환 과정 속에서 나타나는 (서로에 대한, 그리고 자신에 대한) 가치의 확인에 있다'는 시각과 매우 유사하다.

결국 개인이 어떤 대상에 부여하는 가치에는 그 개인의 세계관, 인간관 등이 투영된다는 점에서 시장의 본질은 주체와 대상 혹은 구매자와 판매자 상호 간의 존재론적 의미 부여라 할 수 있다. 시장은 결코 단순한 영리 행위가 벌어지는 경제적 공간으로써 끝나지 않으며, 본질적으로 그 이상의 사회문화적, 도덕철학적 의미를 가진, 즉 진저리 쳐지는 혹은 의심스러운 타인의 욕망을 나의 욕망처럼 긍정하고 존중해 나가야 함을 배우게 되는 공간이다. 그리고 이러한 시장이 없는 곳에서는 다양한 욕망이 충돌하는 개인들 간의 평화로운 공존은 힘들다.

Chapter 4

집단주의 사회 속의 개인

　　　　　　이 책의 앞부분에서 나는 초콜릿 소녀의 예를 들어 개인주의와 민주주의 사이의 잠재적 갈등 요인을 소개하였다. 즉, 엄청나게 증가해버린 부가세가 매겨진 초콜릿을 사게 된 소녀의 구매 행위는 자신의 재산권이 국가에 의해서 위협당하는 상황이라 할 수 있다. 그 부가세가 민주적인 아이스크림 나라의 입법부에 의해 정당하게 발의되고 제정, 공포된 조세 법에 의거했다 할지라도 그 세금에 담긴 민주정치의 폭력성의 본질에는 변함이 없다고 했다. 물론 개인주의가 민주주의와 늘 대립하는 가치관이라고 볼 수는 없다. 이 장에서는 이러한 개인주의와 민주주의 사이의 복잡 미묘한 관계를 살펴본다. 특히 민주주의적 원리로 운영되는 현대 정치의 문제들을 개인주의와 집단주의의 관점에서 바라보게 될 것이다.

　경제 철학에 관한 내용이 많았던 앞 챕터의 내용과 대비하여 이 챕터의 내용은 정치 철학에 관한 내용이 주를 이룬다. 그만큼 한 사회의 여러 현상에 있어서도 자유주의적 개인주의는 주로 개인들의 경제적 활동에서 나타나는 원리라면 민주주의적 개인주의는 주로 그 사회 전체의 정치적 결정과 관련하여 추구되는 원리인 것이기도 하다.

・・・
정치 사회적 불평등과 경제적 불평등의 차이

유럽 근대사 전체로 볼 때 개인주의가 그와 반대되는 정치적 견해, 소위 반개인주의의 원리보다 우세했던 시기는 매우 드물었다. 개인주의의 역사에서 살펴본 바대로 개인주의에 반대하는 이들의 입장은 다양한 스펙트럼을 가지지만 이 장에서는 이들을 집단주의적 정치 이데올로기로 통칭해본다.

평등주의적, 민주주의적 가치를 중요하게 내세운 집단주의 정치 이념은 20세기에 접어들어 전세계 정치의 핵심 요소가 된다. 존 롤스(John Rawls, 1921~2002)는 효율이라는 가치보다 평등의 가치를 더 중요시하는 주장을 자신의 책 〈정의론〉에서 펼친 바 있다.[79] 이러한 생각은 비단 대중의 인기뿐 아니라, 오늘날 서구의 학계에서 특히 인문사회분야의 주류적 위치를 차지하고 있다. 전통적으로 자유주의적인 영미권 학계에서조차 사적 소유권의 신성성을 희생하고 민주주의적 대의를 내세운 정부 개입을 정당화하는 목소리는 현대의 사상 논쟁을 주도해왔다.

오늘날 대부분의 현대 국가에서 개인의 자유를 위협하는 요소는 절대 권력이 휘두르는 폭정이 아닌, 사회적인 평등과 민주주의에 대한 대중의 욕구 그 자체이다. 제1차 세계대전 후 이탈리아, 독일, 소련에서 그랬던 것처럼 설사 현대 민주 국가에서 독재적 성격의 권력자나 정부가 출현한다 해도 이는 근원적으로는 국민의 평등한 삶, 그럼으로써 행복한 삶을 실현시킨다는 명분을 가지는 경우가 지배적이다. 물론 근대 이래로 깊은 상관성을 가져온 개인주의와 민주주의의 관계에 있어서 그 핵심은 '평등한 주체로서의 개인'이라는 관념이었다. 평등을 강조한 이러한 새로운 개인성은 근대 정치사에서 민주주의 사회를 형성시킨 주된 동력이기도 했다.

하지만 국민 전체의 평등한 삶과 복리를 강제적 수단으로 실현하고자 하는 집단주의적 시도는 실제로 자유는 말할 것도 없고 그 목적이자 명분인 평등조차 악화된다는 것을 20세기 역사가 보여준다. 대표적인 예가 소련 및 동구 공산권 국가였다. 평등을 궁극적 가치로서 추구하는 집단주의 사회에서도 경제적 자원 배분의 효율성은 사회 유지를 위해 절대적으로 요구된다. 단지 경제적 개인주의를 허용하는 사회에서와 같이 시장을 통한 경제 행위 주체들 간의 자발적인 상호 계약의 형태가 아닌, 중앙 통제적 지시와 명령에 의존하게 되는 형태로 경제적 효율성이 추구된다. 또한 이 과정에서 불가피하게 비순응자에 대한 사회적 배제도 함께 나타나게 된다. 그 결과 집단주의적 사회 속의 개인 간의 관계는 수평적이기보다 수직적이다. 이는 전체주의 사회를 빗대어 조지 오웰이 자신의 우화 소설 〈동물농장)의 끝에서 동물들의 마지막 계명에 추가한 문구를 떠올린다. "모든 동물은 평등하다. 그러나 어떤 동물은 다른 동물들보다 더 평등하다."[80]

이와 같은 불평등한 정치 사회 체제를 유지하는 것은 폭력성을 동반한 고도의 사회통제(social control) 기제이다. 이는 경제적 불평등이 시장에서의 가치 교환에 기반을 두고 일어나는, 계약적 성격을 가지는 것과 대비된다. 정치적, 사회적 권력은 주로 강제적, 통제적 기제에 의존하므로 개인의 인격의 독립성과 자율성을 침해한다. 물론 어떤 이상적 가치에 매달리는 집단주의 사회라고 해서 스탈린의 소련, 마오쩌둥의 중국, 폴 포트의 캄보디아와 같이 사회 내부에서 비순응하는 구성원들의 생명권과 인격성을 혁명적으로 짧은 시간 안에 총체적으로 부정하는 극단성을 보이는 경우는 드물다. 하지만 혁명성이 약한 대부분의 집단주의 사회에서도 이상적 가치의 실현이나 유지를 명분으로 상당한 수준의 강제성(혹은 잔인한 정도의 폭력성)을 동반한 수직적 계층화는 뚜렷이 관찰된다.

가까운 예로 한국사에서 조선 시대나 현재의 북한의 모습이 그러하다. 이 두 경우 천민 노비와 같은 인격성이 부정되는 법적 신분이 공식적으로 존재하느냐 아니냐의 차이만 있을 뿐 사회 구성원 간의 실질적 신분은 평등하지 않다는 점은 동일하다. 전자의 양반 집단과 후자의 핵심 계층(당 간부 집단)은 특권 집단으로서 이들 사회의 지배계층이다. 단지 더 윤택하고 안락한 생활을 누리는 차원이 아닌, 정치 경제 사회 문화 모든 면에서 (피지배계층과 비교하여 차별적으로) 더 자유로우며 보다 광범위한 법적 권리를 행사한다. 반대로 전자의 노비 집단과 후자의 적성 계층은 인간으로서의 기본적 인격조차 존중받지 못하게 된다.

사람들은 흔히 정치를 자신의 일상생활과 먼 거리를 두고 인식하는 경향이 있지만, 힘의 관계란 삶의 모든 영역에서 작용한다. 실제로 정치는 곧 힘의 관계를 뜻한다. 이 힘을 정치에선 권력(power)이라고 부를 뿐이다. 결국 국가도 보통 사람들이 일반적으로 속해 있는 다양한 집단들 중에서 좀더 큰 집단에 불과할지도 모른다. 유교 전통주의 국가나 사회주의 국가가 아니더라도, 가령 현대의 자유민주주의 사회 안에서도, 집단주의적 성격을 강하게 가지는 조직이나 집단은 그 내부의 권력 관계가 불평등하다. 흔히 말하는 발언권이라는 개념이 이를 가장 잘 보여준다. 특정한 목적을 달성하기 위한 위계적 서열 체계를 가지는 기관은 말할 것도 없고, 친목적 성격의 사회 집단이라 할지라도 집단주의적 성격이 강할 수록 그 안에서의 미시 권력은 차등적으로 기능하게 된다. 보다 많은 동료의 지지를 받는, (소위 발언권으로 대표되는) 권력을 보다 많이 가진 사람들이 집단의 의사 결정에 있어서 주도적인 역할을 담당하게 된다.

즉 자본가와 노동자 간의 경제적 불평등 혹은 빈부 격차와 마찬가지로, 사회 전체적으로든 작은 집단 안에서든 정치적, 사회적 권력도 늘 불평등하게 존재한다. 페미니즘 운동가들은 여자와 남자 간의 사회적 불평등에 오랫동안 관심을 기울여 왔고, 맑시즘 계열의 많은 현대 사회주의자들도 이러한 불평등한 관계와 연관된 다양한 소수 집단들의 사회적 조건에 전반적으로 주목을 해왔다. 이주 노동자와 학생, 장애인 등의 인권 문제는 이들이 정치적 이슈화를 위해 주로 거론하는 주제들이다.

하지만 남과 여, 장애인과 비장애인 등의 사이에 존재하는 차별적 구조와 이들 사이에 불합리하게 존재하는 권력의 편재(偏在)성의 본질적 원인은 인간의 집단주의 성향에 있다. 차별적 구조 자체는 원인이라기 보다는 인간의 집단주의 성향에 의해 증폭되어 만들어진 결과이다. 말하자면 사회적 권력의 불평등 문제의 본질적 원인은 집단주의에 있지, 여자와 장애인 집단이 가진 상대적 특성 혹은 남자의 권력욕이나 비장애인의 폭력성에 있는 것은 아니다. 애당초 남과 여 사이의 차별 구조의 형성은 남자가 다수인 조직 내에서 그 권력 집단의 구성원 대다수도 남자일 때, 이 남자 권력자들 사이에 그들 자신의 이해관계 혹은 그 조직 전체의 이해관계(이를 자신들이 대변함으로써 자신들의 권력을 유지해 나갈 수 있으므로)를 집단적으로 관철해 나가려는 논리가 그 핵심적 원인이다. 이러한 집단주의적 논리가 없다면 그저 한 집단 속의 다수는 다수로만 머물 뿐 그 조직 내의 여자라는 소수 구성원들의 이해관계를 불합리하게 배타적으로 외면하는 구조를 굳이 만들어내지는 않는다.

하지만 지금까지 사회주의계 지식인들은 이러한 정치사회적 불평등 현상을 경제적 불평등과 동일한 논리로 단순 해석하여 여자, 장애인 등을 (경제적 불평등 구조하에 있는 계층으로 그들이 개념화한) 노동자 계층과 연합시켜 (그들이 자본주의 체제의 모순으로 이해하는) 경제적 불평등 구조를 공격하고 비판하는 논리의 연장선에서 사고해왔다. 즉 이들은 남과 여, 장애인과 비장애인 집단 사이의 차별 구조를 소위 '정체성 정치'(identity politics)의 일환으로서 비판의 대상으로 삼았을 뿐 그 차별 구조의 본질적 원인에 대한 이해가 결여되어 있다.

법의 구속이든 전통의 구속이든 사회적 차별의 형태를 띠고 존재하는 사실상 모든 정치 사회적 권력의 불평등은 그 본질적 원인이 다름 아닌 인간이 가진 반개인주의성에 있다고 보아도 무방하다. 특히 현실 정치에서 흔히 명분으로 내걸리는 평등의 가치는 인간이 사회를 통해 자신들의 욕망을 집단적으로 관철시키기 위한 목적으로 활용되어 왔으며 정확히 정반대의 결과를 사회적으로 초래해 왔다.

・・・

각자가 원하는 민주주의

평등의 이상에 집착하는 많은 사회운동가나 지식인들이 사회적 권력의 불평등 문제에 위와 같이 피상적이고 편향된 관심을 기울여 왔던 것과 마찬가지로, 정치적으로 민주주의의 이상에 매달리는 많은 이들 역시 개인의 권리 문제에 있어서 흔히 편파적인 사고를 하는 경향을 보인다. 자본주의자들에 대한 극도의 증오심을 보이며 자국민에 대한 대량 학살(genocide)을 자행한 평등주의자 폴포트(Pol Pot, 1925~1998)가 세운 국가의 이름도 '민주' 캄푸치아(Democratic Kampuchea)였다.[81] 실제로 개인주의를 경멸했던 전체주의나 사회주의 국가의 정부들은 나치(국가사회주의 독일노동자당)처럼 민주주의적 방식으로 (의회의 다수석을 차지하여) 권력을 획득했거나, 민주주의를 매우 중요한 가치로 내걸었다. 역사 속에 사라진 소비에트 인민공화국 연방이나, 현재에도 건재한 중화인민공화국이나 북한(조선민주주의인민공화국) 모두 그 수립 과정에서 자신들이야말로 진정한 민주주의 국가임을 자임했다.

과연 민주주의(democracy)의 본질은 무엇일까? 정치학적으로도 민주주의는 합의된 정의에 이르기 어려운 개념이다.[82] 헌법적 가치를 언급하며 기본적 인권과 표현의 자유 등의 가치를 민주주의의 요소로 거론하지만, 이는 자유주의(liberalism) 철학 사상의 핵심 요소들일 뿐이다. 19세기에 고전 자유주의(classical liberalism)적 가치가 참정권의 확대로 상징되는 민주주의직 가치와 결합하는 변화를 겪으면서, 민주주의 역시 그 근본 사상에 있어서 정치적 자유가 평등과 함께 핵심 요소로 자연히 자리잡게 되었다. 이후 현대 민주주의는 20세기 냉전체제 하에서 특히 자유진영 국가의 정치 학자들에 의해 지속적으로 그 개념이 발전해왔으며 많은 자유주의적 가치를 포함하게 되면서 그 의미가 확대되었다. 특히 이들 학자들은 주로 사회문화적 자유주의의 요소들을 강조하였던 반면 사적 소유권과 같은 경제적 자유를 위한 핵심 요건들에 대해서는 오히려 더 많은 제한을 주장하였다. 이렇듯 자연과학과 달리 개념 자체가 학자들과 지식인들에 의해 계속 변용되어온 사회과학 용어 중 대표적인 예가 바로 '민주주의'이기도 하다.

실제로 민주주의는 귀에 걸면 귀걸이 코에 걸면 코걸이 식으로 자의적으로 20세기 내내 이해되어왔다. 자유주의 사상가들에 의해 민주주의 개념은 지속적으로 확대되어 왔지만, 자유주의적 요소를 제외하면 민주주의라는 가치는 절차적 원칙에 불과하다. 가령 민주 국가의 모든 구성원은 동일하게 국민으로서의 주권을 가진다는 원칙은 그 국가가 필요로 하는 의사 결정의 과정에서 구체적인 역할을 하지는 못한다. 그리고 그 절차적 원칙의 핵심은 다름 아닌 다수결의 원칙(majority rule)이다.

이러한 측면에서 볼 때, 민주주의는 인간 사회의 신성한 원칙이라기보다, 다른 대안이 없기에 아주 자연스러울 수밖에 없는 의사 결정 방식이다. 즉, 보다 다수인 편이 자신들의 힘(권력)을 행사하는 집단주의 전략이 지배하는 인간 정치 행위의 속성이다. 말하자면 민주주의는 그 본질이 집단주의이다. 자유주의 정치 사상과 거리가 멀었던 전체주의나 사회주의 국가들 역시 20세기 내내 자신들이 민주주의 정치를 하고 있음을 웅변하였던 것은 당연했다. 구소련이나 북한의 경우도 다수의 구성원인 노동자와 농민 계급이 소수인 자본가계급을 타도하는 정치이념에 동조하여 수립되었고 또 지금껏 유지되어온 정권이므로 그 정권이 독재정권처럼 보이지만 그 본질은 다수의 동의에 기반한 것이라 할 수 있다. 다수결의 원칙에 입각한 정치 권력의 행사는 누구도 부정할 수 없는 민주주의의 가장 뚜렷한 본질이다. 결국 민주주의 하에서 권력은 지지자의 수에서 나온다.

인간에겐 너무도 익숙한 집단주의 전략

　의회에서의 권력이 선거로 결정되는 의석수(number of seats)에서 나오듯, 정치 권력의 본질은 결국 얼마나 많이 무리 짓는 데 성공했는가이다. 인간을 '사회적 동물'이라고 표현하지만, 그 본질은 인간이 타고난 집단주의자라는 점일 것이다. 즉 인간은 다른 인간과 연합을 도모하고 상호의존하는 관계를 맺어가는 데 본능적으로 탁월하다. 이러한 성향은 인간만이 가지고 있는 특질은 결코 아니다.

　가령 사회생물학적 연구 결과들이 보여주는, 침팬지 무리 안에서 침팬지들의 행동 전략 역시 매우 집단주의적이다. 침팬지 무리 내에서는 일반적으로 잘 알려져 있듯 알파 메일(alpha male)을 중심으로 한 권력 관계가 적나라하게 펼쳐진다. 그런데 침팬지 무리에서도, 덩치 크고 주먹 세다고 무리를 장악하는 알파 메일이 되지는 못한다. 이른바 '자기편 만들기 전략'에 뛰어난 침팬지가 무리를 장악하게 된다.[83] 인간 사회 역시 자신들의 이해관계를 관철시키고 보호해 나가는 가장 효과적인 방식은 자신을 지지해줄 수 있는 동료를 가능한 한 많이 끌어 모으는 집단주의 전략이다.

　철학자 니체가 말한 '권력에의 의지' 그리고 인류 정치사에서 볼 수 있는 수많은 잔인한 모습들은 사실상 인간이 이들 침팬지와 진화적으로 유사하다는 사실을 감안해보면 그다지 놀랍지 않다.[84] 인간의 집단주의적 성향을 감안하면 이른바 '대중독재'의 개념 역시 그다지 새로울 것도, 이상할 것도 없다.[85] 흔히 민주정치와 반대되는 개념으로써 민중을 억압하는, 네로 황제와 같은 광기에 찬 독재정치가의 폭정을 떠올리지만 이는 피상적이고 단순한 인식일 뿐이다. 역사의 어느 독재자도 조폭 두목처럼 힘으로 백성이나 인민을 억압하는데 성공했던 경우는 없다. 대부분은 정교한 (혹은 투박한) 선동과 세뇌 기제를 통해 민중이 자발적으로 자신들을 따르도록 만드는 것을 목표로 했고 이를 위해 지배층 내부의 동의와 지지를 조금이라고 더 확보하기 위해 노력했다.

하지만 이러한 집단주의적 방식은 결국 이기적인 행위이다. 이런 식으로 이해될 수 있는 근거는 동지들로 이루어진 집단 내에선 그러한 집단주의적 방식이 상호 부조의 성격을 가질 지 모르나, 사회 전체적으로 볼 때는 집단 간의 갈등 해결이 힘의 법칙에 근거하여 (쌍방이 아닌) 일방의 집단에게만 유리하게 이루어지기 때문이다. 권력이 더 강한 집단이 지배의 룰을 결정하게 되며(입법권을 행사하게 되며), 권력이 약한 집단은 자신들에게 불리한 룰을 받아들일 수밖에 없다. 더 본질적인 문제는 권력을 한번 가진 집단은 이를 스스로 나누어 가지거나 포기하려 하지 않는다는 점이다.

이에 반해 경제적 시장의 메커니즘은 사는 측과 파는 측이 계약을 체결함에 있어 서로 상대편의 복리를 고려하고 효용을 주고받는 윈-윈 전략이 가능하다. 애당초 미시적인 사회적 권력의 불평등 현상도 시장에서는 최소화된다. 시장에서는 구매자와 판매자 모두 서로의 가치를 확인하고 자신이 주체적으로 대상을 선택하는 만큼 자신도 그 대상(그것이 인간이든 사물이든)에게 선택받아야 교환 계약이 체결된다. 그리고 본질적으로 쌍무적 성격을 가지는 이러한 계약 기간이 끝나면 다시 선택을 하느냐 마느냐는 개인의 자유 의지에 맡겨진다.

경제적 시장의 작동 방식과 비교하면, 정치가 작동하는 방식은 돈과 같은 가치의 교환 척도가 없으므로 힘이 강한 측이 룰을 정한다. 제 아무리 아름답고 정의로운 미사여구로 포장해 보았자 정치적 목적이란 대개 그 사회 구성원 다수의 이해관계와 부합하는 대의명분일 뿐이다. 그리고 그 본질은 (다수의 감성적 욕구를 활용한) 정치 집단에 의한 권력의 추구인 경우가 대부분이다. 칸트가 자신의 책 〈영구평화론(1795)〉에서 돈보다 더 신뢰할 수 있는 정치적 권위 따위는 없다고 지적했던 것은 정확한 통찰이었다.[86]

무리를 짓고 그 힘을 고수하려는 모습을 본질로 하는, 권력 투쟁이 늘 벌어지는 정치의 공간은 가치의 교환이 늘 발생하는 경제적 공간인 시장보다 더 집단주의적이고 더 이기적이며 더 폭력적인 영역이다. 하지만 권력 투쟁과 같은 인간의 정치 행위의 본질을 선하다 악하다 따지는 것은 별 의미가 없어 보인다. 그것은 차라리 인간의 본성(human nature)이라 할 수 있어서 제도나 사상을 설계하고 구축하는 데 (민주주의에 지대한 의미를 부여하고자 노력하는 인문사회 분야 지식인들이 주장하는) 극복해야 할 요소라기 보다는, 오히려 (변수가 아닌) 상수로써 전제되어야 할 요소에 가깝다.

실제로, 집단주의적 다수결이라는 원시적 민주주의의 본질에서 더 나아가 근대 '자유'민주주의(liberal democracy) 체제가 발전을 이루어 낸 부분은, 이렇게 자기편 만들기 전략이 횡행하는 진흙탕 싸움인 인간 집단 간의 정쟁(political dispute)을 의회라는 형식과 틀을 통해 피 흘리지 않고 말로 자유롭게 다툴 수 있도록, 그리고 선거를 통해 승자와 패자가 모두 정치경쟁의 결과를 따르도록 한 것이었다. 정치 영역에서 자연스러운 원칙인 민주주의가 경제 영역에서 시장의 원칙인 자유주의와 결합한 것이다. 즉, 경제적 시장의 원리를 차용하여 정치 '투쟁'을 정치 '경쟁'으로 변환시킨 것인데, 이것 자체도 쉬운 일은 아니어서 집단주의적 동물인 인간이 이 자유주의적인 시장의 경쟁 시스템을 정치 권력의 영역에 받아들인 것은 극히 최근의 일이다. 인류의 정치사는 자유민주주의라는 새로이 설계된 이 제도가 자리잡는 것에만 수백 년이 걸렸음을 잘 보여준다.

쉬운 예로, 조선시대만 해도 갈등하던 지배집단들은 승패의 결과를 받아들이지 못하고 복수와 원한 속에 서로가 서로를 저승으로 보내지 못해 안달이었고, 사이 좋게(?) 사약을 주거니 받거니 하면서 정치했던 것이 (이상적인 붕당정치가 현실 정치 속에 변질되어 나타난) 환국 정치의 본질이었다. 더 나아가 19세기 세도 정치 시기에는 이긴 쪽이 독식하는 구도 속에서, 심지어 말단 지방 수령도 이 독식에 가담하게 되는데, 그 결과가 바로 (소위 탐관 오리에 의한) 가난한 백성들에 대한 잔인한 수탈이었다. 탐관 오리로 태어나는 양반은 없는 법이다. 정치가 경제를 압도했던 집단주의 사회 조선을 현대 자본주의 국가와 비교하는 것도 어불성설이지만, 조선 시대 붕당 정치가 마치 현대의 자유민주주의 정당정치와 유사한 속성을 가졌다는 식으로 얘기하는 역사가들은 후자의 정치사적 본질을 전혀 다르게 이해하고 있는 셈이다.

정치가 가지는 집단주의성은 민주주의 정치로 인해 비로소 극복된 것이 아니라, 자유주의적 시장의 원리로 자유민주주의라는 제도를 통해서야 비로소 (제한적으로나마) 제어할 수 있게 되었다고 할 수 있다. '타는 목마름으로' 민주화를 열망했다고 해서, 벽돌과 죽창으로 전경들과 싸웠다고 해서, 한국의 정치가 20세기 후반에 더 발전하게 된 것은 결코 아니었다. 아시아와 아프리카 대륙에서 볼 수 있는, 정부군과 시민군 사이의 내전으로 인한 수많은 (현재에도 진행되고 있는) 비극적 사회 혼란은 그 시민들의 명분에 무슨 문제가 있거나 시민들이 패배해서 한국처럼 정치가 발전해 나가지 못했던 것이 아니다.

・・・

다원주의와 상대주의는 왜 억압받았을까?

의회정치(parliamentary politics) 속에서 비로소 등장한 정치 시장(political market)의 원리는 집단주의와 더불어 개인주의적 가치도 중요하게 역할을 할 수 있는 길을 열어 주었다. 그런데 이 사실, 즉 정치 시장의 메커니즘을 통해서 비로소 개인주의적 가치도 정치 영역에서 중요한 기능을 할 수 있게 되었다는 점은 매우 중요한 의미를 가진다. 대중 속의 개인들이 드디어 정치와 새로운 관계 맺기를 시도

할 수 있는 문이 열리게 된 것이다.

지식인들 중에는 심지어 역사가들조차 프랑스 혁명과 같은 민중 봉기가 민주주의의 실현을 이끌어 냈다고 믿는 경우가 많다. 특히 서양사 중심의 지식을 갖고 있는 이들은 그러한 봉기가 결국 특권 집단을 몰아내고 비로소 대중이 역사의 주인이 되는 새로운 역사를 창조했다고 말한다. 하지만 중국사에서는 대중의 지지를 받은 농민 봉기로 이전의 왕조가 무너지고 새로운 왕조가 들어서는 경우가 비일비재했다. 하지만 민중 봉기로 역사가 발전할 수 있다고 믿었던 중국인은 민중 봉기에 가담했던 농민들(마지막으로 20세기 중국 공산 혁명을 지지했던 중국인들을 포함해서)뿐이었다. 또한 마르크스의 믿음처럼 노동자의 봉기는 농민 봉기와 달리 인류가 경험해 보지 못한 참다운 평등한 세상을 도래하게 하리라는 믿음 역시 근거가 없다. 오히려 이러한 믿음은 인간에 대한 극히 순진 무구한 시각이라 봐야 한다.

우리가 쉽게 지칭하는 대중은, 혹은 사회는, 대처(Margaret H. Thatcher, 1925~2013)의 말대로 존재하지 않을는지 모른다.[87] 대중을 구성하는 각 개인은 모두 서로 다른 신념과 믿음을 갖고 살아간다. 우리는 쉽게 모두가 서로 사랑하고 연대함으로써 조화로운 사회를 지향해야 한다고 말하지만, 이는 계도나 훈육을 통해 달성될 확률이 매우 낮다. 인간의 사고와 감정의 본질을 들여다보면 현실은 이러한 공동체주의적 설교와 얼마나 동떨어져 있는지 드러난다.

사람이 사람을 미워하는 데에는 이유가 있다고 흔히들 생각하기 쉽다. 하지만 이는 인간의 심리적 본성 상 내가 싫어하는 사람은 악하다고 생각하는 습성과 관계가 깊다. 상대가 악하기 때문에 싫어하는 것이라고 자신은 믿고 싶어하지만, 자신의 이성의 법정에서 전권을 행사하는 재판관은 자기자신이다. 자신이 자신의 편을 들지 상대의 편을 들기가 쉽지 않다. 교육을 통해, 특히 과학적 사고 훈련을 통해, 자기자신이라는 판사가 중립적이지 않을 뿐 아니라 무지했다는 것을 깨닫는 데에는 시간이 꽤 걸린다. 과학철학사가 보여주는 인간 지성의 발전 과정 역시 인간이 그 특유의 자기 중심적 사고를 극복하는 것이 얼마나 힘들었는지를 잘 보여준다

이러한 측면에서 볼 때, 정치적 신념이 다른 집단들이 서로를 괴롭혀 왔다는 사실은 가슴 아픈 사회 현실이 아니라 감정에 휩싸이기 쉬운 불완전한 인간 본성을 감안하면 너무나 인간다운, 자연스러운 모습이기도 하다. 멀리 갈 것 없이 일상 속에서, 우리는 '저 사람 참 좋은 사람이에요'라는 말을 쉽게 한다. 하지만 이는 우리가 좋은 사람과 나쁜 사람을 가려낼 수 있다는 믿음을 전제로 한다. 마치 3인칭 소설의 전지적 작가 시점으로 세상을 바라보며, 더 나아가 선악의 이분법적 세계관을 바탕으로 자신이 그 재판관임을 자임하는 발언이기도 하다. 진실이 무엇인지, 어느 쪽에 있는지 알 수 없는 경우에 도덕적으로 가장 현명한 태도는 판단을 보류하는 것이다. 하지만 진실을 알 수 없는 경우라 해도 인문학적 감수성은 인간을 그렇게 중립적으로 내버려두지 않는 경우가 많다. 그럼에도 가장 이성적이고 가장 정의로운 태도는, 최소한 나의 감성과 이성을 분리시켜 내 판단은 어디까지나 내 제한된 관찰 능력에 근거한 나의 감성적 이해관계를 반영

할 뿐임을 인정하는 것이다.

개인주의란 필연적으로 다원주의와 상대주의적 가치관을 바탕으로 한다. 하지만, 개인주의 철학 따위는 가볍게 무시되는 일상의 현실에서 사람들은 타인에 대해 자기 감정에 근거한 (긍정적 평가도 아닌) 부정적 평가를 내리는 경우가 부지기수다. 자신은 이 모진 사회에서 살아남기 위해서 이기적이고 전략적으로 행동하는 것이 합리화되고 정당화되는 반면, 타인의 행동은 선과 악이란 단순한 기준으로 재판한다. 가령 '저 사람은 왜 얌체처럼 저렇게 행동하지?' 라고 말하는 경우 이는 이미 그 사람을 자신의 머리 속에서 얌체라고 인격재판을 해 놓은 상태에서 말을 하고 있는 것이다. 종종 우리의 부정적인 감정 상태가 타인에 대한 판단에 영향을 미칠 수 있음에도 불구하고 우리는 이를 그다지 신경 쓰지 않는다. 실제로 특정한 사회적 관계의 맥락에서, 가령 부모가 자식에게, 상사가 부하 직원에게, 교사가 학생에게 그러한 인격재판을 자신도 모르는 사이에 수월하게 상대를 조종하거나 순응시키기 위한 기제로 활용하는 모습은 쉽게 찾아볼 수 있다. 상대적으로 개인주의적 가치가 간과되어져 온 동아시아 사회에서는 서구 사회에 비하여 이러한 현상이 나타날 확률이 높을 것으로 여겨진다.

이처럼 자신의 감정을 근거로 타인에 대해 인격재판을 가하는 모습은 개인뿐 아니라 집단적 차원에서도 당연히 나타난다. 이는 많은 사회에서 볼 수 있는 대중의 집단주의적 성격의 본질이기도 하다. 그리고 이러한 주관적인, 비이성적인 인격재판의 모습은 특히 집단주의적 성격이 강하고 인간 관계에 수직적인 측면이 강한 사회일수록 보다 강하게 나타날 것이다. 가령 그러한 행위를 하는 개인이 그가 속한 집단 속에서 충분히 지지자를 많이 확보하고 발언권이 높기만 하다면 이러한 행위에 대한 그 집단 내부의 저항이 약할 것이고 또 집단적 감정의 발화 속에 이러한 행위는 부추겨질 확률도 높게 된다. 교사와 학생 간의 관계가 수직적으로 인식되는 동아시아 사회의 학교 현실을 예로 들어보자. 카리스마는 있지만 인간에 대한 편견을 가진 한 교사가 학생 다수를 편하게 장악하는 수단으로 이러한 인격재판은 활용될 수 있다. 즉 자신이 원하지 않는 행동을 하는 소수의 학생에게 그러한 방식으로 상처를 주는 대신 (당연히 그런 인격재판으로 상처를 받고 싶지 않을) 다수의 학생을 꽤 편하게 장악할 수 있게 된다. 이 부분에서 중요한 점은, 역설적이게도 이와 같은 드러나지 않는 학생의 인권 유린은 편견에 가득 찬 교사의 인격재판에 집단 내부의 민주주의적 기제(다수의 지지 혹은 묵인)가 결합됨으로써 더 쉽게 발생할 수 있다는 점이다.

이러한 대중의 집단주의적 성격의 본질을 감안하면, 민주주의는 우리가 아는 것처럼 사회 속 개인을 보호해주는 장치가 아니라, 반대로 힘 없는 (소수의) 개인을 보다 손쉽게 공격하고 억압하기 위한 기제로 활용될 수 있음을 이해할 수 있다. 우리가 민주주의에 대해 흔히 가지고 있는 착각은 다수가 언제나 선하고 진실되리라 생각하는 것일지도 모른다. 다수가 악당이라면, 대중이 이성적인 태도를 결여한다면, 개인의 운명은 어떻게 될까? 이런 경우는 일어날 리가 없다고 보는가? 사실 다수가 다 악당일 필요는 없으며 대중이 모두 이성을 상실할 필요도 없다. 모두가 알고 있듯 현실의 일반적인 사람들은 칸트의 도덕적 정언명령을 따르며 살지는 않는다. 불행하게도 대부분의 조직 생활의 경험은 우리들에게 냉엄한 사회적 현실을 직시하게 한다. 일상의 현실에서 사람들의 뒷담화와 진영논리, 확증편향 등은 사회적 상호작용의 어두운 면이라기보다 오히려 본질에 가까워서, 만약 지극히 도덕적인 누군가가 주변 사람들의 뒷담화에 맞장구치지 않고 진영논리에서 완전히 벗어나 사람들의 확증편향을 지적하고 비판한다면 그는 오래가지 않아 외톨이가 될 가능성이 높다.

사람들은 보다 권력이 강한 쪽으로 자신의 입장을 정하는 경우가 일반적이다. 그 권력을 가진 쪽이 악당이든 천사든. 액션 영화 속 주인공이 17 대 1로 악당들을 해치우는 모습을 보며 희열을 느끼는 보통 사람들도 현실에서 17 대 1의 대결 상황이 눈 앞에서 펼쳐질 경우 대부분 17명에 속하려고 노력하지, 집단에 맞서는 개인 혹은 다수에 맞서는 소수로 자신의 좌표를 설정하지 않는다. 가령 누군가가 '저 사람은 나쁜 사람이야'라고 인격 재판성 공격을 하며 중립 지대에 서 있는 다른 사람들을 선동하여 17 대 1의 상황이 만들어졌을 때, 그 공격을 받게 된 1명의 대상이 자기 자신(혹은 자신의 가족)이 아닌 이상 대부분의 사람들은 자신이 17명에 포함되더라도 (그 1명이 당하는 부조리한 상황에) 별 관심을 두지 않는다. 굳이 피곤하게 살 이유가 없는 것이다. 현실에서 '사람을 잘 알지 못하면서 판단하는 것은 조심해야 합니다'라고 다수를 앞에 놓고 설교를 하며 16 대 2의 구도 속에 외로운 희생양의 유일한 동지로 자신 스스로를 밀어 넣는 경우는 드물다.

이렇듯 대중은 단일화되어 보여도 서로 다른 생각과 목적을 가진 개인들이 그저 자신의 편익을 위해, 피곤해지지 않기 위해 무리를 형성한 실체 없는 이름일 뿐이다. 그런 이유로 실체가 없는 이러한 민중을 위한다는 명분을 앞세우는 정치인은 결국 선동 정치를 하게 된다. (현대 민주 정치 속에서 당선이나 의석 수 확보로 표출되는) '민중의 인기'에 영합하는 정치가는 동화 속 (군주의 은총을 등에 업고 사리사욕을 취하는) 간신만큼이나 사악한 존재일 수밖에 없다.

실제로 역사상 많은 철학자들은 민중의 존재에 대해 혹독하게 평가한 바 있다.[88] 마키아벨리는 헌신적이고 이타적 개인들조차도 군중을 이루면 이기적 집단으로 변한다고 보았다. 아마도 오르테가 이 가세트(José Ortega y Gasset, 1883~1955)는 마키아벨리 이래로 그러한 대중의 속성에 대해 가장 날카롭게 비판한 현대 철학자 중 한 명일 것이다. 그는 자신의 책 〈대중의 반역(1930)〉에서 대중이란 아무런 비용도 지불하려 하지 않고 복지의 혜택을 누릴 수 있다는 환상에 빠져 있으며 그러한 환상의 무게는 결국 혁신을 위한 개인의 창의적인 생각과 노력을 고갈시켜 약탈적 욕망만이 팽배한 불행하고 비참한 사회를 몰고 오게 된다고 역설했다.[89]

대중을 이용하는 사람들과
대중의 미움을 받는 사람들

　대중에 대한 음울하고 냉소적인 시각을 보인 위의 사상가들에 대해 그들이 인간 존재를 경시하고 지극히 엘리트적인 사고에 빠져 있다고 평가하는 것은 이들의 사상을 오해하는 것일지도 모른다. 오히려 민중사관을 가진 역사가들이 제대로 이해하지 못하는 것은 민중을 구성하는 한 명 한 명의 개인과 민중은 동일하지 않으며 전자와 후자는 동일한 인격적 차원에서 논의되거나 비교될 수 없다는 사실이다.

　대중이 선하거나 지적이거나 도덕적일 수는 없다. 개인이 선하거나 지적이거나 도덕적일 수 있을 뿐이다.[90] 대중 혹은 민중을 고귀한 인격을 소유할 수 있는 주체로 보고자 하는 인간관의 치명적 문제점은 개인일 때와 집단(군중)일 때 사이에서 전혀 달리 행동하는, 변덕스럽고 복잡한 인간 존재를 너무 단순하게 이해하고 있는 것이다. 당연히 이러한 인간관을 바탕으로 만들어진 법률과 정책들은 위험한 사회적 결과를 초래하게 된다.

　인간은 개인일 때에는 '선택하는 존재'로서 살아가며 자신의 선택의 무게를 무겁게 느끼게 된다. 자신의 선택에는 책임이 따르기 때문이다. 하지만 대중 속에서의 인간은 '따르는 존재'로 살아가기 쉽다. 그리고 그로 인해 책임 소재가 애매한 상황 속에서 자신의 행동에 대한 면책 특권을 향유할 수 있게 된다. 대중의 집단적 선택은 대개 인간의 타고난 (물질적 혹은 정서적) 자기 중심적인 욕구를 충족하는 방향으로 흐르는 경우가 많다. 문제는 그 욕구가 물질적인 것이건, 정서적인 것이건 간에 대중의 판단은 피상적이고 근시안적인 측면들에 근거를 두게 된다는 점이다. 그 결과 종종 합리적이고 장기적인 대안이 아닌 비합리적이고 단기적인 대안을 고르는 경우가 생긴다.

즉, 대중이 개인보다 더 이성적이고 더 신중한 태도를 취한다고 볼 근거는 희박하다. 그리고 이러한 사실을 대중 속의 '개인'들은 이미 알고 있다. 특히 이는 경제적 선택에 있어서 극명하게 드러난다. 대부분의 개인들은 자신의 감성적 욕구에 휘둘린 비합리적 선택으로 자신의 돈을 날려선 안된다는 사실을 잘 알고 있다. 가령 누군가를 도와주는 결정을 내리는 경우 대부분의 개인들은 자신의 능력과 한도 안에서 그러한 결정을 내리며 그러한 결정이 자신에게 어떠한 직간접적인 비용 및 유익을 가져오는지에 대해 머리 속에서 예민하게 계산한다.

하지만 개인적인 차원에서는 결코 손해보는 선택을 하지 않을 개인들이, 집단적인 차원에서 혹은 사회적인 차원에서는 이상주의적 명분론에 입각한 사회정책을 추진하게 되는 경우가 많이 나타난다. 복지정책은 그 대표적인 예이다. 대부분의 개인들은 자신이 손해를 보고 싶지 않아 하지만, 비용은 어찌됐든 사회적으로 지불되어야 하기 때문에 이 경우 필히 희생양(자유 혹은 소유권이 짓밟히는 집단)이 나타난다.

정상적인 방식으로 합리적인 사고를 하는 사람들이 누군가를 돕기로 한다면 그 돕기로 결정을 한 모두가 똑같이 비용을 부담하는 것이 가장 합리적이다. 그 다음으로 생각할 수 있는 방법은 더 많은 자원을 가진 사람일수록 그만큼 더 비용을 많이 부담하기로 하여 그 누군가를 돕는 방법이 있다. 하지만 이 두 번째의 방법은 첫 번째 방법만큼 공정하기 힘들다. 누가 자원을 얼마나 가지고 있는지, 왜 그렇게 적게 혹은 많이 가지게 되었는지를 판별하고 다 고려해서 얼마나 비용을 부담할 것인지를 결정하는 과정은 신이 아닌 이상 인간이 공정의 정확도를 첫 번째 방법만큼 확보하기 힘들기 때문이다.

그런데 현대 대부분의 복지국가에서는 이 두 번째 방법조차도 우습게 보일 정도로 터무니없게 불공정한 방법으로 그 누군가를 돕는다. 이들 국가는 이미 도움에 가장 많이 기여하는 집단 및 사람들로부터 더 많은 자원을 거두어 들이고 그 자원으로 더 많은 사람들에게 더 많은 도움을 주겠다고 약속한다. 이는 민주주의를 시행하는 현대 복지국가의 정치인들에게 가장 매력적인 선택지이긴 하다. 한 편에는 부유층을 대상으로 하는 가파른 누진세율 그리고 그 반대편에는 저소득층을 대상으로 한 더욱 광범위해진 보편복지정책들이 이러한 세 번째 방법을 의미한다.

이렇듯 현대 민주국가의 소위 복지정책은 실제로는 어려운 계층을 돕는다는 의미보다는 부를 국가가 강제로 이동시킨다는 의미에 가깝다. 이러한 사회에 살고 있는 개인들은 더이상 자발적으로 어려운 누군가를 돕는다는 도덕심에 근거하여 복지정책을 바라보지 않는다. 복지정책을 지지하는 동력은 이제 도덕심이 아니라 부의 재분배를 원하는 다수의 욕망이 된다. 그리고 이 과정에서 가장 부상하는 사람들은 그 다수를 이루는 개인들의 물질적, 정서적 욕망을 선동하여 재분배 정책의 강제적 시행을 약속함으로써 대중이 국가권력을 자신들에게 양도하게 만드는 포퓰리스트 정치인들이다.

합리적인 사고를 하는 개인들이라면 결코 하지 않을 위의 세 번째 방식의 부조가 사회적으로 선택되는 이유 중 하나도 저소득층의 구성원 수가 고소득층보다 많기 때문이다. 따라서 정치적으로 민주주의를 시행하는 이상 이러한 결과는 피하기 힘들다. 실제로 복지 확대에 대한 제어가 한번 풀리기 시작하면, 누진세율을 더 가파르게 만드는 법을 찬성하지 않는 정치인은 다음 선거에서 당선되기 힘들어지는 상황이 자연히 펼쳐지게 된다. 실제로 민주주의 정치에서 대중적인 지지를 받고 있는 정치인을 포퓰리스트인가 아닌가로 구분하는 것은 크게 의미를 가지지 못한다. 개인의 권리를 보장하는데 핵심을 둔 자유주의와 달리, 다수결을 그 본질로 하는 민주주의 정치 원리 하의 대개의 직업 정치인들은 다수의 지지를 받기 위해 싫든 좋든 기회주의자거나 포퓰리스트로 살아가게 된다.

전국민 선거권이 아직 요원했던 19세기의 마르크스에겐 자본가들이 막강한 집단으로 보였을 것이다. 하지만, 현대 민주국가의 대중은 영국의 동인도 회사 자본가들에게 위협당하는 17세기 인도인과는 상황이 다르다. 또한 현대 국가의 자본가들은 직업정치인들의 권력에 의해 그들의 자본에 위협이 되는 법이 만들어질 수 있는 상황에 놓이게 된다. 그 뿐 아니라 대중의 정치적 의견에 영향을 미칠 수 있는 학계와 언론계 역시 자본가들에게 위협이 될 수 있다. 자본가뿐 아니라, 개인주의의 가치가 위협받는 사회에서는 자유주의적 개인주의를 추구하는 지식인들 역시 대중으로부터 이기적이며 반사회적 존재라는 인격재판을 당할 확률이 높다. 실제로 자신들에게 매혹된 어린 지지자들을 '젊은 진보'로, 바이마르 공화국의 자유민주주의 정치인들을 '늙은 보수 반동'으로 선동했던 20세기 독일 민족사회주의자들(Nazi)의 역사가 이를 잘 보여준다. 특히 집권하게 되는 과정 초기에 그들이 유대계 금융업자나 기존의 지주 및 자산가들을 공공의 적으로 만드는 전략을 쓴 것은 바이마르 민주주의 체제 하에서 소수인 그들을 희생양으로 하여 자신들이 다수인 대중의 편에 서 있다는 정치적 구도(political frame)를 활용한 것이다.

　권력을 놓고 다투는 인간의 집단주의적 성향이 가장 공개적이고 거대 규모로 펼쳐지는 공간인 정치에 있어서 집단주의적 가치가 중시되고 그러한 가치를 표방하는 이데올로기가 지배적인 위치를 쉽사리 차지하게 됨은 이상한 일이 아니다. 결국 대중의 욕망은 개인들의 (불편한 소수의 편에 속하기보다는 보다 편한 다수의 편에 속하기를 원하는) 이기심의 총합이며, 따라서 문제는 이러한 대중의 집단적 욕망이 포퓰리즘적 복지정책에서와 같이 비합리적으로 분출되는 것을 어떻게 제어할 수 있는가에 있다. 그리고 여기서 다시 한번 우리는 현대 자유민주주의 체제가 가지는 정치 시장의 속성에 주목할 필요가 있다.

정치 시장의 반개인주의적 상품들

모든 시장은 직접적으로든 간접적으로든 인간의 행복에 기여한다. 상품시장, 노동시장, 교육시장, 의료시장, 지식시장, 결혼시장 등 사회적으로 존재하는 다양한 종류의 시장은 그 본질이 '가치'의 확인과 교환에 있다. 그리고 이 시장에서 인간은 자신의 가치를 확인하며 이를 보다 발전시키기 위해 애쓰게 된다. 그 결과 시장은 인간이 보다 나은 인간(better self)이 되도록 만든다. 이는 분절적인 혹은 환원론적인 분석에 익숙한 사람들이 잘 이해하기 힘든 사회적 현상이다.

물론 시장 중에는 특이하게 그다지 도덕적이지 못한 시장도 있다. 정치 시장이 그 가장 전형적인 예일 것이다. 이 시장에서는 (다른 시장에서라면 계속 팔릴 가능성이 희박한) 양심 불량의 상품들이 곧잘 팔리기도 한다. 가령 고객의 눈속임을 기도했던 상품들도 고객의 무지와 망각에 기대어 계속 팔리기도 했음을 정치사는 보여준다. 이 시장이 이렇게 상대적으로 형편없는 이유는 무엇일까? 아마도 파는 사람이 양심 불량, 능력 부족의 인간이거나 구매자가 비도덕적인 인간이거나 해서 그렇다고 대답하기 쉬울 것이다. 실제로 정치인들은 늘 부패와 부도덕의 상징으로 사람들의 조롱의 대상이 되어왔다.

하지만 이는 정답이 아니다. 상품시장이나 노동시장 등 다른 시장에 비해 이 시장에 참가하는 개개인들이 딱히 더 사악한 사람은 아니다. 정치시장이 부패한 이유는 이 시장이 (다른 모든 종류의 시장을 움직이는 핵심 원리인) 개인주의가 아닌 집단주의적 전략에 바탕을 두고 구매행위가 이루어지는 독특한 시장이라는 데에 있을 것이다. 본질적으로 공동구매를 해야 하는 이 시장의 구매자들은 자신의 가치와 행복 같은 개인적 목표를 위해 시간과 에너지를 지불하는 다른 종류의 시장에서와 달리 (보다 자유롭고 평등한 사회의 실현 등과 같은) 사회의 집단적인 목표를 위해 상품을 구매한다.

문제는 구매자들이 이 대의를 위해 지출하게 되는 비용이 애매하다는 점이다. 누가 얼마를 내야 하는지, 얼마를 내게 되는지, 심지어 비용이 있는지조차 불분명하며 아무도 알 수 없다. 이런 이유로 이 시장의 공동구매자들은 다른 종류의 시장에서는 하지 않는 독특한 방식의 구매 행위를 보이게 되는데, 바로 비용을 무시하는 경향이다. 즉, 비용을 얘기하는 판매자들, 그리고 그들의 상품은 정치 시장에서 인기가 없으며 팔리지 않게 된다. 이 책의 앞장에서 설명한 바 있듯 자유주의적 개인주의의 본질이라 할 수 있는 개인의 선택과 비용이 이 정치시장에서는 정상적으로 잘 작동하지 못하는 편이다.

또한 이 정치시장에서 판매되는 상품의 경우도, 이러한 시장의 특성과 부합하는 상품, 즉 반개인주의 상품들이 주로 팔린다. 실제로 노동자들의 투표권이 논란이 되던 19세기 중반 이래 정치 시장에서 가장 큰 영향력을 가져온 정치 상품들의 철학은 (서양에선) 맑시즘이었다. 사회적으로 볼 때, 20세기 내내 그리고 지금까지도 서구의 학자와 지식인들은 자본주의를 비판하는 것으로 자신의 지성의 특출함을 발휘해왔다. 어떤 측면에서는 냉전 체제 하에서 사상의 자유를 외쳤던 자유진영의 대학들이 반자본주의 전파의 본산이 될 수밖에 없었음은 이해하기 어렵지 않다. 정치적으로는 제2차 세계대전 후 유럽에서 시기적 차이는 있지만 영국을 포함한 대부분의 국가들이 일정 기간 이상 사회민주주의적 가치를 지향하는 정당들의 집권을 경험하였다. 이들은 정치적 자유를 철저히 보호하고자 노력한 점에서 마르크스-레닌주의를 충실하게 실행한 구공산권 국가들과는 달랐지만, 경제적 자유를 제한하는 정책들을 (복지 국가 실현을 명분으로) 공통적으로 추구하였다.

이들 정치 상품의 기본 철학인 사회주의는 반개인주의, 즉 집단주의적 시각을 바탕에 두고 있다. 물론 이러한 시각은 정치시장이 나타나기 이전부터 존재해왔다. 어떤 면에서 보면 동서양의 역사에서 정치는 늘 다양한 형태와 성격의 통제적 체제를 통해 사회주의를 지향하였다. 서양 중세의 장원제(manorialism)나 한국 중세 고려의 전시과(田柴科) 제도에서 볼 수 있듯 결국 신분과 지위에 따른 토지와 자원의 인위적인 (그리고 차등적인) 분배는 전근대 사회 공동체의 정치경제적 시스템의 기본 토대였다.

근대에 와서 자본의 축적이 급격히 이루어지고 자본주의적 생산방식이 확산되면서 개인은 지역 공동체와 토지로부터 자유로워졌지만, 이는 역사를 통해 오랫동안 개인의 자유를 속박해온 사회경제 체제가 쓰러지면서 나타난 일시적 결과였다. 다시금 사회제도가 개인주의를 억압하는 방향으로, 집단주의적 성격을 띠고 재구축되는 경우 이러한 개인의 자유가 이룩한 결실, 이른바 대풍요의 시대(great enrichment)[91]를 가져온 사회체제는 다시금 위협받게 될 것이다.

・・・
대중의 낭만적 믿음

더 나아가 현대 정치시장에서 맑시즘에 바탕을 두고 있는 정치상품들은 대개 역사적 진보를 향해 나아간다는 입장을 취하고 있는데 이는 19세기 낭만주의적 감성과 관련이 깊다. 맑시즘은 가진 자와 못 가진 자 간의 갈등으로 사회를 이해하는, 계급성에 대한 자각에 초점을 맞춘다. 그래서 이 계급적 갈등이 궁극적이고 최종적으로 해소되는 것을 역사적 진보로서 추구한다. 마르크스가 수학적 논리를 활용하여 현란한 경제학적 이론화 시도를 하는 듯했지만, 우생학(eugenics)이나 골상학(phrenology)과 같이 대중적 응용과학(popular sciences)이 인기를 끌던 유럽의 19세기적 지성의 분위기에 맞는 논리일 뿐이었다.

가령 도덕 개혁(moral reform), 기관 개혁(institutional reform) 등 온갖 사회적 개혁이 주 화두였던 19세기 영국 사회는 분명 자유로운 생각들이 활화산처럼 분출되던 공간이었다. 새로이 성장한 중산층(middle classes)은 다양하고 열정적인 목소리로 보다 '도덕적이며 지성적인(moral and intellectual)' 사회 건설을 향한 자신들의 생각을 거리낌 없이 표현하고 공유하였다. 밀(Mill)이나 벤담(Bentham), 스펜서(Spencer)같은 당시 높은 대중적 인지도를 자랑하는 사상가들뿐 아니라 수많은 다양한 사상가와 단체들이 대중 강연 및 집회를 열었다. 하지만, 그런 거대한 사회적 열기는 한편으로 많은 유사과학 및 정제되지 못한 사상들이 인기를 끌 수 있게 만들어주기도 하였다. 맑시즘도 분명 그러한 사상 중 하나였다. 과학적으로뿐 아니라 철학적, 역사학적으로도 그 논거가 빈약하고 오류에 가까웠던 이론(theory)일 뿐이었다.

영국뿐만 아니라 전 유럽을 휩쓸었던 그러한 감성적 대중의 열망은 이후 인간이 자신이 어떤 동물인가를 보다 정확히 알게 해준 20세기의 과학적 연구결과들에 의해 도전 받게 된다. 결국 인간이 어떤 존재인가를 외면한 이상적인 열망만으로는 어떠한 비극이 초래되는지를 현실의 정치 공간에서 경험하게 된 것이 20세기 세계사의 교훈이었다. 하지만 정작 대중은 그리한 집단주의적이고 감성적인 열망이 역사적으로 초래한 허망한 결과들로부터 교훈을 배우지 못한 것 같아 보인다.

현대 사회 지식인 다수와 대중의 이상주의적 열망의 기저에는 여전히 18세기 계몽주의 이래로 계속되어온, 인간이라는 존재가 사회적으로 진보해 나간다는 믿음이 자리잡고 있다. 19세기에 이러한 믿음은 과학자들에게는 하나의 생물학적 종 전체에 대한 진화론적 믿음으로, 그리고 인문 사회학자들에게는 하나의 사회나 민족 전체에 대한 (보다 자유롭고 평등한 시민 사회 건설이라는) 신념으로 확산되어 나갔다. 맑시즘은 이와 유사한 종류의 (이상주의적 공동체 사회의 건설이라는) 신념을 20세기 내내 확산시켜 나가는 데 기여한 일등 공신이었다.

인류는 20세기에 두 차례에 걸친 세계대전이라는 비극을 겪긴 하였지만, 이를 전체주의에 대한 민주주의의 역사적 승리라는 모호하고 단순한 도식으로 인식한 채 여전히 진보적 인간관 및 세계관을 버리지 못하고 있다. 종교와 마찬가지로, 인류가 가져온 이러한 정치적 진보에 대한 믿음에는 근거가 없다. 현실의 역사에서는 시장에서의 혁신(innovation in markets)과 과학적 지식 및 경제적 수준의 향상이 있었을 뿐이다. 오히려 20세기까지 세계사가 인류에게 가르치고 있는 교훈은 한 마디로 인간의 본성(human nature), 특히 그 사회적, 정치적 본성은 과거나 현재나 미래나 근본적으로는 크게 변하지 않는다는 것이다.[92]

집단주의적이고 감성적인 인간의 성향은 개인주의적이고 이성적인 또 다른 인간의 성향과 함께 인간 본성을 이루며, 이러한 이중성은 인간이 이기적인 동시에 협동을 추구하는 존재이게 만든다. 이러한 인간의 모순되고 복잡한 본성이 이성적인 계획에 입각한 사회개조 프로젝트나 전체주의적 감독과 배제의 메커니즘을 통해 변화될 수 있다는 근거 없는 열망에 의해, 인류 역사의 수많은 사람들이 비협조자, 반동 분자로 낙인 찍혀 인민재판 속에 처형되거나 정치수용소로 보내졌다. 오랫동안 많은 문학가들은 이러한 인간과 사회의 모습을 작품 속에서 투영해왔다.[93] 이러한 작품 속에서 인간은 자신들이 내는 소음 속에 파묻혀 살아가는 존재로 그려진다. 자신의 신념만을 정답이라 생각하면서 아무것도 듣지 못하는 것이다.

자유주의적 개인주의의 쇠락이 가져올 결과들

결국 이타주의와 협동 등의 도덕적 가치는 정치적 힘과 법률적 강제에 의해 실현될 수는 없다. 개인주의적이며 동시에 집단주의적이고, 이기적이며 동시에 협동을 추구하는 인간의 복잡하고 모순된 본성이 순기능을 발휘하기 위해서는 자유주의적 개인주의를 원리로 하는 시장의 작동방식이 필요하다. 하지만 자유주의적 개인주의의 가치는 현대 민주국가의 정치시장에서 반개인주의적이고 감성적인 시각을 바탕으로 한 그 시장의 정치 상품들에 대한 드높아져 가는 대중의 인기에 의해 수세에 몰리고 있다.

개인주의가 정치적으로 압사당하는 상항은 현대사적인 측면에서 볼 때 그 사회 구성원들의 삶의 질을 저하시키고 삶의 동력을 무기력화시키는 결과를 초래해왔다. 특히 현대 정치시장에서 볼 수 있는 사회주의 정치 상품의 판매 정당들은 자신의 상품을 선택했을 때 구매자 개인들에게 초래될 비용, 즉 정부행정의 비대화 및 비효율과 투자 위축, 자본의 이탈로 인한 경제 침체, 일자리 감소 등의 부작용에 대해서는 무관심하거나 은폐하고자 했다.

자유주의적 개인주의의 모국인 영국조차 비대한 복지정책과 정부 개입 정책들로 말미암아 1960~1970년대에 들어와 높은 실업률, 낮은 노동 생산성 등 소위 영국병(British disease)으로 호칭된 극심한 사회경제적 저효율의 상황에 빠지게 되었다. 그 결과 19세기 세계

제1의 자본축적국이었던 영국은 급기야 1976년 국제통화기금(IMF)의 금융지원을 요청해야 하는 상황에 내몰렸다. 그래도 사회적으로 시장 친화성이 높은 국가들은 개인주의적 가치가 상대적으로 일찍부터 확립되어 있어 시장과 정부 사이의 균형을 비교적 잘 유지해 나간다. 가령 아직도 작은 타운마다 'market street'라는 지명이 남아 있는, 중세 이래로 상업이 활발했고 시장이 일찍부터 발달한 영국을 비롯한 게르만(German)과 노르만(Norman) 계열 국가들이 그러한 예라 할 수 있다. 이들 국가에선 큰 정부(big government)를 지향하는 정책들에 대한 저항이 기본적으로 높고 시행된다 하더라도 시장의 지속 가능한 발전을 해치지 않는 범위 안에서 이루어진다.

반면 시장의 역사가 짧은, 따라서 자본(capital)의 의미와 중요성, 그리고 인식론적, 존재론적 개인주의에 대해 철학적으로 제대로 고민해본 적이 없고 '소유'와 '자유'의 역사적 의미를 학습할 경험을 갖지 못한 사회에서는 사회주의적 정책의 부작용을 이겨내기 힘들다. 일반적으로 이들 사회에서 사회주의적 정치 상품이 열광적으로 팔리는 경우, 경제는 더욱 무기력해지고, 무기력해진 사회 구성원들은 (사회주의 이론에서 주로 얘기하는) '착취와 억압'의 구조에 더 쉽게 노출되고 (마르크스가 자본주의를 비판하면서 말한) 자신의 노동으로부터의 '소외'를 더 심하게 겪게 된다. 1972년 페르디난드 마르코스(Ferdinand E. Marcos, 1917~1989) 정권이 수립되기 이전까지 1950~1960년대에 일본에 이어 2위의 수준에 있었던 아시아의 경제 부국이었던 필리핀이나, 1953년 혁명 이전 1930~1950년대에 남미

최고 수준의 부국이었던 쿠바 등이 20세기 후반에 보낸 경제적 쇠락 및 사회문화 전 분야의 쇠퇴가 그 예이다. 세계 각국별 경제사를 훑어보면 이러한 사회주의적 정책이 일정한 시기 동안 시행되면서 그 결과로 국가를 쇠락으로 몰고간 수많은 사례들을 찾을 수 있다.

   사회주의 정치상품을 판매하는 정당과 마찬가지로 이들을 지지하는 대중들은 특징적으로 반자본주의 정서와 민주주의에 대한 환상에 기울어 있는 경우가 많다. 만약 이들이 자본주의 이전의 중세 기독교 사회를 실제로 살아보았다면 그런 안이한 시각을 갖지 않았을지도 모른다. 서양사의 중세 말기를 묘사하는 표현, '도시의 공기는 자유롭다'는 말의 의미 역시 기독교적 세계관의 구속, 특히 신분과 토지의 공동체적 예속으로부터 벗어난 경제적 독립, 즉 자본이 주는 자유였다. 또한 종교개혁가들이 중세 가톨릭에 환멸을 느끼게 된 이유 중 하나도 탁발 수도사 집단처럼 생산과 노동에 관여하지 않으면서 사회적 생산물을 마치 정당한 권리인 양 취해갔던 당시 기독교 사회 체제의 문제점 때문이었고, 그래서 칼뱅(Jean Calvin, 1509~1564)이든 츠빙글리(Ulrich Zwingli, 1484~1531)든 종교개혁가들은 하나 같이 성실한 노동과 자립의 중요성을 강조했다.

   사회주의 정치 상품을 지지하는 대중들은 자본의 본질적인 기능과 의미에 대한 심층적인 사고를 결여하고 있다고 볼 수 있다. 원래 종교 개혁가들이나 애덤 스미스가 인식했던 것처럼, 인생은 고통이고 삶은 고달픈 것이다. 식물처럼 스스로 광합성 작용을 통해 먹을 것을 구하지 않아도 되는 존재가 아닌 인간은 고통스럽게도 일 해야만 생존해 나갈 수 있는 존재이다. 하지만 19세기 이래 반자본주의 시각의 사상가들은 경제적 상황과 같은 외적 조건과 상관없이 '더 평등하고 자유로운 사회'와 같은 이상향은 어쨌거나 이루어져야 한다고 주장함으로써 대중의 정치적 바람을 충족시켜왔다. 가진 자의 몰락으로 상징되는 역사의 진보든, 가진 자에게서 못 가진 자로의 인위적 부의 재분배든, 경제적으로 민중(people)이 염원하는 것은 그것이 무엇이든 민중에게 주어져야 옳다고 주장해온 것이다. 하지만 이는 달콤한 정치적 속삭임일 뿐이며, 그 본질은 '민주주의'적 열망으로 포장된 포퓰리즘이다. 그럴수록 그 사회 구성원의 불만은 더욱 폭주하게 되고 그들의 권리를 사회 전체가 책임져야 한다는 결론에 이르게 된다.

민주주의를 표방한 반자본주의적 시각은 애당초 그 철학이 발 딛고 서있는 인간관과 세계관, 경제관 등이 근본적으로 포퓰리즘적이다. 이미 현대 민주주의 정치 하에서 돈은 많지만 투표권이 적은 자본가들이 희생양이 될 수밖에 없음을 앞에서 언급하였다. 그런데 본질적으로 자본가의 돈은 곧 소비자의 돈이자 근로자의 돈이기도 하므로, 사회민주주의 정당들이 기획하는 징벌적인 세제의 궁극적인 희생양은 결국 가장 힘 없는 근로 서민이 되고, 정부(정치인, 관료, 공무원)만이 이 먹이사슬의 최종 승자가 된다.

정치가 경제를 압도하는 사회에서는 '정부의 수탈'이라고 묘사할 수 있는 이러한 현상을 더욱 극명하게 볼 수 있다. 가령 한국사에서 조선 후기 극심한 재정 문제를 타개하기 위해 정부는 대동세(大同

稅), 결세(結稅) 등의 조세 제도 개혁을 통해 지주 계층을 수취의 주 타 겟으로 삼고자 하였다. 그러한 정책이 도덕적 명분은 있었을지 모르지만, 지세(地稅)는 결국 소작농에게 전가되었으며 농민의 몰락과 토지로부터의 이탈만을 가속화하는 결과를 가져왔을 뿐이었다. 지주는 농민을 착취하는 악한 집단, 농민은 착취당하는 선한 집단 등으로 바라보는 도식적인 집단주의적 사회관에 사로잡힌 조선 정치의 귀결이었다. 즉 민본주의(民本主義)적 명분을 내세운 조선정부는 스스로를 정의(正義)의 사도(使徒)로 구도화(構圖化)하는 인문철학적 시각에 바탕을 두고 국가정책을 이끌어 갔지만, 19세기 세도 정치가 보여주었듯, 그 말로(末路)는 처참하였다.

학문의 세계에서 고도의 지적 수준을 보여준 맑시즘 계열 사상가들 역시 그들이 자본주의를 비판하면서 보여준 날카로운 성찰을 현실의 사회주의적 경제 정책들이 초래하는 부정적인 결과를 비판하는 데에선 보여주지 않았다. 실제로 이들은 자신들의 맑시즘적 논리와 주장이 정책화 되는 경우 현실적으로 초래되는 부작용들의 성찰에는 그다지 열성을 보여준 적이 없다. 가령 이들은 소위 경제적 정의를 추구하기 위한 정부의 시장 개입을 지지하는 입장에 서있다. 하지만, 그러한 시장 개입을 관철시키기 위해서는 개인의 자유로운 경제적 권리를 침묵시킬 수 있는 큰 정부의 존재가 필연적이다. 결국 이러한 정책의 경제적 결과에 대한 분석은 차치하고서라도, 이들은 사회주의적 경제 정책에 대한 자신들의 지지가 (자유민주주의의 위기의 주된 징후인) 권력 집단에 의한 입법, 사법, 언론 장악을 방조하는 전체주의적 결과를 초래할 수 있음에 대해 무관심하였다. 그런 한편, 이전의 과도한 복지정책과 시장 개입으로 초래된 후유증을 극복하기 위해 1980년대에 영국과 미국 정부를 중심으로 도입된 신자유주의 정책들에 대해서는 다시금 자신들의 날카로운 비판적 지성 능력을 뽐내며 이들 정부의 정책이 경제적 정의로부터 멀어지고 있음을 경쟁적으로 경고하였다.

정치시장에서 사회주의적 상품을 만들고 판매하는 이들이 흔히 내세우는 정치적 목적 혹은 명분들, 가령 사회적 정의나 경제적 정의 등은 그 의미가 모호한 개념일 뿐이다. 이 책의 앞장에서 논한 바대로, 우리는 타인의 인격을 함부로 재판하려고 들어서는 안된다. 마찬가지로 시장에서의 개인들의 선택으로 이루어지는 경제적 현상의 '의도'를 국가가 '판단'할 수 있고 또 하겠다는 것은 위험한 발상이다. 국가는 결코 국민 개인의 인생과 인격을 판단할 자격을 가지지 못한다. 시장에서의 경제적 선택을 행하는 개인들에 대한 국가의 인격재판은 (의도와 관계없이) 개인의 정치적, 사상적 자유를 쉽게 침해할 수 있게 된다.

온건한 진보주의자들은 사회정의를 위해서 개인의 선택의 자유가 침해되는 것에는 반대하면서도 정부의 경제적 시장 개입 정책은 지지한다. 하지만, 실질적으로 국가의 어느 정책이든 말로만 되는 정책은 없다. 돈을 많이 가진 자와 돈을 못 가진 자 사이의, 돈을 여기에 쓰자는 자와 돈을 저기에 쓰자는 자 사이의 이해관계와 신념들 사이의 갈등 조정은 정치 행위의 본질이다. 어떤 개인이 자신의 경제적 법익이 침해 받았을 때 이를 알리고 자신의 권리를 주장하는 정치적 표현을 하게 되는 것은 너무나 자연스럽다. 전자(경제적 권리 주장)를 인정하지 않는 정부가 후자(정치적 권리 주장)를 인정한다고 선언하는 경우 사실상 후자의 실질적 의미는 반감될 수밖에 없다. 이러한 이유로 개인의 경제적 자유를 침해하는 정부의 시장 개입은 궁극적으로는 시장뿐 아니라 그 사회 전체의 정치적 자유도, 사상의 자유도, 문화의 자유도 비례적으로 하락하게 만든다.

Chapter 5

우리 주변의 개인주의

　　　　　　한국 사회는 개인이 아직 미분화(未分化)된 강한 집단주의 사회에 가깝다. 즉, 독립된 사고의 주체로서의 개인의 존재가 확립되지 못한 사회이다. 각각의 사회는 자신들이 처해있는 환경에 따라 보다 유리한 적응 전략을 취하기 마련인데 역사적인 측면에서 한국인들에게는 개인주의 전략이 집단주의 전략에 비해 발달될 기회를 갖지 못한 것으로 보인다. 그 결과 한국 사회에선 서로가 타인의 눈치를 보며, 비판적 지성이 자라날 공간이 협소하고, 그와 비례하여 자신의 의사결정 행위에 대한 책임의식이 낮은 수준에 머물러 있다. 보다 근본적으로는, 자기 자신에 대한 자아상(自我像, self-image)을 일관되게 유지하는데 필요한, 자신 안의 도덕적 준거가 결핍되어 있다.

　　이러한 비판적 지성과 내적 윤리의 결핍에 더하여 (역시 서구 근대성의 핵심 요소인) 수평적 인간관에 기반한 개인 상호 간의 존중 개념도 희박한 것이 한국사회의 현실이다. 사실상 '개인'이 없으므로 '개인에 대한 존중'이 개념화되기가 힘든 것은 당연할지 모른다. 인권에 대한 강조 이전에, 이 문제가 해결되지 않는 한 한국사회는 그 내부 구성원들이 서로 간에 끊임없이 스트레스를 가하는 사회일 수밖에 없을 것이다.

가령 옛날에는 수직적인 문화 속에 응당 인사를 해야 하는 분위기였다면, 최근에는 서로 자신들이 왜 인사를 해야 하는지 이유를 모르고 있다. 한 사회에서 인간을 대하는 태도는 그 사회에서 인간을 바라보는 시선을 반영한다. 사람들 중 일부는 자신들이 인사를 '받는' 위치에 있다고 착각하며 살기도 하는데, 아직도 조선 시대와 같은 인간 사이의 수직적인 위계질서를 우주만물의 원리로 이해하는 성리학적 사고의 틀 속에 벗어나지 못한 모습일 뿐이다.

자유주의와 개인주의의 핵심 원리인 '대등한 개인 상호 간의 존중'이 확립된 사회라면, 나이든 사람이든 어린 사람이든, 교사든 학생이든, 남자든 여자든, 힘이 강한 사람이든 힘이 약한 사람이든, 상호간에 똑같이 '안녕하십니까'에 '안녕하십니까'로, '감사합니다'에 '감사합니다'로 화답하며 인사하는 것이 정상이어야 한다. 유교의 예(禮)를 넘어선, 사회생활의 기본 태도로서의 인사는 이러한 의미에서 볼 때 한 개인이 자신과 같은 다른 인간을 그리고 더 나아가 자신이 속해 있는 사회를 어떻게 인식하는지를 보여주는 그 개인의 철학적 외관이다.

이 장에서는 이처럼 한국 사회에서 개인주의가 어떤 모습으로 존재해 왔는지, 우리가 마주하는 다양한 사회적 문제들은 개인주의 및 반개인주의(집단주의)와 어떠한 관련성을 맺고 있는지 등을 이야기해 보고자 한다. 그리고 마지막으로는 우리의 일상 속 여러 현상들을 개인주의의 시각으로 바라본 이야기들로 이 책의 마무리를 짓고자 한다.

한국사 속의 개인주의

역사는 인문학(humanities)적 성격과 사회과학(social science)적 성격을 함께 가지는 학문이다. 그런데 사회과학적 시각에서 역사 이해의 주된 의미는 과거에 특정한 선택과 결정이 이루어진 배경 요인 그리고 그 결과로 나타난 현상을 인과 관계의 측면에서 분석하고 이해하고자 하는 것이다. 즉, 인간 사회의 특정 경향성(tendency)을 좀 더 입체적으로 잘 이해하고자 하는 것이다. 가령 조선 사회는 고려에 비해 농경 사회적 성격이 보다 강화되었으며, 이와 함께 집단적이고 협력적 사회 유지에 보다 효과적인 (남송 시대에 만들어진 성리학이라는) 정치 이데올로기를 자연스레 채택하게 되었다. 사회과학적으로 분석하자면, 그러한 선택에 따라 초래된 사회적 비용(social cost)이 바로 인간 사이의 모든 관계를 수직적 질서로 이해하는 유학적 프레임에 갇혀 지낸 기나긴 시간이라 볼 수 있다. 선택에는 비용이 따르는 법이다. 무엇보다 그러한 수직적 관계를 토대로 한 지역 공동체로서의 성격이 그 본질이었던 전근대 한국 사회에서 타인으로부터 수평적으로 존중받을 수 있는 개인을 위한 공간은 존재하기 힘들었다. 하지만 이러한 한국 사회에도 역사적으로 개인주의는 지금까지 점차 발달해 왔다.

한국사에서의 개인주의의 서막

한국 사회에 개인주의적 사상이 어렴풋하게나마 처음 전해진 것은 조선 말, 19세기 중엽이었다. 이 시기 개화파 사상가들은 서구의 자유주의를 수용하면서 처음으로 개인, 자유, 권리와 같은 한자로 번역된 자유주의 용어를 쓰기 시작했다. 경제적으로는 박규수, 김옥균 등의 생각에서 자유방임적 시장경제원리를 스스로 깨달아가고 있는 모습이 나타난다. 당시 대원군의 경제 정책은 시장 개입 정도가 아니라 시장 조작에 가까웠는데, 당백전(當百錢) 등의 고액 화폐를 대량 주조하는 등 통화 남발과 가격 조작 행위에 심각하게 의존하고 있었다. 박규수(朴珪壽, 1807~1877)는 고종에게 대원군이 실시한, 화폐와 상품의 가치를 교란시키는 무원칙한 시장 조작 행위를 따르지 않도록 당부했다. 이는 재정 정책에 대한 김옥균(金玉均, 1851~1894)의 사상에도 그대로 계승되었다.

하지만 구한말 개화파 지식인들이 관심을 가졌던 자유주의는 개인주의에 기반을 둔 영국식 자유주의의 본질적 내용과는 거리가 있었다. 이들의 자유주의 사상은 국가 권력에 대항한 개인의 자유와 권리라는 측면 보다는 (풍전등화의 위기에 처한) 민족 전체의 자유와 독립의 권리를 확보하고 지켜 나가기 위한 목적에 초점을 두었다. 따라서 이들에게 자유주의는 막연히 서구 열강과 같은 수준의 부국강병을 달성하기 위한 하나의 자강의 방식이자 수단이었을 뿐이었다. 이른바 급진 개화파와 온건 개화파로 입장이 나뉘게 된 본질적인 요인이었던, 전제군주제인 조선 조정을 바라보는 그들의 시각 역시도 마찬가지였다. 김옥균, 박영효 등의 급진 개화파가 입헌 군주제를 전제군주제보다 정치사상적으로 더 선진적으로 바라보았던 근거가 무엇이었는지에 대한 공통되고 일관된 설명을 찾긴 쉽지 않지만, 적어도 아편전쟁에서 막강한 군사력을 선보인 영국과 같은 입헌 군주제 국가가 중국이나 조선보다 훨씬 강력한 국력을 가지고 있다는 사실에 이끌리고 있었던 것은 분명하다.[94]

물론 서구의 자유주의적 사조에 몸을 던졌던 구한말 개화파 사상가들이 개인주의에 아주 무관심한 것은 아니었다. 단지 일본의 메이지 사상가들과 마찬가지로, 영국이나 프랑스 식의 자유주의적 혹은 민주주의적 개인주의보다는 독일 식의 보수엘리트적 개인주의에 더 이끌렸다. 하지만 정부의 폭정에 맞서 인민이 자신의 생명과 재산, 명예를 지킬 권리가 있음을 강조했던, 메이지 시대 고전 자유주의 사상의 대표적 웅변가였던 후쿠자와 유키치(福澤諭吉, 1835~1901)는 조선의 급진 개화파들의 사상에 공통적으로 많은 영향을 끼쳤다. 당시 조선의 급진 개화파 사상가들은 그를 통해서 자유민권운동(自由民權運動) 속에서 민권론과 국권론으로 분열되어 갈등하던 일본의 정치 사정에 대해서 어느정도 알고 있었다. 그런데 이러한 당시 일본 정치의 갈등 역시 그 이전 독일에서 입헌군주정의 성격에 대해 군주정의 성격을 강화할 것인가 의회제의 성격을 강화할 것인가를 놓고 나타난 갈등의 일본판 재현이었다.

현실 정치개혁 전반의 문제에 깊숙이 개입하고 있던 김옥균은 경제적 차원에서 자유주의적 상품화폐경제 개념, 즉 개인의 자유로운 선택의 결과로 형성되는 시장의 상품과 화폐의 가치(value)는 국가가 인위적으로 변화시키지 않아야 한다는 생각을 막연하게 가지고 있었던 것으로 보인다. 그는 조선의 재정 정책을 놓고 재정 고문이었던 묄렌도르프(Paul Georg von Möllendorff, 1848~1901)와 여러 번 갈등하였다. 김옥균은 통화 팽창, 가격 통제 정책을 주장하던 묄렌도르프에 맞서 차관 도입과 균형 재정의 필요성을 강조하였다. 물론 전반적 국가 개조를 염두에 두던 그가 서양의 고전 자유주의적 시장경제 성격을 원칙대로 실시하고자 했던 것은 아니지만, 적어도 박규수와 마찬가지로 시장 가격이 형성되는 데 정부가 개입하지 말아야 한다는 생각을 하고 있었던 것으로 보인다.

사적 소유권에 바탕을 둔 일제시대 개인주의의 발전

갑오개혁 때 이루어진 신분제 폐지를 비롯한 개인의 권리에 대한 여러 법적 조치들은 한국인의 개인주의적 환경을 크게 변모시켰다. 특히 갑오개혁 이래로 양성된 법조인력을 바탕으로 1905년부터는 변호사 입회 하에 개인의 권리를 법적으로 다투는 민사와 형사 소송

절차가 가능해졌다. 하지만 한국인들은 이러한 소송제도 자체를 일본의 침략적 제도로서 인식하여 실제로 이용하는 경우는 드물었다.

이후 조선 총독부 치하에서 1912년부터 시행에 들어간 조선 민사령은 한국인 개인의 법적 권리를 성문법적 형태로 규정한 최초의 시도였다. 한국사에서 처음으로 전형적인 형법 중심의 구 동아시아적 법률 체제를 벗어나 개인의 경제적 선택의 권리 및 그에 따르는 책임이 중요하게 인식된 계기였다. 물론 정치적 권리, 즉 투표권과 같은 참정권이 보장되지 않은 상황이었기에 그 의미는 완전할 수 없었다. 또한 기존의 관습적 사고를 완전히 없앨 수도 없었다. 실제로 조선 민사령은 한국인 상호 간의 행위에 대해서는 사안과 관련하여 존재해온 기존의 관습을 적용할 수 있는 경우, 그 관습이 공공의 질서를 해치지 않는 한, 민사령에 우선함을 명시하고 있었다.[95] 따라서 한국인에게는 사회적 관습이 성문법보다 우선하는 상황이 이후에도 상당 기간 지속되었다.

이러한 개인의 사적 권리에 대한 자각 및 사적 자치에 대한 인식은 이전의 조선이나 대한제국 시절과는 다른 조선총독부의 행정 체제를 통하여 더욱 확실히 자리 잡힐 수 있었다. 특히 이러한 모습은 이전의 수취 체제와 달라진 조선총독부 조세 체제에 의해 극명하게 대조되어 나타난다. 이미 그 이전 조선시대에도 사적 재산권에 대한 관념은 존재했다. 단지 민본주의적 성리학적 통치 철학을 앞세운 정부 관리들의 자의적 수취에 저항하여 자신의 재산권을 지킬 방도가 없었을 뿐이었다. 하지만 조선총독부는 개인의 (토지) 재산권이 국가가 정한 법에 따라 등기되어야 한다는 민사령의 원칙을 실제적인 여러 행정조치들을 통해 실행에 옮겼으며 이를 바탕으로 조세를 수취하였다. 즉 조선총독부가 시행한 행정 조치들에 의한 재산권 보장이 병행됨으로써 조선 민사령에서 규정된 개인의 사적 권리는 비로소 사회적으로 확립될 수 있는 길이 열리게 되었다.

가령 일제 시대 초기 조선총독부의 대표적인 행정 조치였던 토지조사사업은 흔히 한국사학자들에 의해 일본의 한국 토지 잠식을 목적으로 한 침략적 의미를 가진 사업으로 알려져 왔다. 하지만 조선총독부는 조사 결과 소유자가 분명치 않거나 객관적인 소유권을 입증할 근거가 없어 국유지로 편입된 토지의 경우 나중에라도 원소유주가 객관적 근거를 제시하는 경우에 돌려주고자 하였다. 또한 국유지의 경우도 이후 1924년까지 대부분 한국인 연고 소작농에게 법정지가(地價)대로 불하하였다. 특히 개인의 사적 소유권과 관련하여 의미 있는 현상은, 토지조사 사업의 와중에서 조선총독부의 행정 조치에 불복하여 소유권 분쟁이 벌어지는 경우가 많았던 점이다. 그리고 이러한 사실상의 행정 소송이 붙은 토지 중에서 많은 경우 개인이 정부를 상대로 승소하여 사유지 판결을 얻어내기도 하였다.[96] 이는 조선 후기 이래로 농민들이 병작반수(竝作半收)의 소작료 납부뿐 아니라 양반 지주로부터 전가된 전세(田稅) 및 각종 명목의 부당한 잡세(雜稅) 부담을 떠안으면서도 토지를 버리고 도망가거나 봉기에 가담하는 것 외에는 개인이 저항할 수 있는 길이 존재하지 않았던 것과 대조를 이룬다.

사실상 한국인들은 조선 총독부의 행정을 통해서 비로소 국가의 자의적인 대민 지배의 구속으로부터 벗어나 개인에게 법률로써 규정된 부담만을 이행하게 되었다. 일제 시대에 들어와 백성 개인의 소유 재산에 대한 국가 관리들의 (불법적이고 약탈적인 수탈을 통해 충족된) 탐욕이 비로소 현격히 제한되기 시작하였음은 분명 아이러니한 사실이다. 조선 시대 내내 성리학과 같은 집단주의 정치 이데올로기에 매몰된 권력 집단은 공납의 명분으로 상인들의 돈을 갈취하는 것에 아무런 죄의식을 느끼지 못했다.[97] 가령 조선 말까지 소작료나 지세보다도 더 무거운 부담이라 할 수 있었던 공납이나 부역을 명목으로 한 지방관들의 강제 수탈은, 삼정(三政)의 문란이라는 표현에서 알 수 있듯이 수취의 공정성 따위는 기대할 수도 없는 상황이었다. 오히려 이런 관행은 조선총독부 통치하에서 비로소 사라지게 되어 개인은 법에 지정된 토지세와 소득세 등의 명목 외에는 자신의 소유물이나 노동력을 더 이상 착취당하지 않게 되었다. 이렇게 현물과 노역을 징발하지 않는 원칙은 1940년대 태평양 전쟁 와중에 공출과 징집이 시행되기 이전까지는 계속 이어졌다.

한국사 내에서의 개인주의와 집단주의의 대립

사회 문화적 차원에서 개인주의는 일본과 마찬가지로 1920년대를 중심으로 하여 급격히 확산되어 나갔다. 이와 함께 성리학적 집단주의 가치관에 대한 반감도 이 당시 젊은 세대 지식인과 예술인들을 중심으로 강하게 표출되었다. 자유 연애와 결혼 기피, 여성의 자의식 강화뿐 아니라 죽음으로써 낭만주의적 사랑의 감정을 표출하고자 했던 정사(情死)에 이르기까지 자신의 몸과 사고에 대한 극단적 개인주의의 사조는 사회적 문제가 될 정도였다.

이러한 개인주의의 사조는 식민지인으로서의 정체성 속에서 방황하던 지식인들의 사고에도 많은 영향을 끼쳤지만, 또 다른 많은 지식인들에게는 거부의 대상이기도 했다. 이들 후자의 지식인들에게 개인의 자유는 민족의 자유와 독립이라는 과제에 비해 부차적인 문제였다. 이는 비단 일본과 합병된 정치 현실에 저항하는 한국인 독립운동가들만이 가지고 있던 생각은 아니었다. 20세기 전반기는 이 책의 앞 부분에서 언급했듯 서구의 정치 사상가들 상당수 그리고 지식인 전반의 사상적 좌표가 집단주의의 영역에 위치해 있었던 시기였다.

20세기 초 이탈리아의 전체주의 사상가 지오반니 젠틸레(Giovanni Gentile, 1875~1944)는 '국민의 자유는 곧 국가의 자유이다. 만약 국가가 다른 나라와의 관계에서 독립적이지 못하면 그 국가 내부에는 어떠한 자유도 있을 수가 없다. … 일반적으로 말해서 국가의 권위와 자율성이 흔들리게 될 때 자유의 기반은 손상되고 무너지게 된다.'고 주장했다.[98] 어떤 측면에서는 한국의 독립 운동가들의 인식은 그러한 20세기 전반기의 세계사적 집단주의 사조를 정확히 반영하고 있었다. 하지만 개인과 국가를 바라보는 이러한 반개인주의적, 집단주의적 인식은 사실상 전체주의적(totalitarian) 정치 인식과 동전의 양면에 가까운 관계를 가진다. 〈교육 개혁(1920)〉에서 젠틸레 역시 '국가는… 스스로를 확인하고 자아를 실현하고자 하는 국민의 공통적 의지의 산물이다. … 국가는 집단 전체를 위해서는 개인을 기꺼이 희생시킬 수 있어야' 한다고 주장함으로써 이를 정확히 보여준다.[99]

해방 직후 역시 개인의 자유는 6·25 전쟁이 보여주듯 집단주의적 이데올로기의 심각하고도 물리적인 위협에 직면해 있었다. 이후에도 한국 사회에서 개인주의는, 특히 1960년대 이후 국가의 부강 혹은 민족의 중흥 등의 가치가 강조되면서 철학적으로 인식될 기회를 가지지 못했으며 경제적 자유와 정치적 자유 사이의 불균형적 성장 속에서 본격적으로 추구될 기회를 가지지도 못하였다. 그 결과 21세기에 들어온 현재에도 한국사회에서 개인주의는 이기주의와 동일한 개념으로 왜곡되어 받아들여지는 경우가 많다.

하지만 과거 1960~1970년대와 달리 현재 한국 사회에서의 개인주의에 대한 가장 큰 대항 이데올로기는 민족주의나 국가주의와 같은 전통주의적이고 보수적인 시각 보다는 사회주의적인 진보적 시각에 기반을 두고 있다. 전자에서 후자의 시각으로 무게 중심이 넘어간 것은 1980년대 소위 민주화 운동이 기점이 되었다. 한국 현대사에서 정치적 민주화라는 개념은 사실상 사회주의와 맞물린 집단주의적 이념 도구로 활용된 측면이 강했다. 그리고 전술한 바대로 20세기 이래 많은 다른 국가들에서 나타났던 것처럼, 한국사회에서도 사회주의의 집단주의적 흐름은 주로 대중의 집단 감성을 중심으로 발현되어 왔다. 경제 민주화라는 최근의 구호 역시 그러한 흐름의 연장선에 있다고 할 수 있다. 즉, 경제적 불평등을 선악의 구도로 바라보고 대중의 집단주의적 욕망에 편승한 포퓰리즘적 정치 행위의 표현이다.

특히 세계 무역 기구(WTO: World Trade Organization) 가입 후 일어난 자본과 금융의 세계화는 한국 사회에서 빠르게 민족주의와 전통주의에 입각한 집단주의적 의식을 약화시켰다. 반면 사회주의에 근거한 집단주의적 시각은 좌우 정치 대립의 격화 속에서 사회적 좌경화와 함께 점차 강화되어 왔다. 가령 거대한 무역 국가로 성장해 버린 한국 사회에서 2019년 거세게 일어난 일본 상품 불매운동과 같은 집단주의적 반일 감정은 순수한 민족주의적 열정에 도취되어 일어난 현상이라 보기 힘들다. 그보다는 좌우 정치세력에 의해 도식화된 친미, 친일적 우파와 친중, 친북적 좌파라는 구도와 관계가 깊다. 말하자면, 일종의 정치적 편향성, 특히 한국인들의 진영 논리적 사고의 결과로 민족주의적 옛 집단 감성이 소환되어 나타난 현상에 가까웠다.

대중의 정치 감정이란 어쩔 수 없이 '내가 싫어하는 사람은 악하다'라는 자기 중심적 논리가 집단 감성과 만나 만들어내는 진영논리를 그 본질로 한다. 그런데 이러한 인간의 편향성과 눈먼 집단주의 논리는 의회 안에서, 즉 선출된 국민의 대리인들 간의 정치적 다툼 속에 적나라하게 드러나게 하는 것이 (권위와 위선으로 은폐하는 것보다) 차라리 안전하다. 현재 한국의 국회와 정당들이 이같은 활발한 논쟁 기능을 제대로 하지 못하는 결과 한국 사회는 거대한 집단주의의 파도에 거침없이 휩쓸리고 있다고 볼 수 있다. 즉, 정책 결정이나 정치의 방향 설정을 놓고 자유주의적 시장 논리와 사회주의적 통제 논리

사이에 의회 안에서의 공개적이고 투명한 논쟁이 아닌, 언론을 통한 상호 흠 내기와 상대를 적폐로 몰기 수준의 원시적 집단주의 차원의 정치를 벗어나지 못하고 있다. 그 결과 생업에 바쁜 국민들이 직접 거리로 나와 울분에 찬 자신들의 정치적 의견을 표현하거나 뜻이 다른 국민 집단들 사이에 서로 충돌하는 풍경이 슬프게도 지속되고 있다. 직업 정치인들이 자신들이 할 일을 안 하니 (즉, 그들이 국회 안에서 서로 말로 제대로 싸우질 않으니) 국민들끼리 대신 몸으로 싸우며 아까운 시간과 에너지를 길 바닥에 낭비하는 셈이다.

・・・

한국사회 속 다양한 시장과 개인주의

시장은 인간이 '개인으로서' 사회적 상호작용을 하며 살아가는 가장 기본이 되는 토대이다. 그런 의미에서 시장은 개인주의의 사회적 실험공간이기도 함을 앞에서 언급하였다. 사회에는 경제적 상품시장 외에도 여러 시장들이 중층적으로 존재하며, 이는 인간의 사회적 상호작용에 중요한 배경이기도 하다. 가령 앞의 4장에서는 현대민주정치의 정치시장과 관련하여 개인주의의를 살펴보았다. 여기에선 정치적 측면보다는 사회적 측면에서 존재하는 다양한 형태의 시장과 관련된 개인주의에 초점을 맞추고자 한다. 또한 이 책의 앞 부분에서는 시장 현상의 보편적 성질과 관련하여 개인주의를 설명했던 것과 달리, 여기에선 한국 사회의 특수성을 보여주는 개별 시장 현상, 가령 주택시장, 교육시장, 의료시장 등과 관련된 개인주의에 대해 이야기하고자 한다.

먼저 일반적으로 시장을 부정적으로 바라보는 시각은 한국 사회에 꽤 깊이 뿌리내리고 있음을 지적할 필요가 있다. 아마도 이는 시장의 역사가 극히 짧은 사실과 관계될 것이다. 그런데 이것이 사람들이 시장을 싫어한다는 의미는 아니다. 단지 시장 안의 기업(대기업이든 1인 기업이든)의 활동과 관련해 시장의 운영 원리인 경쟁과 자유로운 선택의 불가분적 속성에 대한 이해가 깊지가 않을 뿐이다. 조선의 지배층 양반이나 서양 중세의 교부 신학자들처럼, 시장을 탐욕의 근원으로 간주하는 철저한 사회주의 지식인이 아닌 이상 대부분의 인간은 시장을 거부할 수 없다는 사실 정도는 깨닫는다. 이는 수천년 전 나일강에 배 띄우고 무역하던 이집트 상인들 그리고 에게해 섬 사이를 골목처럼 드나들던 그리스 상인들, 폭압적이고 폐쇄적인 영주의 장원을 뛰쳐나와 도시로 숨어든 중세 서양인이나 역시 답답한 농촌 공동체 속의 구속적인 삶을 뛰쳐나와 이촌향도의 대열에 몸을 던진 근현대 한국인들이 몸소 깨우친 인간 사회의 진리이다.

실제로 반시장적 시각에 매몰된 많은 사람들도 자신들이 말하는 것과 달리 그들의 행동은 일관되지 않는다. 매우 반시장적으로 발언하면서 또 반대로 매우 시장 지향적으로 일하는 모습을 보여준다. 이러한 시장에 대한 이율배반적 태도는 비유하자면 자신은 물을 마시며 살고 있는 물고기이긴 하지만 공기 속을 헤엄쳐야 만이 진정한 물고기가 될 수 있다는 환상에 사로잡혀 있는 것과 같다.

주택시장 과열은 탐욕스러운 개인들에 의한 것일까?

한국에서 가파르게 상승해온 (특히 개발도상에 있던 20세기 후반을 지나서도 계속된) 주택 가격, 특히 서울 강남의 집값이 천정부지로 치솟는 모습에 대해 많은 사람들은 '인간의 탐욕은 정말 끝이 없다'는 한탄을 하기도 한다. 또한 이따금씩 뉴스에서 정치인들이 주택 문제 해결을 위한 자신의 소신을 밝히는 모습을 볼 수 있는데, 그들 중 더러는 이와 같은 '탐욕스러운 인간의 욕망'이라는 관점에서 문제를 접근하기도 한다.

그런데 치솟는 주택 가격은 정말 인간의 끝없는 탐욕을 보여주는 결과이기만 할까? 개인주의의와 시장의 관점에서 볼 때 이는 정반대로 그러한 인간의 탐욕이 문제라는 의식을 가지고 이를 인위적으로 억제하려고 애써온 결과에 더 가깝다. 집이 없는 서민이라고 해서 강남의 고가 아파트를 사는 사람보다 더 정의롭고 덜 탐욕스러운 사람이라고 단정할 근거는 없다. '탐욕스러운 인간'들이 따로 존재한다고 보는 듯한 시각은 사회 현상을 지극히 분절적이고 환원론적으로 접근함으로써 문제를 단순하고 일차원적으로 해결하려는 시도를 초래하게 된다.

그런데 보다 본질적인 차원에서, 과연 누가 특정 지역, 특정 주택을 구입한 개인을 탐욕스러운 사람으로, 그 구입 행위를 탐욕스러운 행위로 인격 재판을 내릴 권한을 가질 수 있을까? 마치 그러한 권한을 가지고 있는 듯이 뉴스 속에서 소신 발언하는 정치인들을 간혹 보게 되지만, 아마도 그러한 권한을 가진 이가 있다면 그는 바로 대중일 것이다. 정확히 말하자면, 국민 다수의 뜻 혹은 민심으로 표현되기도 하는 이 대중의 욕망이 바로 정부 기관장들에 대한 인사권을 가진 집권 정치인의 입을 통해 그러한 인격 재판을 내리는 주체이다. 현대 민주국가의 직업정치인은 충실히 유권자의 욕망, 대중의 욕망에 부응해야 다음 선거에서 (소위 입법권이라는 명분으로 상징되는) 자신의 정치권력을 계속 유지해 나갈 수 있다. 시장은 살아 있는 인간이 매기는 가치를 그 본질로 하기에, 매 순간 변화하며 작은 영향요인에도 즉각 반응한다. 하지만 정치인들은 징벌적 성격의 중과세 등 강제적 수단으로 단순히 개입하여 문제를 즉시 해결해야만 하는 정치적 압력으로부터 자유롭지 못하다.

투기 과열을 진정시키고 사회적 정의를 지켜 나가아 한나는 등의 인문학적 감성을 내려놓고 냉철히 현실 상황을 바라볼 때, 개인 간의 수요와 공급 행위에 의해 시장에서 주택 가격이 결정되는 모습에 우리가 분노해야 할 이유는 없다. 가령 주택시장의 전문가들이 흔히 지적하듯이 주택시장에 거품이 껴서 수요공급 원리가 엄격하게 작동하지 않는 이유도 알고 보면, 인위적으로 경기를 부양하기 위해 펼친 저금리 정책과 통화 팽창 등 정부의 시책에 기인한다. 이는 부동산 시장의 버블을 형성시키고 화폐가치를 하락시킬 뿐 아니라 그렇지 않았다면 다른 보다 생산적인 분야로 투입되었을 많은 경제적 자원이 기회비용으로써 소진되는 결과를 초래한다. 그리고 애당초 경기 부양책을 불러온 경기 둔화 현상 자체도 무리한 확대 재정 정책 및 비대한 공공부문 경제 비용의 충당을 위해 정부가 (그렇지 않았다면 민간 시장으로 투자되었을) 많은 경제적 자원을 기회비용으로 소진한 데서 기인한다. 케인지언 시각을 가진 경제학자들은 정부 지출의 선순환적 측면만을 바라보지만, 정부 지출은 세금을 전제로 하며 세금의 형태로 수취된 경제적 자원은 민간 시장이 지불한 기회비용이다.

    이와 함께 부동산 시장 가격이 과다하게 상승한 요인 중에 또 하나의 중요한 원인은 더 많은 수익을 바라는 탐욕을 내버려두어서는 안된다는 정부의 (세금을 통한) 성급한 개입과 규제로 인한 시장 왜곡이다. 주택 보유 및 매매와 관련된 각종 세금들은 결국 그 세금을 지불한, 혹은 지불할 시장 참가자들로 하여금 그만큼의 세금 액수를 포함시켜 다음 번 매매 가격이 책정되도록 만든다. 사실상 이러한 시장 메커니즘은 긴 시간을 통해 일어나므로 주로 횡단 연구에 의존하는 사회학의 시야에는 잘 들어오지 않는다. 하지만 가령 세율이 20%에서 40%로 변동하는데 물건의 가격이 동일하게 유지될 수는 없다. 결국 그 높은 주택 가격에서 상당한 액수는, 의도하진 않았겠지만 (오히려 늘 정의로운 의도로 시장에 개입한다고 하는) 정부에 의해 수탈되는 셈이다. 조선 후기에는 눈에 보이는 탐관 오리들에 의해 백성 개인들이 수탈당했다면, 현대에는 쉽게 눈으로 직접 확인할 수 없는 대중의 욕망을 입법과 행정의 형태로 실현하고자 하는 정부에 의해 국민 개인들이 수탈당하고 있는 것이다. 결국 대중의 집단주의적 욕망에 개인의 권리와 자유가 훼손당하는 구도를 보여준다.

    이러한 대중과 개인 간의 욕망의 충돌이라는 관점에서 볼 때, (사회주의에 경도된 사람들이 흔히 주장하듯) 부동산 시장은 탐욕스러운 제도일까? 사회주의자를 비롯한 집단주의자들은 자유경쟁하는 시장 속에서 개인은 타인과의 자연적인 유대감을 상실하며 탐욕의 무한 추구에 이른다고 주장한다. 그렇다면 과연 정부가 일률적으로 공급하는 계획경제 시스템은 탐욕스럽지 않은 제도일까? 정부가 주택 배분을 집행하는 체제에서 개인들은 건실한 주택의 생산과 보존에 얼마나 기여하고자 할까? 그리고 그 과정에서 경제적 자원은 효율적으로 집행될 수 있을까?

 시장의 원리가 적용되지 않는 영역에서도 개인 간의 경쟁은 일어난다. 개인의 성취가 분명하게 드러나지 않는 경우 집단의 구성원들 간에는 아름다운 협동과 희생 정신이 발휘되기 보다는 업무 배분을 놓고 신경전이 벌어지는 경우가 흔하다. 같은 일급을 받는다면 조금이라도 적은 업무를 배정받기 위해 나름 '경쟁'하는 모습인 것이다. 이와 마찬가지로 같은 보상을 받는다면 조금이라도 더 적은 물질적, 육체적 투자로 그러한 결과를 얻기를 기대하는 것은 당연한 인간의 본성이다. 이는 공공 부문의 일인당 생산성 및 효율성이 민간 부문보다 떨어지는 본질적인 이유이다. 과연 더 많은 수익을 바라며 자신의 돈과 에너지를 기꺼이 투자하고자 하는 탐욕과, 타인의 땀과 노력에 기대어 가급적 편하게 살고자 하는 탐욕, 둘 중 어느 쪽이 더 파괴적인 탐욕일까?

 만약 전혀 탐욕적이지 않은 인간형을 상정하여 제도와 정책을 수립, 시행하고자 하는 극단적인 사회주의 방식의 경우에는 보다 본질적인 문제에 직면하게 된다. 바로 탐욕적인 인간을 어떻게 처리할 것인가라는 문제이다. 이는 시장의 존재를 없애고 정부 계획에 의거해 주택을 배분하는 경우에 대두하게 되는 본질적인 문제이다. 즉 정부에 의한 주택 및 거주지의 지정이 개인 각자가 자신의 삶의 여러 가치들을 비교 판단하여 내리는 의사 결정에 비교할 때 어떠한 정당성을 가질 수 있을까? 당연히 이는 정당성을 가지기 힘드므로 폭력적인 성격을 띠게 된다.

잘 알려져 있듯 마르크스는 사회의 형태가 점차적으로 진보함에 따라 인간이 그러한 사회 형태에 의해 영향을 받는다고 보았다. 그는 개인의 인간성이 사회적으로 구성된다고 보았기에 사회적인 상황과 무관하게 불변하는 인간성을 상정하는 개인주의적 관점을 거부하였다. 즉 탐욕을 조장하는 시장을 제거하는 사회주의적 혁명을 완수함으로써 사회주의적 새로운 인간형을 실현시킬 수 있다고 믿었다. 물론 개인의 인간성이 사회적 상황과 무관할 수는 없을 것이다. 하지만 이는 단지 인간 안에 내재해 있는 근본적이고 절대불변하는 본성을 구성하는 요소들이 다양한 사회적 상황 및 조건에 따라 다르게 반응되고 표출되는 모습에 가깝다. 인간이 사회에 영향받는다는 사실은 동의하고 말고를 떠난 너무나 당연한 현상이다. 하지만 인간은 유전적 요소와 사회 환경적 요소의 영향을 동시에 받으며, 더 본질적으로 사회 환경적 요소가 인간의 내재적 본성까지 변화시킬 수는 없다. 가령 이기심과 자유를 향한 욕구, 수단이 아닌 목적으로써 인정받고 존중받고 싶은 욕구 등이 그러한 예이다.

교육시장과 학력시장에서 교사와 학생이 추구해야할 가치

대부분의 한국인들이 부동산 시장 가격 상승을 개인의 탐욕에 기인한다고 생각하듯이, 학교에서도 개인주의적 요소는 부정적으로 간주되는 경향이 강하다. 최근 학교 교육에서 시도되어온 혁신학교, 민주시민 교육, 수시 전형 확대 등도 모두 학생 개인의 지적 능력 개발보다는 공동체적 교육이라는 목표를 지향한다. 그리고 이들은 집단화된 '학생 공동체'를 인위적으로 상정하고 학생 개인의 지식 배양보다는 관계 속에서의 체험, 특히 갈등 해소나 협력적 문제 해결 등의 활동에 역점을 둔다. 이는 개인주의적 지성 보다는 집단주의적 인간형을 내면화하는 데 주력하는 교육의 흐름을 반영한다.

더욱이 한국사회에서 학부모들은 학교 교사들이 부모와 같은 마음으로 학생이 더 좋은 대학에 가는데 물심양면으로 협조해야 한다고 믿는 집단주의적 사고를 한다. 구매자로서의 학생들과 졸업장의 판매자인 대학교가 서로의 가치를 확인하고 서로를 선택하는 시장 거래인 학력 시장의 존재를 학교 교사들도 알면서도 부정한다. 그 결과 교사들은 자신도 의식하지 못하는 사이에 학력시장 속 판매자와 구매자 간의 경쟁 구도에 깊숙이 개입을 해왔고, 결과적으로 보면 그러한 경쟁을 더 격화시키는 데 일조해왔다.

교육을 시장의 원리에 맡겨야 한다는 주장에 동의하지 않는 것과 현실에 존재하는 교육시장의 원리를 부정하는 것은 다른 차원의 문제이다. 한국의 공교육을 시장의 원리로부터 독립한 제대로 된 공교육으로 확립시키기 위해서도, 학력시장이 불가피한 사회적, 교육적 현상임을 인식하고 공교육과 사교육 간의 명확한 역할 분리가 필요하다. 하지만 한국의 중고등학교 교육 수준에서 공교육과 사교육은 둘 사이에, 적어도 그 실질에 있어서는 다를 것이 없다. 가령 성적 향상, 학생부 관리, 대입 전략 등 학교에서 많은 교사들이 신경을 집중하는 업무들이 결국 학생을 대학 보내는 일에 초점이 맞춰져 있다.

단지 집단주의 사회답게 한국사회는 개인보다 국가의 지위가 높은, 매우 관(官) 주도의 사회이다보니, 사교육 시장과 공교육 학교제도, 이 구분 속에서 전자는 비공식적인, 후자는 공식적인 교육 공급 주체로서 자리잡아 왔다. 또한 한국의 사립 중고등학교는 운영에 있어서 공립과 실질적 차이가 없는, 공교육의 한 형태일 뿐이다.[100] 영미권 사회에서는 교육적, 재정적 독립성을 갖춘 사립학교들이 중고등학교 수준에서 국가 교육 체계의 중요한 한 기둥이며, 이 사교육의 기둥이 무너지면 이에 바탕을 두고 있는 (한국과 반대로 천문학적인 국가 예산을 지원받는) 대학 교육 체계가 무너지게 된다. 반면 한국에서 중고등학교 수준의 사교육은 입시경쟁을 과열시키는 주범으로 낙인찍혀온 사설 학원들이 담당해왔다. 그렇지만 역설적이게도 현실에서는 입시 정책 등을 매체에서 다룰 때 사교육은 가장 영향력 있는 전문가적인 견해의 제공처이기도 하다.

결국 교육현상에 대한 철학적, 역사적 이해가 결여된 결과가 현재의 한국 교육에서 볼 수 있는, 사교육에 대한 이율배반적 태도와 공교육이 사교육화되어가는 현상이라고 할 수 있다. 대입(college entrance)이라고 하는 목표에 학생과 (심지어 교사까지도) 전념하고 있는 모습은 교육시장의 독특한 한 형태인 학력시장의 존재를 전제로 한다. 이러한 학력시장의 현상을 부정하기보다, 공교육을 담당한 학교 교사는 공정한 평가자, 중립적인 관찰자, 객관적인 학습 안내자로서의 역할을 충실히 해나가는 데 주력할 필요가 있다.

실제로 공교육을 정상화시킨다는 명목으로 사교육을 강압적으로 억압해온 한국의 교육정책은 역설적이게도, 대입제도의 측면에서 볼 때, 지난 20여 년간 지속적으로 영미권 교육을 닮아가려는 모습을 보여주었다. 개인주의적이고 자유주의적인 영미권 교육의 특징이라면 대학의 자유로운 학생 선발이라고 할 수 있다. 정부에 의한 일률적 평가가 아닌, 대학교가 요구하는 자질을 학생이 얼마나 갖추었는지를 모든 대학교가 제각각 자신들 나름대로 분석하여 학생의 가치를 평가하겠다는 것은, 노동시장에서 사용자가 구직자를 채용하기 위한 평가와 본질적으로 다르지 않다. 이는 미국의 개인주의적 노동시장처럼 당사자 간 계약체결로서의 성격이 강하고 진입 및 탈퇴 장벽이 낮은 경우에 매우 효율적인 체제다.

이러한 수시 입학제도를 지난 30여 년간 한국 정부가 지속적이고 점차적으로 대학에 허용해오는 과정에서 가장 큰 장애가 되었던 것은 사회적 공정성을 명분으로 지금껏 존재해온 국가 시험 그 자체였다. 또한 학부모의 저항과 정치적 압력 등도 중요한 요인이었다. 그 반대편에는 영미권 대학 입시체제를 받아들여 자율권을 보다 행사하려는 대학과 영미권 교육의 이상을 따르는 교육학자들이 있었다. 이 서로 상반된 두 집단은 지금껏 입시제도에 있어서 이른바 수시와 정시 비중을 놓고 갈등해왔다. 시장의 자율성과 기관의 독립성을 중시하는 영미 사회 역사에 대한 이해를 결여한 채로, 반시장적이고 관주도적인 한국사회에 영미사회의 교육제도를 지금껏 열심히 이식해온 결과로 빚어진 당연한 갈등 양상이라 할 수 있다.[101]

한 가지 분명한 점은 영미식 수시 입학 제도가 제대로 기능하기 위해서는, 학력시장에서 교사가 학생들 상호 간의 경쟁의 과정에 개입을 최소화해야 하며, 교사가 깊숙이 개입하게 되는 경우 그 경쟁의 공정성은 자연히 훼손된다. 가령 학생 개인의 생활기록부 내용에 있어서 객관적 기록이 아닌 입시를 위한 전략적인 기재를 하는 경우 그러한 예가 될 수 있다. 나이 어린 청소년이라 할지라도 개인의 독립성이 강조되고 그 개인의 선택에 간섭을 자제하는 보다 자유주의적 사회적 정서를 가진 사회에서라면, 학생의 학습 과정에 대한 교사의 (본질적으로 주관적일 수밖에 없는) 관찰도 신뢰될 수 있는 객관적 자료로 받아들여질 수 있다. 하지만 학생과 교사가 부모와 자식처럼 인정으로 엮여져 있고 수직적 상하질서의 인간관계로부터 자유롭지 못한 한국 사회에서는 그렇지 못하다.

결국 집단주의적 성격의 한국 사회에 개인주의적 서구의 제도인 수시 입학제도가 제대로 기능하기 위해선, 교사들의 전문직업적 거리(professional distance)에 대한 자각이 중요하다. 특히 전문직업성의 핵심이기도 한 자율성(autonomy)은 외부의 (정치적, 경제적) 압력이나 간섭으로부터 자신을 보호할 수 있는 일정한 '거리'에서 나온다.

한국인들은 전문직의 자율성을 가로막는 장애물로 흔히 권력기관의 압력을 떠올리지만, 전문직의 역사에서 보다 중요하게 작용해온 장애물은 고객(학교의 경우 학생이나 학부모)의 이기적 욕구이다. 시장에서 서비스 구매자의 거침없는 요구로부터 전문직업적 윤리를 지키는 것은 결코 쉬운 일이 아니다. 이런 이유로 의료와 교육은 어느 사회에서나 (수요에 즉각적, 자동적으로 반응하는 민간 시장의 영역이 아닌) 공공영역에서 큰 비중으로 이루어진다.

흥미로운 점은 자유주의적인 영미식 수시 입학제도가 오히려 한국에서는 사회주의적, 평등주의적 시각을 가진 정치집단이나 사회단체로부터 지지를 받는 모습이다. 이는 이러한 시각을 가진 정치 및 사회 단체들이 지금껏 학생들을 '입시 지옥'에서 고통받는 대상이자, 그런 이유로 입시제도 개선을 통해 사회가 '보호'해야 할 대상으로 여겨 왔기 때문이다. 즉, 이들의 주장은 수시 입학제도가 소위 시험 점수로 학생들을 줄 세우게 만드는 비인간적인 정시 입학제도보다 학생들에게 보다 인간적인 제도라는 것이다. 실제로 한국 사회의 교육자 중에서도 고질적인 입시 경쟁의 문제를 (국가 주도로 강화되어 온 학력시장 및 경직된 고용 시장에서 기인한 사회경제적 현상으로) 국가와 시장의 관점에서 바라보는 사람은 많지 않다. 오히려 대부분은 심정적으로 시장과 경쟁을 좋지 못한, 개선해야할 요소로 바라보는 시각에 동조한다. 그리고 그들은 자신들이 가진 대학 입시 제도에 대한 생각이 딱히 그러한 (학력시장을 부정하는 평등주의적 이데올로기와 국가주도의 변질된 교육시장을 비판하는 자유주의적 이데올로기가 묘하게 결합된) 시각에 영향 받고 있음을 의식하지 못한다. 하지만 입시 제도와 같은 교육 문제도 사회 전체의 정치적 이데올로기로부터 완전히 자유로울 순 없다.

사회주의적 시각은 대체적으로 자본주의적 사회체제가 인간을 '억압'과 '착취' 관계로 내몬다고 여기며, 따라서 착취당하는 노동자 계급의 '보호'를 다른 가치들보다 우선한다.[102] 사회 전체의 정치 이데올로기적 관점에서 볼 때, 이는 사회를 가치에 대한 '선택'과 가치 상승을 위한 '경쟁'의 관점에서 바라보며 공정하고 엄격한 룰을 무엇보다 강조하는 자유주의적 시각과 대조를 이룬다. 한국에서 이러한 자유주의적 시각을 가진 교육자들은 한편에서는 (이론적으로는) 대학의 자율 선발권을 지지하면서도 또 한편으로는 (현실적으로는) 교육이 사회의 계층 이동 사다리 역할을 충실히 해야 한다고 주장하며 정시 비중을 높이는 입시제도를 지지하고 있다. 이 역시 입시 통계 자료를 바탕으로 수시 전형이 강남권 학생에게 불리한 대신 일반고와 지방 재학생들에게 유리한 전형이라 주장하며 수시 비중 증가를 통한 사회적 격차 해소에 의미를 부여하는 사회주의적 시각을 가진 교육자들과 선명한 대조를 보인다.

하지만 학생 개인의 입장에서는 더 열심히 노력한 사람이 그보다 덜 노력한 경쟁자보다 더 좋은 결과가 나오는 것이 '공정'한 것이다. 강남권 학생들과 특수목적고나 자율형 사립고 등의 학생들이 정시 전형에서 상대적으로 높은 성적을 보이는 입시 통계를 평등주의적 시각을 가진 교육자들은 부정적으로 바라보겠지만, 현상의 본질은 이들 학생들이 더 치열하게 경쟁하고 있음을 통계가 말해주는 것이다. 그리고 이는 이들 학생들이 더 극심한 성적에 대한 스트레스에 노출되어 있음을 의미하기도 한다.

더 나아가 치열한 경쟁 속에서 자신의 성적을 높이려는, 즉 자신의 가치에 부지런히 투자하려는 이들 학생들의 의도를 국가가 부정적으로 바라보고 대입 제도 변경을 통해 '결과적 평등'을 도모하는 방향으로 학력시장에 개입하는 것은 정당성이 빈약하며 현실적으로도 성공하기 힘들다. 이는 본질적으로 이 책의 3장에서 예로 든 '나선해' 교사의 행동을 국가가 시도하는 것일 뿐이다. 3장에서 설명했듯, 시장에 정부가 개입하는 정책들은 경제학적으로도 비효율과 많은 부작용을 동반하지만, 개인주의의 관점에서 볼 때 정책의 의도를 벗어나는 사회적 비용(social cost)을 광범위하게 초래한다. 그리고 4장에서 설명했듯, 정부는 흔히 사회적 정의나 명분을 앞세우며 이 비용을 외면 혹은 부정함으로써 문제를 더 악화시키고 심화시키게 된다. 특히 이 비용은 언제나 목소리 내지 않고 묵묵히 경쟁의 룰에 충실히 따라 자신의 가치에 투자하고 부지런히 미래를 준비해 나가고자 하는 개인들에게 전가되기 마련이다.

실제로 이러한 이유로 지금까지 30여 년간 정부의 교육 정책은 '입시지옥'으로 고통받는 학생들을 위한다고 말하면서 정확히 그 고통을 배가시켜왔다. 또한 사교육을 줄이겠다고 말해왔지만, 실상은 공교육을 사교육화 해왔을 뿐이다. 한국의 학력시장은 과거에도, 현재에도 구매자 보다는 판매자에게 유리한 것이 사실이다. 구매자인 학생 입장에서는 국가 주도의 지식 시장 팽창 과정에서 협력한 판매자인 대학들의 서열 구조가 여전히 건재하는 상황에서 자유롭게 A대학을 선택하거나 B대학을 선택할 자유는 이론적으로만 존재했기 때문이다. 이는 영국과 미국 등 지식 시장의 전통이 강하고, 비즈니스로서의 대학 역사가 긴, 치열한 경쟁을 거쳐 이미 세계적인 브랜드 가치를 보유한 대학들이 많은 나라의 학생들과는 한국의 학생들이 처해 있는 상황이 매우 다름을 의미한다.

이러한 관점에서 볼 때 현실의 한국 상황에서 입시제도는 간단하고(simple) 일관될(consistent) 필요가 있다. 이를 통해 국가의 개입도 최소화시키고, 어차피 서열화되어 있는 대학들의 다양한 입시전형을 신경써야 하는 학생 부담도 최소화시킬 수 있다. 대학 서열화와 입시 위주 교육 문제는 결국 국가주의적 교육체제와 집단주의적 기업 문화가 태생적으로 만들어낸 문제이지 교육 개혁으로 쉽게 바꿀 수 있는 문제는 결코 아니다.

한국의 의료시장이 처해있는 현실

오스트리안 경제학파가 주장하듯, 시장의 독점은 자연 발생하지 않는다. 그 뒤에는 늘 정부가 있다.[103] 이 사실을 그 어떤 시장보다 잘 보여주는 시장이 아마도 의료시장일 것이다. 영국 의료의 역사(history of medicine)를 잠깐 예로 들자면, 가령 위생(hygiene)의 개념은 영국의 경우 19세기 중엽까지도 낭만주의와 자연주의 사조 속에서 주로 신선한 공기와 물을 주된 요소로 하여 이해되었던 데 반해, 19세기 후기로 가면서 무균과 청결 개념 위주로 그 개념이 변해갔다. 여기에는 당시 국가적, 도시적 차원에서 시행되던 공중 위생(public hygiene) 사업이 큰 역할을 한다. 그런데 낭만주의적 위생의 관념, 즉 인간의 몸을 자연과의 조화 속에서 이해하고자 하는 시각은 비단 위생뿐 아니라 의학적으로도 매우 중요한 의미를 가졌다. 가령 이러한 위생의 관념 하에서는 질병을 (병균의 침입과 이에 대한 차단 혹은 특정 장기의 고장과 이에 대한 수선이라는) 환원론적인 관점보다 (호흡과 혈액 순환의 원활한 흐름에 초점을 두는) 전체론적 관점에서 바라보게 한다. 하지만 이러한 전체론적 위생과 의학 관념은 20세기로 넘어 가면서 철저하게 비주류로 전락하게 되는데, 이는 비단 공중 위생 사업뿐 아니라 국가를 등에 업은 새로운 전문직으로서의 의사 집단(general practitioners)의 성장과도 밀접한 관계가 있었다.[104]

물론 영국 의료사에서 전문직 의사 집단의 성장에는 이전보다 더욱 과학화된 의학의 발전이 근본 토대를 이루었던 것이 사실이다. 하지만, 일련의 의료법(Medical Acts) 개정과 함께 이루어진 (국가적으로 공인된 전문직으로서의) 의사 집단의 사회적 지위 향상은 환원론적인 위생 관념 및 의학 체계가 의료적, 사회적 헤게모니를 장악하게 된 주된 배경이 되었다. 그 결과 20세기 초에는 영국 의료시장과 정부의 결탁이 강화되어 의사 집단이 거의 완전하게 의료시장을 독점하게 된다. 더 나아가 20세기 중엽에는 의사 집단의 대부분의 의료 행위를 전면 공공의료화시키는 사회주의적 국가 의료시스템(NHS)을 구축하기에 이른다.

영국의 NHS에 비하면 상당 부문 시장화 되어 있는 한국의 의료계도 2020년도에는 사회적 위기 상황에 놓이게 되었다. 2019년 말에 국내에 전파된 신종 코로나 바이러스(Covid-19)가 초래한 상황은 한국뿐 아니라 세계 거의 모든 국가들의 방역체계를 시험에 들게 하였다. 보건 당국과 각종 대중 매체에서는 확진자와 사망자 수를 거의 실시간으로 전하며 대중의 공포심도 그와 함께 극에 달하게 되었다. 특히 인터넷으로 확인되는 국가별 확진자 수 및 사망자 수와 같은 통계 수치는 국가 간의 방역체계뿐 아니라 해당 국가의 의료 대처 능력 및 의료 체계의 특성 전반, 더 나아가 서양과 동아시아의 개인주의와 집단주의의 문화적 차이에 대한 사회적 논의를 촉발시키기도 하였다. 이러한 가운데 2020년 여름 한국 정부는 코로나19 사태로 드러난 지역 의료공백 문제와 특수 분야 의사 부족 문제를 해결한다는 목적으로 2022학년도 대학 입시부터 한 해 400명씩 의대 정원을 늘려 총 10년간 의사 인력 4,000여명을 추가 확대하고, 공공 의대를 새로이 설립하겠다는 내용의 정책을 발표하였다.

국가별 의료체계의 특성과 관련해서, 한국 사회에서는 공공부문을 확대 강화하고자 하는 시도에 대한 사회적 거부감이 낮은 편이다. 물론 영국을 비롯한 대부분의 유럽 국가들의 경우는 한국에 비해 상대적으로 공공의료적 성격이 훨씬 강하고 의료시장의 비중은 작은 편이다.[105] 하지만 공공부문과 민간부문 간의 비중에 대한 민감도와 그와 관련한 사회적 긴장은 한국에 비해 더 높다. 가령 영국의 경우 사회민주주의를 노선으로 하는 노동당은 NHS에 대한 예산 증액 및 이를 위한 확대 재정을 늘 주장해왔고, 반대로 보수당은 (예산 증액의 필요성에 일정 부분 수긍하면서도) 긴축재정의 필요성을 더욱 강조하며 이에 강하게 맞서왔다. 실제로 2010년대의 보수당 내각의 강도 높은 긴축재정은 이후 경제 상황의 호전을 불러와 고질적인 NHS의 재정 악화 문제를 어느 정도 해결할 수 있었는데, 이는 이후 보수당 집권 연장의 중요한 사회적 배경이기도 했다.[106] 이러한 모습은 한국에서 서울시와 서울교육청 간의 무상 급식 논란 및 그로 인한 서울시장 교체 후 공교육의 예산 규모를 더 늘려야 한다고 주장하는 교육 전문가들의 의견이 별다른 저항 없이 사회적인 지배 여론으로 더욱 견고해져 온 것과 비교된다.

물론 현대의 많은 국가들이 그렇듯, 한국 사회 역시 한 편에서는 더 많은 정부 역할 및 다양한 행복 추구권의 보장을 주장하며 시장과 경쟁의 철학을 비판하는 집단이, 그리고 그 반대편에선 개인의 신체와 재산에 대한 사적 자치를 주장하고 재분배 및 보편 복지의 철학을 비판하는 집단이 존재한다. 그런데 사회와 개인 간의 서로 다른 방향성을 추구하는 이 두 편의 주장 중 최근 30여 년에 걸친 한국 사회의 진행 방향은 전자에 점점 더 무게 중심이 실려온 모습이었다. 이는 2020년 소위 코로나19 사태 속에서 의대 정원 확충과 공공의대 신설에 관한 정부 안(案)이 초래한 정부와 의료계 간의 첨예했던 갈등 상황을 초래한 근본 배경요인이기도 하였다.

한국 의료시장에서 건강보험 제도의 의미

이 책의 4장에서도 논의했듯, '권력의 독점'에 본질적 기반을 두는 집단적 정의 실현 등의 가치는, '시장에서의 선택'에 본질적 기반을 두는 독립적인 개인의 자기책임감(self-responsibility) 등의 가치와 근본적으로 대립할 수밖에 없다. 특히 겉으로 민간의 의료시장의 비중이 높아보이지만 공공의료적 성격이 강한 한국 의료의 핵심에는 건강보험제도가 자리잡고 있다. 그래서 의대 정원의 증가와 같은 정부의 중요한 개입은 한국 의료의 사회적 가치와 건강보험제도 사이의 아슬아슬한 균형을 무너뜨릴 가능성이 높다. 그 결과 정부가 의도했던 결과와 반대되는, 급격한 건강보험 재정의 악화와 그로 말미암은 공공의료의 붕괴를 초래할 가능성이 높다.

의료시장과 의료 전문직업성(medical professionalism)의 역사적 관점에서 볼 때, 한국에선 영국 의료사에서와 같은 수많은 시행착오를 통한 사회적 비용 없이 의료행위의 가치가 순탄히 확립될 수 있었다. 이 주된 원인은 의료행위의 사회적 가치 및 의료 전문직업성이 영국에서와 같이 시장에서 길고 긴 시행착오를 통해 다양한 기관(institution)들 사이의 경쟁 속에서 확립되어 나간 것이 아니라, 의과대학이라는 형태의 서양 근대 의료 기관이 도입되면서 자연히 이식되었기 때문이다.

영국 의료사에서 의사 집단은 의료 행위에 있어서의 전문직업적 독립 및 자율성을 확보하기 위해 오랜 세월 분투했다. 가령 19세기에 (누구나 자신이 의료라고 생각하는 시술 행위를 할 수 있었던) 완전개방에 가까웠던 영국의 의료시장에서 의과대학들은 의료 엘리트화한 대학 교수진을 자원 삼아 엄격한 의학 커리큘럼을 구축하고 이론과 임상을 겸비한 의사 집단의 양성을 체계적으로 시도하였다.[107] 이러한 전략은 의학의 실제 학문 발달 수준과 관계없이 산업혁명 후 19세기 의료시장의 이례적인 확장 속에서 대단한 성공을 거두었다. 물론 의사의 전문직업성 확립 과정에서 가장 결정적인 기여를 했던 것은 19세기 말부터 시작되는 정부의 개입 그리고 비슷한 시기부터 쏟아져 나오기 시작한 '현대 의학'의 수많은 획기적인 성과들이었다고 할 수 있다. 하지만, 그 이전에 일어난 의료시장의 확대와 의과대학들의 시장 전략들을 통해 확립되어 나간 의료행위의 가치(value)가 사회적으로 존재하지 않았다면 의사의 전문직업성, 특히 고도의 전문직업적 의료윤리는 성공적으로 뿌리 내리지 못했을 가능성이 높다.

물론 한국의 의사들도 자신의 의료행위의 가치 및 전문직업성을 확보하기 위한 노력을 지금까지 경주해왔다. 대표적으로 의료시장에서 자신들의 상품(의료행위)의 질을 일정 수준 이상 유지하기 위한 자율적 규제가 그것이다. 공급되는 상품의 질에 대한 엄격한 관리는 시장에서 그 상품의 가치에 결정적인 기여를 한다는 점에 비추어 볼 때, 그들은 의료시장에서 공급되는 상품의 양을 증가시키는 것에 집중하는 정부에 대항해 힘겨운 싸움을 해왔다.[108]

한국 의료시장의 측면에서 볼 때, 1990년대에 와서 전국민을 대상으로 하는 건강보험제도가 정부에 의해 확립되었는데 사실상 그

제도의 본질은 환자를 위한 의료비 할인이었다. 즉, 한국의 건강보험 제도는 수요의 확대를 가져왔는데 이는 상품가치 대비 가격이 너무 높아서 구매를 못했던 많은 수요자가 시장에 참가하는 결과를 초래하였다. 국가에 의해서 인위적으로 시장에 수요가 많아졌기에 국가가 인위적으로 상품 가격을 통제하거나 시장에서 공급자의 수가 늘어나야 했는데, 한국의 정부와 의사 집단 사이에선 저수가 의료비와 의대 정원 제한이라는 두 선택지를 통한 적절한 타협이 이루어져 왔다.

이러한 한국의 건강 보험 정책은 이후 급속한 한국의 의료시장 팽창 과정에서 국가가 모든 비용을 감당하느라 영국처럼 심하게 재정 압박을 받을 필요가 없었던 점에선 효과적이었다. 하지만, 시간이 가면서 기본 진료에 대한 국가의 의료비 할인의 사회적 의미가 점점 실종되어 가는 상황에서 의사들이 저수가 의료비에 기반한 악성 수익구조를 팽창하는 의료시장 속 비급여 진료의 수익으로 보완하는 상황이 자연적으로 초래되었다.

만약 애당초 건강보험의 전국적 실시와 함께 대대적인 의대 정원 증가가 있었으면 의료시장의 수요와 공급을 훨씬 수월하게 해결할 수 있지 않았겠냐고 물음을 던질 수 있을 것이다. 하지만 만약 그랬다면, 시장의 수요와 공급 문제가 해결되는 것이 아니라 건강보험 제도 자체가 진작에 무너졌을 확률이 높다. 많은 사람들은 한국의 건강보험제도가 애초에 재정적으로 건전하게 유지되기 위해서는 의사들의 전문직업적 윤리(professional ethics), 특히 불필요한 과잉 진료가 일어나지 않는다는 설정이 중요했다는 점을 간과한다. 이를 위해서는 19세기 초 과포화 된 영국 의료 시장에서와 같은 의사들 간의 과다 경쟁이 벌어지지 않아야 한다. 즉 지금껏 그럭저럭 유지되어온 한국 의료시장의 중요한 전제 중 하나 역시 (건강보험의 저수가 정책과 사실상 연동되어 기능해온) 적정한 의사 수의 유지였다. 이런 측면에서 볼 때, 건강보험 제도 속에서 의사 수의 제한을 핵심 전제로 형성된 한국 의료행위의 가치가 (의사 수의 증가 등으로 말미암아) 의료시장에서 저하되는 상황이 되면 의사의 전문직업적 윤리는 그보다 더 급속히 추락하게 된다.

의료시장의 개념을 이야기하는 것이 의사가 환자를 돈벌이 수단으로 생각하는 것으로 오해되어선 안된다. 앞서 의료시장은 의사의 전문직업성 문제와 직결되어 있음을 역사적 측면에서 언급했지만, 구체적 현실 상황에서 이는 보다 극명하게 드러난다. 가령 예를 들어 의료수가를 지금보다 2배로 높인다고 가정하면, 당연히 의료비와 건강보험료의 대폭 인상 역시 불가피해질 것이다. 또한 환자의 입장에서는 1회당 진찰 시간은 늘어나겠지만 지금보다 훨씬 의사에 대한 접근도(accessibility)는 떨어질 수밖에 없다. 의사는 좀 더 여유 있게 환자를 진찰하게 되고 이는 환자의 진찰 예약 대기 시간이 전반적으로 늘어남을 의미하기 때문이다. 지금처럼 아프다고 아무 병원이나 당일 날 찾아가서 초진 받을 수 있는 시절은 끝나게 된다.

반대로 의사 접근성을 높이기 위한 의도로 의대 정원을 늘리게 되면, 접근도는 올라가겠지만 건강보험 제도 자체가 심각한 위협을 받게 될 것이다. 의료시장에서 의료 공급자의 수가 증가하면 자연히 과잉 진료 시도는 증가하게 된다. 바로 '의사의 전문직업성', 특히 전문직업적 윤리가 도전을 받게 되는 상황이 오는 것이다. 이는 개별 의사의 인격과 관계없이 경제학적으로 피할 수 없는 현상인데, 이렇게 되면 환자의 의료비를 국가가 상당부분 지원하고 있는 현재의 건강보험 체제는 심대한 위협에 직면하게 된다. 공공의료 강화를 위한 정책이 공공의료의 근간을 흔드는 결과를 초래하는 아이러니가 벌어지게 되는 것은 이때문이다.

이렇게 여러 변수가 연관된 의료시장의 다차원 함수를 풀어 나가는 데 있어서, 2020년 정부의 의대 증원 계획 발표가 상징하듯 어떤 하나의 문제에 대한 원인을 단순히 그에 상응하는 하나의 상황에 초점을 맞추어 풀어나가고자 하는 환원론적 시각은 문제 해결에 도움이 되지 않는다. 그러한 일차 함수적 해결 방식은 경제학에서 말하는 풍선효과를 필연적으로 초래하며 예측하지 못한 복잡한 부작용을 초래하게 된다.

한국 의료의 공공성의 중핵은 사실상 보건소나 공립 병원이 아니라 바로 건강보험제도 자체이다. 하지만 이 건강보험제도는 위와 같이 여러가지 복합적인 요소들이 맞물려 아슬아슬하게 지금껏 유지되어 온 매우 취약한 시스템일 뿐이다. 의료 수요와 공급, 진료 수가와 의사 수 등 의료시장의 다양한 요소들이 깊숙이 이 제도의 유지와 관계되어 있다. 즉 이러한 공공의료와 의료시장의 관련성의 측면에서 볼 때, 의료를 시장의 원리에 맡겨서는 안된다는 것과 의료시장의 원리를 무시하는 것은 다른 차원의 문제이다. 한국의 공공의료적 성격을 의료 영역 안에서 건실하게 지켜나가기 위해서도 정부에 의한 무원칙한 (정치적 목적에 휘둘린) 의료시장 개입은 경계될 필요가 있다.

· · ·
일상에서의 개인주의

지금까지 한국 사회 속의 다양한 시장과 관련된 여러 오해들, 특히 대중의 집단적 욕망의 표출을 본질로 하는 (국가 기능의 확대를 역설하는) 정치적 구호 앞에 끊임없이 위협받아 온 시장 및 그 시장 참가자 (구매자 혹은 판매자로서의) 개인의 상황을 살펴보았다. 그러한 시장 속 개인들, 가령 교육 시장 속의 교사든 학생이든, 의료 시장 속의 의사든 환자든, 이들은 그러한 시장이 사회적인 편견과 정치적 압력으로 인해 왜곡되는 결과로 나타나는 여러 현상들을 가장 직접적으로 경험을 하는 당사자들이다.

시장은 개인들이 사회적 상호작용을 가장 직접적으로 펼치는 공간이긴 하지만, 개인들은 비단 시장 속에서만 자신의 개인성을 직면하지는 않는다. 개인주의의 관점에서 볼 때 한국 사회를 살아가는 개인들은 다양한 사회 문화적 맥락 속에서 자신의 독립된 인격성을 위협받거나 혹은 자신의 개인성에 대해 고민하게 되는 지점들을 자주 목격하게 된다. 여기서는 이러한 한국인 개인들의 일상을 둘러싼 다양한 사회문화적 맥락(sociocultural contexts)에 대해 개인주의의 관점에서 이야기해보고자 한다.

소송으로 개인의 생각의 자유 억압하기

추정을 단정으로 성급히 몰아가는 비합리성과 조급성은 모든 인간이 가지고 있다. 개인들이 가진 이러한 인간성의 결함들은 전문가들 사이의 열린 토론과 상호 비판이 고취되는, 자유주의적 개인주의의 원칙이 지배하는 사회에서라면 어느 정도 제어될 여지가 있다. 가령 특정한 정치적 사건을 바라보는 시각이 개인들 간에 다를 수 있음은 다원주의와 상대주의적 시각을 보장하는 자유주의적 개인주의 사회에서는 폭넓게 받아들여진다. 반면, 공식적 담론이 도전 받지 않고 '주류의 시각(mainstream view)' 혹은 '인민의 요구'라는 명분 하에 위력을 발휘하는 집단주의적 사회에서는 추정은 쉽게 단정이 되고 급기야 그에 따른 재판까지도 내려질 수 있다.

실제로 한국 사회에서는 몇몇 특정 정치적, 역사적 사건들을 해석하는 사회적 시각이 성역의 위치에 올라서 있어서 그에 대해 다른 시각을 표현하는 것은 사회적으로 집단주의적 공격에 노출됨과 동시에 민, 형사상의 소송을 당할 수도 있다. 특히 소송을 당하게 되는 경우에 한국 사회의 집단주의성은 더욱 더 제도적으로 드러나게 된다.

가령 현대사의 1980년 광주 5·18 사건과 관련하여 군인 출신 군사 평론가 지만원씨에 대해 내려진 일련의 명예훼손 민·형사재판들이 그 전형적이 예라고 할 수 있다. 지만원은 소위 '5·18 민주화운동'이 정치적으로 반란 혹은 폭동(revolt)이었음을 주장하는 정치적 입장에 서있다. 그는 자신의 견해를 뒷받침하기 위해, 그 사건에 '북한의 특수군이 침투'했음을 입증하기 위한 연구 결과를 발표 및 출판하였다. 그 결과 5·18기념재단(재단법인)을 위시한 5·18 사건 관련 기관들에 의해 명예훼손 소송을 당해 형사재판 및 민사재판을 받았다. 재판의 결과 모두 지만원이 패소하였다.

5·18 사건을 민주화 운동이라고 성역시하는 사람의 눈으로는 당연히 지만원의 주장은 모욕이라고 여겨질 것이다. 하지만, 지만원에 대한 재판들은 몇 가지 한국사회의 집단주의적 면모를 적나라하게 드러내고 있는데 여기서는 그 재판과 관련하여 크게 세 가지를 짚어 보도록 한다.

첫 번째는 한국 사회의 놀라울 정도의 개인과 집단을 바라보는 위선의 프레임이다. 현대 정치학에 관심을 가지고 한국 사회에서 담론이 생산되고 토론되는 기제를 알고 있는 연구자라면 누구나 이 사건이 단순히 개인과 집단 간의 (일방이 상대방의 명예를 악의적으로 공격해서 일어난) 단순 명예 훼손 사안이 아님을 알 수 있다. 하지만 집단주의 사회임을 숨기듯, 한국 사회에서 지만원을 상대로 한 재판들은 마치 개인과 집단 사이의 원론적인 명예 훼손 사건처럼 위장하고 있다. 재판의 주제가 진영논리가 득세하는 한국 현대 정치사의 논쟁적 사안임을 감안하면, 그 배후에 강력한 정치적 힘을 가진 기관들의 사회적 영향력은 당연히 논리적으로 생각해 볼 수 있다. 그리고 실제로

이 소송 당사자들과 관련된 지지 세력으로 누가 있는지는 그리 어렵지 않게 알 수 있다.

한 쪽에는 자신의 이름을 내건 홈페이지 및 저서와 개인 연줄이 전부인 (하지만 자신의 정치적 의견을 거침 없이 공개적이고 투명하게 주장해 온) 지만원이라는 한 개인의 주장이 있다. 반면 다른 한 쪽에는 관련 사건과 관련해 (민주화운동기념사업회를 위시한 다수의 공공 기관과 협력 관계에 있는) 5·18기념재단 등 막강한 기득권적 사회 기관들(established social institutions) 그리고 국가 유공자들을 포함한 상당수 지역 시민들의 입장이 있다. 그리고 당연하게도 이 두 당사자는 자신들에 동의 혹은 동조하는 다양한 국내 정치세력의 심정적 지지를 등에 업고 재판정에 섰다.

이러한 사안의 성격을 감안하면, 지만원 상대 명예 훼손 재판의 핵심은 그가 광주 시민 몇 명의 명예를 훼손시켰는지의 문제보다, 그가 제기한 공개적인 의혹 제기에 대한 철저한 검증이 가능한가의 문제에 있다. 사실 이 두 문제는 불가분의 관계에 있기도 하다. 즉 제기된 의혹에 의해 단순히 몇몇 시민들의 명예가 훼손되었음을 재판 근거의 핵심으로 삼는 사법부의 행태는 실제 지극히 정치적인 이 사안 자체의 성격을 외면하고 있는 것이다.

역사적 판단은 늘 열려 있어야 한다는 원론적 시각은 차치하고라도, 실제로 그가 제기한 의혹에 대한 논란과 반박은 사안의 지극히 정치적 성격 때문에 매듭지어지지 않고 지금까지 계속 이어져 오고 있다. 그러함에도 개인 연구자의 공개적 의혹 표명이 학문적으로 진지하고 중립적인 검증의 대상으로 검토되기 보다는 그 연구자 개인을 상대로 한 명예 훼손으로 법정 재판이 벌어지게 된 셈이다.

사법 전문가인 법정의 판사들이 한국 현대사 연구자나 정치학 연구자 혹은 군사 전문가들 간에 이견이 존재하는 그러한 민감한 정치적 사안을 사법적으로 판단해버릴 수 있다는 무모한 자신감부터가 자유주의적 개인주의의 원칙이 지배하는 사회에서라면 받아들여지기 힘들다. 만약 이런 식으로 개인의 정치적 견해 표명이나 의혹 제기를 국가기관인 사법부가 나서서 억압하는 경우 사람들은 공개적이 아닌 비공개적으로 의혹을 교환하고 전파하는 것이 일상화된 사회에 살게 된다.

두 번째는 집단주의적 역사적 전통과 긴밀하게 연관되어 있는 한국사회의 또 하나의 병적인 속성으로서, 정치를 그리고 역사를 선과 악의 틀로서 바라보는 절대주의적, 흑백론적 시각이다. 이는 상대주의적, 다원론적 시각의 가능성을 결여한 시각이다. 앞에서 공개적 의혹제기에 대해 매우 위선적이고 폐쇄적으로 대응하는 한국 사회의 특성을 얘기했는데, 공개적 의혹 제기가 정치적으로 공론화되는 경우에도 그 검증 과정 자체가 (주로 언론의 단순포장과 사회적 편견 속에서) 일방에게만 불리하게 돌아갈 수 있는 상황에서는 사법부 재판 역시 한계를 가질 수밖에 없다.

가령 5·18기념재단이 한국 사회 내에서 누구도 부인 못하는 공신력을 지니는, 거의 준공공기관에 가까운 위치에까지 올라서 있기는 하지만 여전히 그 해당 사건과의 정치적 이해관계로부터 자유로울 수 없는 기관이다. 지만원은 5·18 건에 대한 의혹 제기를 하였고, 이 의혹 제기가 철저히 검증되기 전에는 한국사회의 배타적인 정통 시각(orthodox view)에 근거한 선악의 인격심판이 이 의혹의 검증 과정 전체로부터 차단되어야 한다. 하지만 집단주의적 한국 사회에서 광주 5·18 사건은 이미 나치 정부의 홀로코스트만큼이나 선과 악의 프레임으로 단정되어 있어 이에 대한 다른 견해를 표명하는 것은 상당한 위험을 감수한다. 재판에서 진실을 다투는 양 당사자를 바라보는 사회적 시각이 이렇듯 이분법적인 선악의 틀에 영향받는 경우에, 재판은 고사하고 중립적인 검증 과정이 제대로 이루어지기도 힘들 것이다.

사실 여부를 따지는 학문과 연구의 영역에 감성은 개입될 틈이 없어야 한다. 피해입은 광주 시민 개개인들의 아픔은 그 자체로 추모될 수 있으나, 그 아픔의 감성이 역사적 연구와 표현의 자유를 가로막을 권리를 가지지는 못한다. 이 정치적 사안에서 오직 일방만이 악의를 가지고 상대방의 명예를 훼손하려 들었다고 보는 인격심판을 이미 해놓고 이를 전제로 재판을 내리는 듯한 한국의 사법부를 바라보는 심정은 착잡할 수밖에 없다.

세 번째는 이 소송과 재판 사안 자체에 반응하는 한국인들의 태도이다. 감히 한국사회 내의 어떤 사람도 (지만원이라는 연구자 개인의 견해가 당하고 있는) 연구 결과에 대한 표현의 자유의 침해 건에 대해 비판하지도 못하고 있다. 왜 극소수를 제외하면 공개적으로 거론조차 못하고 있는 것일까? 정치적 사건 및 역사적 사건에 대한 다양한 시각의 토론이 공개적으로 이루어질 수 있는 사회적 공간이 애당초 매우 협소하다 보니, 매우 논쟁적인 주제에 대한 사회적 토론을 요청하는 행동 자체가 (명예 훼손이라는 명분으로) 쉽게 억압당하게 되고 그러한 현실에서 아무도 선뜻 그러한 토론에 연관되려고 하지 않고 있다.

그 결과 정치적으로 다양한 목소리들이 전체적인 표본 정규분포 곡선의 제한된 범위 안에서 정형화된 토론의 형태로 이루어지며, 토론장 밖에서 그 범위 밖의 극단(extreme)에 해당하는 목소리가 철저히 억압당해도 사회에서 조용히 외면되고 마는 모습. 이보다 한국 사회의 집단주의적 특성을 더 잘 보여주는 사례도 없을 것이다. 소송과 개인주의의 관점에서 바라본 한국 사회는 이러한 철저한 집단주의적 위선과 배타성, 폐쇄성의 측면을 가지고 있음을 부인하기 힘들다.

개인주의를 통해 본 한국어의 특성

사회생활을 하다 보면 공지(notice)나 지시사항(instruction)을 누구도 오해하지 않게 정확히 전달하는 사람도 있지만, 그렇지 못한 사람도 많이 보게 된다. 무엇이 문제일까? 아마도 후자의 사람들은 주로 자신의 관점에서 혹은 자신의 기준으로 내용을 전달하기 때문일 것이다. 이들은 흔히 자신이 말하는 내용에 대한 '맥락(context)'을 듣는 상대방도 당연히 공유하고 있다고 생각한다.

소통의 문제는 개인뿐 아니라 한 사회의 전체적인 차원에서도 발생한다. 한 사회의 구성원들이 쓰는 언어 자체가 정확한 의사소통을 하기에 어려움이 많다면, 그것은 그 언어가 '객관적 엄밀성'보다는 '맥락 중심적'인 체계를 갖기 때문인 경우가 많다. 가령 한자와 영어, 한국어 간에는 뚜렷한 차이가 있는데, 단순한 의사소통의 수준에서 그 차이를 논하는 경우는 그 본질적인 차이를 간과하기 쉽다. 하지만 학문의 영역 속에서 이들 언어가 쓰이는 양식을 자세히 살펴보면, 본질적으로 이들 언어 간에는 의미 소통의 핵심 요소가 매우 다르다는 사실을 알 수 있다.

특히 영어와 한국어의 차이를 말해보자면, 전자는 의미 전달의 핵심이 명사(名詞)에 있다. 독어처럼 명사에 성(性)까지 부여하진 않더라도, 영어는 명사를 단수, 복수로 구분하는 것이 기본이며, 관사(a/the)를 활용해 보다 정확한 의미를 구분한다. 반면, 한국어는 서술어, 특히 변화무쌍한 어미의 활용에 초점이 맞춰져 있다. 가령 'He kicked a ball'이라는 간단한 영어문장이 한국어로는 '그가 공을 찼다/찼어요/찼네요/찼단다/찼구나/차버렸다/차고 말았다/찼단 말이지' 등 다양한 어미의 조합으로 서술어를 무궁무진하게 표현할 수 있다.

여기서 영어와 달리 한국어는 명료함보다 그 맥락에 관심이 많다는 점을 알 수 있다. 즉, 한국어는 현재 동작이 끝난 상태를 의미하는 단순과거형 'kicked'인지, 현재 동작 또는 그 영향이 계속되고 있는 상태를 의미하는 현재완료형 'has kicked'인지 구분하지 않는다. 이처럼 한국어는 공을 차는 행위의 정확한 시점과 그 영향에 대해 전달하는 데 있어 엄밀성이 떨어진다. 무엇보다 한국어는 'ball'에 그다지 관심이 없어서, 그와 내가 알고 있는 'the ball'인지 아니면 단순히 그저 'a ball'인지를 맥락을 통해서 파악해야 한다. 즉, 한국인은 언어체계상 명사 '공(ball)'보다는 내가 누구에게 말하느냐, 어떤 맥락에서 말하느냐에 관심이 많은 것이다.

이러한 관점에서 볼 때, 학문적인 문장(academic sentences) 속에서 어떤 현상(phenomenon)이나 대상(object)을 정확히 표시하고자 하는 경우 자연히 영어에 비해 한국어에는 어려움이 따르게 된다. 과학을 대할 때와 문학을 대할 때 이 두 언어의 차이는 보다 극명하게 나타난다. 더 나아가 이 두 언어의 차이는 개인주의와 집단주의적 사고의 차이와도 관계가 있는데, 이는 이 책의 앞에서 언급한 바 있는 해리 트리안디스나 리차드 니스베트의 연구를 통해서도 이해할 수 있다. 즉, 언어 구조의 특성과 집단주의 혹은 개인주의적 인지 구조의 차이를 연계시켜 비교해 보자면, 대상 자체에 초점을 맞추는 언어구조와 개인주의적 인지 방식이, 맥락에 초점을 맞추는 언어구조와 집단주의적 인지방식이 각각 연관 관계를 가진다고 볼 수 있다.

그렇다면 한국인들은 '맥락 지향적'인 언어 구조의 단점을 역사적으로 어떻게 극복해 왔을까? 바로 표의문자(表意文字)인 한자(漢字)의 도움을 받았다. 한자를 사용함으로써 대상과 현상에 대한 정확한 이해를 보다 분명히 추구해 나갈 수 있었다.[109] 반면 국한문 혼용이 아닌 한글전용 세대의 현재 한국인들, 특히 젊은 학생들일수록 이러한 한자를 활용한 사고의 심화와 효율적 문장 구성 능력에 제한을 받을 수밖에 없다. 가령 "(집단주의적 성격이 강한) 한국사회는 개인이 미분화된 사회이다"라는 문장을, 문맥을 담은 괄호 안의 내용을 제외하고 말로 하게 되는 경우 그 '미분화(未分化)'의 미분을 수학에서 말하는 '微分(작을미, 나눌분)'으로 오해할 수도 있다. 그래서 한국사회가 집단 중심의 사회에서 개인 중심의 사회로 아직(未) 분화(分化)하지 못했다는 의미의 이 문장이, 한국사회가 '개인주의화 되어 나갔다'는 정반대의 의미로 이해될 수도 있게 된다. 결국 한국어나 일본어처럼 맥락 지향적인 언어 구조 하에서는 한자로 된 명사를 잘 이해하고 적극 활용하지 않으면 엄밀하고 객관적 사고에 많은 불편이 따른다.

어쩌면 현대 한국인들 사이의 의사 소통은 매우 피상적으로 흐르고 있는데, 자신들은 그걸 제대로 느끼지 못한 채 살고 있는지도 모른다. 맥락지향적인 한국어 구조의 특성상 사회 구성원들 간의 의사소통이 정확한 대상의 지칭보다는 사회문화적 맥락을 중심으로 이루어질 수 있다. 그 결과 집단주의적 성격이 강한 한국 사회에선 주관적 감성을 자극할 수 있는 정치적, 사회적 명분들이 막강한 대중 선동력을 지닐 가능성이 높다. 특히 1990년대 이래로 신문이나 책 등에서 (더이상 한자를 표기하지 않는) 한글 전용은 한국의 문화적 대세로 자리 잡았다. 그 결과 순한글 사용으로 더욱 강화되어온 한국어의 '맥락 지향적' 성격은 예술이나 인문학적 감성에는 잘 부합할 수 있지만, 논리적으로 사회적 현상을 분석하기엔 비효율적일 수 있다.

집단 정체성의 추구와 한국 사회의 계층화

한편, 맥락보다 대상에 초점을 맞추는, 즉 현상이나 대상 자체에 초점을 맞추는 영어 같은 언어나 한자같은 문자는 다른 종류의 문제들을 초래한다. 가령 대상이 되는 사물이나 개념에 대해 이를 지나치게 세밀하고 엄밀하게 분석하여 표현하려 함으로써 세상을 분절적이고 환원론적으로 이해하게 만든다. 가령 조선시대 유학자들은 필요 이상으로 많은 한자로 된 추상명사들을 구분하여 논리에 활용함으로써 그들의 학문은 조선 사회의 실제 현실에서 점차 괴리되어 나갔다. 조선 사회의 양반 지배 계급이었던 이들이 붕당정치(朋黨政治) 하에서의 학문적 정치논리 개발과 같은 지적 심취에 빠져 있는 동안 일반 농민들의 삶은 그들의 지적 성과에 전혀 도움받을 수 없었다.

학문의 대상이었던 인간 심성의 부분적 측면들에 초점을 맞추어 사고하던 조선시대 유학자들의 행동양식은 대상지향적 언어구조의 함정에 함몰된 모습이다. 그리고 이는 현대의 소위 문화맑시즘(Cultural Marxism)의 논리 형태와도 유사한데, 이는 정치 사회적 관심의 대상으로서 인간의 물리적 사회적 측면들에 초점을 맞추어 접근함으로써 비슷한 함정에 빠진다. 가령 '모든 인간은 똑같이 존중되어야 한다'라는 절대 명제 자체로 충분함에도 불구하고, 여성과 노동자, 동성애자, 장애인, 학생 등의 인권을 따로 구분하여 이들의 특정한 권리가 보호되어야 한다고 주장하는 모습이 그것이다. 조선의 성리학자들이 인간의 심성을 쪼개고 또 쪼개어 이해해 나갔던 것처럼,

이러한 소위 정체성 정치(Identity Politics)의 본질은 인간성 및 인간 존재에 대한 환원론적이고 분절적인 접근이다. 즉, 선과 악, 거룩함과 잔인함, 이기심과 협동심, 개인주의와 집단주의의 성향 등이 다같이 그 안에 내재해 있는 인간의 본성에 대한 전체론적(holistic) 이해보다는 사회적 인간의 자아상(self-images)를 불필요하게 많이 구분하는 방식으로 접근하는 것이다.

인간과 사회에 대한 이러한 분절적이고 환원론적인 접근은 현대 민주정치 속에서 시행되어온 많은 비효과적이고 파괴적인 정책들의 사상적 기반이기도 하다. 예를 들어 여자와 남자를 구분하여 각각 사회적 약자와 강자로 파악하는 시도를 한다고 가정해보자. 그리고 약자인 여자를 철저히 보호하기 위해, 특히 이혼하는 경우에 남편의 모든 재산을 여자에게 다 주도록 이혼법을 만든다고 가정해보자. 만약 그렇게 된다면 아마도 여자들은 단기적으로는 결혼생활을 훨씬 유리한 위치에서 이끌어 나갈 수 있을 것이다. 하지만 장기적으로 본다면, 그리고 사회 전체적인 시야에서 조망하면, 그러한 이혼법 하에서 여자 대다수는 결코 행복하지 못하게 된다. 왜냐하면, 다음 세대에 가게 되면 결혼 시장에서 경제적 능력이 있는 남자들이 가난한 여자들을 강도를 대하듯 피하게 될 것이기 때문이다. 극단적인 비유처럼 들리겠지만, 불행히도 이러한 현상, 즉 결혼을 통한 빈부 격차의 심화는 페미니즘이 강성화 되어온 한국 사회에서 시간이 가면서 분명히 나타날 것이다. 역사적으로도 결혼 제도는 사회의 계층화를 공고히 하는 그 무엇보다도 강력한 기제였다.

또한 맑시즘처럼 인간을 자본가와 노동자 계급으로 구분하든, 페미니즘처럼 사회를 남성 중심 문화와 여성 중심 문화로 구분하든, 대상을 분절적으로 분석해 들어가는 언어구조와 환원론적 사고의 비생산적인 상호연관성은 영미권 중심의 현대 학문이 가지는 맹점이기도 하다. 실제로 '환원론의 공화국'이라고 불려도 손색이 없는 대학교(university)라는 플랫폼 안에서 기능하는 현대 모든 학문들은 대부분 그러한 환원론적 시각과 접근법을 바탕으로 하고 있다. 물론 자연과학을 위시한 여러 응용과학 분야의 경우 이것이 매우 효과적인 접근법인 것이 사실이다. 가령 분자를 원자로, 원자를 다시 원자핵과 전자로 계속 더 미세하게 분리해 나감으로써 대상의 원리를 보다 명확하게 설명할 수 있게 되었다. 하지만 과학이나 공학의 영역을 벗어나면 이야기가 달라진다. 가령 의학의 경우만 해도 몸의 생리적 현상을 이런 환원론적 방식으로만 설명하기에는 아직 인간의 지식과 이해가 많이 부족한 수준이다. 가령 치아와 잇몸 뼈, 치과 재료에 대해 아무리 수많은 생리학적, 의공학적 지식과 데이터를 총동원하여 치과 임플란트를 만든다 해도, 건강한 자연치아를 결코 대체할 수준은 되지 못한다. 더 나아가 인간의 복잡한 사고와 행위 자체를 탐구 대상으로 하는 경제학과 사회학, 심리학과 같은 사회과학의 영역에서는 더욱 한계가 드러난다.

즉, 남자와 여자 혹은 자본가와 노동자 등 특정 집단의 정체성에 초점을 맞추어 사회 현상을 바라보는 접근 방식은 명백히 한계를 가진다. 물론 역사학, 사회학, 인류학 등 현대 인문사회과학에서 지금까지 행해져 온 이러한 집단의 정체성과 관계된 여러 연구들은 나름의 학문적 의미를 분명히 가질 것이다. 하지만 이는 어디까지나 인간이라는 대상에 대해 보다 깊은 이해를 돕는 분석의 틀(analytic frames)로서의 역할에 그쳐야 한다. 이러한 분석이 인간과 사회의 이해를 위한 도구 이상의 역할을 하게 되는 경우, 가령 이러한 분석에 입각해서 만든 정책의 시행을 통해 정부가 개인의 의사 결정 행위에 개입을 하거나, 더 나아가 사법적 재판에 영향을 미친다면 많은 파괴적 부작용을 초래하게 된다.

가령 개인주의와 집단주의의 개념 역시 생물학적, 사회적 진화 과정을 거쳐 발달해온 인간 내면의 성향적 전략(dispositional strategies)으로서 인간과 사회를 이해하기 위한 하나의 도구로서 활용된다면 유용한 분석의 틀이 될 수 있다. 하지만 (비현실적인 예를 들어보자) 만약 어떤 정부가 국민을 집단주의자와 개인주의자로 구분하여 (여성부, 노동부처럼) 개인주의 중앙부처를 신설하고 장관을 임명하여 개인주의 법령을 만들고 그와 관련된 조치들을 행정, 사법적으로 강제한다면 어떤 불행한 일이 초래될까?

개인주의의 시각으로 본 건강과 환경

(장애인과 노약자를 위한 엘리베이터가 이미 설치되어 있는) 지하철역에 에스컬레이터는 꼭 필요할까? '그렇다'고 생각하는 사람들의 대답은 '편하니까'일 것이다. 물론 조금 불편해도 계단을 걷고 싶다고 말하

는 사람들도 있을 것이다. 그런데 특히 서울의 전철역 중에는 계단을 이용하고 싶어도 아예 선택지가 없어서 (계단이 이미 많이 없어져 있음) 어쩔 수 없이 에스컬레이터를 타야만 하는 역이 많다.

물론 많은 사람들은 에스컬레이터를 이용하면 되지 굳이 따질 것까지 있느냐고 생각하며 무심하게 지나칠 것이다. 하지만 이는 개인주의 철학과 관계된다. 즉, 대중교통 수단을 이용하는 개인은 역사 건물 내에서 혹은 연결 통로에서 계단을 이용할 수 있는 기회를 차단당하는 것에 대항해 자신의 건강권의 일환인 걸을 수 있는 자유를 요구할 수 있다. 사실상 지하철 사용 여부와 관계없이 국민 개인은 (모두에게 공개되어 있는) 지하철 역사나 지하도 연결 통로에 에스컬레이터를 설치하는 데 얼마든지 동의하지 않을 수 있어야 한다. 그리고 국가 혹은 도시철도 공사와 같은 공기업은 개인이 긴깅을 위해 섣고자 하는 권리를 짓밟을 권한이 없다.

설령 에스컬레이터를 설치하는 것에 대해선 양보해 준다 해도 (즉, 그 설치 및 유지 비용을 위한 세금 부담에 동의한다 해도), 계단까지 아예 없애서 개인의 걸을 수 있는 자유를 침해하는 것은 정당화되기 힘들다. 가령 백화점에 설치된 에스컬레이터는 백화점을 쇼핑하는 구매자들이 그 비용을 지불하는 것이며, 이것이 못마땅한 사람은 그 백화점에서 쇼핑하지 않고 에스컬레이터가 없는 동네시장에서 쇼핑하면 된다. 하지만 대중교통수단인 지하철에 설치된 에스컬레이터는 영리회사인 백화점에 설치된 에스컬레이터와는 그 본질이 다르다.

지금까지 아무런 사회적 저항 없이 지속적으로 시행되어 온 에스컬레이터 설치 및 계단 철거 사례에서 볼 수 있듯 개인의 건강에 대한 권리가 무시되는 사례는 한국 사회에서 빈번히 일어난다. 특히 이는 법적으로 어떻게 해볼 여지가 거의 없어 보이는 일상의 흔한 풍경 속에서, 주로 건강 보다는 편한 것을 선호하는 다수 대중의 집단적 욕망이 일방적으로 관철되는 형태로 흔히 발생하게 된다.

이러한 측면에서 집단에 의해 개인의 자유와 권리가 침해되는 가장 대표적인 예가 야외 공기와 관련한 개인의 건강권일 것이다. 가령 서울을 비롯한 대도시의 공기는 더욱더 안 좋아지고 있지만, 정부는 도로 위에 자동차들의 배기가스를 줄이기 위한 노력에 극히 소극적인데 그 본질적인 이유는 대중 역시 편한 자가용을 운전하는 것을 포기할 생각이 없기 때문이다. 이 문제를 근본적으로 해결하기 위해서는 서울의 교통 및 도시체계의 변화를 위한 (어쩌면 시간 개념과 같은 문화적 차원에서까지) 사회적 합의가 필요한데, 그 필요성에 대한 사회적 인식은 극히 낮다.

서양의 고전적인 위생(hygiene) 혹은 동아시아의 전통적인 양생(養生) 개념의 핵심은 개인이 자신의 생활과 환경에 대한 관리를 통해서 자연과 분리될 수 없는 인간의 몸에 깃든 면역 능력을 높이는 데에 있었다. 가령 전체론적(holistic) 의학 이론이 나름 번성했던 19세기 중반까지도 유럽에서 환자들은 야외의 '맑은 공기를 마시며 하는 산책(walk in the fresh air)' 등과 같은 위생 처방(hygienic regimen)을 흔하게 실천하였다.

이러한 전통적인 위생 관념이 특히 18, 19세기 전 유럽에 유행했었던 시대적 배경은 낭만주의와 자연주의에 있었다. 이는 문학이나 예술뿐만 아니라 의학 철학사(the history of medical philosophy)에서도 분명히 드러난다. 영국의 경우 굳이 캠핑이 아니더라도 어느 타운이든 한 시간 거리 이내에 숲이 우거진 자연 속을 마음껏 거닐 수 있는 곳은 지금도 쉽게 찾을 수 있다. 조용한 숲 속을 산책하는 것을 필수적인 삶의 요소로 생각하는 유럽인들의 모습만큼 한국인의 삶의 모습과 극명하게 대조를 이루는 것도 없으리라 생각된다.

반면 서울에서 마주할 수밖에 없는 도시 풍경은 매캐한 공기 속에 다들 자신의 차를 몰고 출퇴근하는 직장인들의 모습이다. 도로는 비행기 활주로 마냥 지나치게 넓고, 보행자 '따위'는 이 자동차 왕국처럼 보이는 대도시에서 아무도 신경 쓰지 않는다. 사람들이 그다지 망설임 없이 무단 횡단하는 모습을 흔하게 볼 수 있는 보행지 친국인 유럽의 시가지는 꿈꾸는 것도 무리일 것이다. 굳이 필요 없는 위치까지 교통 신호등이 빼곡히 도로 곳곳에 자리 잡고 있고, 보행자를 위한 중앙 분리대 따위는 당연히 구경할 수 없다. 한국과 비슷하게 교통신호를 잘 지키는 일본의 동경과 비교해도 서울의 보행자 신호등 대기 시간은 거의 두 배 가까이 길다. 이는 사실상 보행자에 대한 시간 착취에 가깝다. 교통신호등이 없어도 STOP 사인 표시대만 보고도 차를 세우는 미국에서와 달리, 서울의 자동차들은 심지어 시야에 횡단보도를 지나는 보행자가 보여도 속도를 줄일 생각이 없어 보인다. 보행자 우선의 원칙 따위는 가볍게 무시되는 것이 한국의 교통문화의 현주소이다. 이처럼 자동차를 탄 사람이 갑, 보행자가 을로 살아가는 한국의 도로 현실은, 자동차를 모는 사람들이 자동차 바깥, 창문 바깥의 공기에 대해 관심을 끈 채 살아가게 만든다.

도로에서뿐만이 아니다. 회사나 학교 건물 안에서도 사람들은 창문을 잘 열지 않는다. 여름에는 더워서 에어컨을 켜야 하니까, 겨울에는 추워서 히터를 켜야 하니까, 비 오는 날은 습기가 차니까, 봄에는 미세먼지가 많으니까 일년 중 창문을 열고 자연 바람을 건물 안으로 초대하는 날이 며칠 안될 것 같다. 건강을 위해 자연 바람을 쐬기 원하는 개인들의 의견은 편리함을 추구하는 다수의 욕망 앞에서 간단히 무시되고 만다.

한마디로 서울은 그 도시에 살고 있는 개인에게는 '바람이 불지 않는 도시'가 되어 가고 있다. 거리의 보행자 따위의 존재 그리고 그들이 들이쉬는 공기 따위에 관심을 보일 여유가 없는 것은 당연한 것이다. 미세먼지는 매년 심해져 왔지만 차량의 숫자와 도로의 폭은 갈수록 더 늘어나고 도저히 건강해질 수가 없는 상황으로 도시 환경은 흘러가는데, 사람들은 혈당 수치와 칼로리 섭취량만 들여다보며 살고 있다. 환원론적 현대의학의 접근방식에 세례를 받은 사람들은 눈금으로 표시되거나 디지털화된 수치로 나타나는 건강 지표 만이 눈에 들어올 뿐인 것이다.

갈수록 포퓰리즘화 되어가는 한국의 정치 현실은 바로 이러한 상황을 해결할 수 있는 정치력을 심각하게 결여하고 있다. 대중의 감성적, 즉각적 욕구 충족에 밀려, 걸을 수 있는 자유, 신선한 공기를 마실 수 있는 권리 등 개인의 신성한 자유와 권리가 박탈당하고 있다.

이런 저런 국민의 행복추구권을 위한다는 명분으로 정부의 시장 개입은 서슴없이 자행되고, 심지어 그다지 시민 생활에 절실히 요구되지도 않는 에스컬레이터를 공유지 곳곳에 설치하고 이를 유지 보수하는 데 막대한 재원이 소모되고 있지만, 정작 개인의 신체와 재산에 대한 권리 중 가장 기초이자 전제인 깨끗한 공기를 마실 권리가 바다 건너 날아오는 미세먼지, 자동차 매연과 화석연료 공장, 삼림 파괴로 침해되고 있는 마당에, 그 어떤 정치인도 문제 해결을 위한 진정한 리더쉽을 보여준 적이 없다. 숲을 조성하기 위해 도로를 줄이는 도로 다이어트 정책은 고사하고, 이미 있는 도시 녹지 공간도 주택 공급을 명분으로 훼손하는 광경이 오히려 점점 더 빈번하게 나타난다. 서울의 수많은 다세대 건물 옥상에 발라진 녹색 페인트는 역설적으로 녹지로부터 멀어져 가는 서울 시민들이 반자연주의적 삶을 선명하게 반영한다.

부유층 증세를 지지하며 사회적 정의를 실현하자 외치는 사람들도 정작 자신이 타고 다니는 자동차의 유류세나 도로세, 자동차세를 올리는 데에는 찬성할지 의문이다. 오히려 천박한 중금주의적 사조에 물들어 자신이 모는 차종을 자신의 경제적 수준 혹은 사회적 지위와 연결시키는 모습이 아직도 만연해 있다. 건강보다는 편리를 선호하는, 장기적인 모든 개인의 유익보다는 단기적인 나만의 이익을 추구하는 다수의 이기심이 지시하는 방향으로 계속 흘러갈 경우 한국의 도시 공기는 좋아질 가능성을 찾을 길이 없다. 그렇다고 근대 유럽에서처럼 낭만주의와 자연주의 철학 사조가 사회적으로 일어나길 기대할 수도 없는 노릇이다.

　이와 같이 편리를 선호하는 다수의 대중과 건강을 우선시하는 소수의 개인들, 이 사이에서 한국 사회의 대기, 그리고 도시의 공기가 계속 오염되는 것을 막기 위해서는 민주주의적 다수결의 원리에만 의존하는 것이 아닌, 자유주의적 개인주의의 원리로서 개인의 신체와 건강에 대한 신성한 법적 권리 개념이 먼저 확립되어야 한다. 최근에 와서 행복 추구권은 그 개념적 애매모호성에도 불구하고 (빈곤층에 대한 부조의 차원을 넘어서) 보편 복지정책의 확대를 위한 명분으로 부단히 강조되어 왔다. 그러나 정작 개인의 재산권과 같은 본질적인 권리의 인식은 아직 전근대적, 물질적 차원에 머물러 있다. 가령 유럽이나 미국에서는 코로나19 방역 정책의 일환인 마스크 강제 착용에 대한 사회적 반발이 심했는데, 한국에서는 그러한 모습이 왜 나타나지 않았을까? 개인이 (인간으로서의 가장 기본적 권리인) 자유롭게 숨 쉴 권리를 침해 당하면서도, 경제적 손해와 같은 물질적 권리의 침해가 일어나지 않으니 관심을 보이지 않았던 이유가 클 것이다.

　개인의 재산권 관념에 있어서 주택의 조망권이나 채광권 같은, (주택 가격에 대한 지대한 영향 때문에) 최근에 와서 많은 사람들이 경제적으로 인식하기 시작한 권리들뿐 아니라 정서권, 건강권 등 눈에 보이지 않지만 개인의 행복에 직접 관계된 권리들은 분명히 존재한다. 그리고 이러한 권리들이야말로 개인의 인격적, 신체적 존립을 위한 핵심을 구성한다. 이러한 권리들이 단순히 법적 조항에만 명시된 유명무실한 개념으로 존재하지 않고 실제 작동하는 법적 권리가 되기 위해서는 확대된 범위의 개인의 재산권 개념으로 적극적으로 인용되어야 한다. 가령 내 평화로운 감정이 침해당하지 않을 권리나 깨끗한 공기를 자유롭게 숨쉴 수 있는 권리가 타인에 의해, 집단에 의해, 국가에 의해 침해되었을 때 이를 법적으로 중지시킬 수 있어야 하며, 궁극적으로는 이러한 권리가 개인의 재산권을 구성하는 중요한 쟁점이 되어야 실제 현실에서 그러한 권리들이 유효하게 작동할 수 있다.

에필로그

개인주의와
잘 지내는 법

　　　　　　대학에 처음 입학해서 내가 가입한 동아리는 '자유교양'이라는 이름의 철학 세미나 동아리였다. 담배 연기 매캐한 동아리 방에서 선배들은 기타를 튕기며 헤겔과 마르크스를 논했다. 선배가 던져준 변증법 철학 입문 책을 열심히 읽으며 세미나 준비를 하던 기억이 지금도 생생하다. 그렇게 나는 별 생각 없던 고등학생에서 사회주의자로 변신을 하여 20대를 보내게 되었다. 하지만 나는 이후 30대 시절까지 오랜 기간 대학생, 의사, 교사의 신분으로 살아 왔기 때문에 그다지 세상의 쓴 맛을 볼 기회가 별로 없었다. 세상 사람들은 내게 '학생' 아니면 '선생님'으로 불렀고 모질게 대하는 사람도 별로 없었다. 즉, 사회의 현실, 인간의 실제 본성을 그다지 겪어볼 기회가 없었다.

　　물론 내가 사회주의와 같은 집단주의 철학에서 벗어나 개인주의 철학을 받아들이게 된 것은 세상의 쓴 맛을 경험했기 때문만은 결코 아니었다. 아마도 일련의 내가 읽은 책들 때문이 아니었을까 싶다.

그 책들 중에는 (앞의 본문 내용에서도 언급했던) 사법대 4학년 때 읽게 된 책인 맨큐의 경제학 교과서가 가장 지대한 영향을 끼쳤다. 그렇지만 맨큐의 책처럼 직접적이진 않았어도 개인이라는 주제에 눈뜨게 만들어준 계기가 된 책이 그 이전에도 있었다.

치대를 졸업하고 섬 보건지소에서 치과 공중보건의사로 일하면서 마을 노인정에 있던 작은 도서장에 꽂혀 있던 책들을 열심히 읽던 때가 있었다. 당시 같이 근무하던 공중보건의사 선생님이 사법고시에 관심이 있어 법전을 읽고 있었기 때문이었는지, 그 초라한 도서장의 책들 중에 '토마토 농사법' 옆에 꽂혀 있던 자그마한 책 한 권이 내 눈에 들어왔다. 루돌프 폰 예링(Rudolf von Jhering, 1818~1892)이라는 독일 법학자가 쓴 〈권리를 위한 투쟁〉의 한글 번역본이었다. 20대 내내 사회주의 세계관에 젖어 살면서도 권리라는 개념에 대해 한 번도 치열하게 인식해 본 적 없었던 나는 그 책을 읽고 이 세상과 나의 관계에 대하여 비로소 동화 속에서 걸어 나오기 시작했던 것 같다.

물론 동화 속에서 걸어 나왔다고 해서 세상과 부딪히고 반목하며 살기 시작하게 된 것은 아니었다. 그럴 뻔도 했지만, 내가 생각했을 때 나는 그 결과로 초래될 극심한 사회적 스트레스를 이기고 살아갈 만한 위인은 못되었다. 오히려 점점 사회 생활을 하는 동안 갈등을 피하는 요령이 늘어나서 어느새 타협과 양보의 미덕은 내 삶의 가장 중요한 태도 원칙이 되었다. 하지만, 그럴수록 다른 한편으로 나의 개인주의적 소신은 점점 지금까지 더 굳어지고 확실해져 온 것 같다. 그렇다고 특별히 내가 개인주의자로 살겠다고 결심을 하거나 나를 그렇게 만든 특정한 계기는 없었다.

　인간에게 자유의지란 있는가를 반문하는 사람들은 흔히, 인간은 자신이 원하는 일을 선택할 수는 있지만 자신이 그 일을 원할지 원하지 않을지는 선택할 수 없다고 말한다. 내가 개인주의자가 된 것 역시 그럴지 모른다. 그저 지금껏 내가 해온 인생의 선택과 결정들을 반추해 보면 내가 점점 더 개인주의자가 되는 길을 걸어왔음을 깨닫게 된다. 가령 내가 영국의 역사에 매력을 느껴 개인주의의 종주국 영국으로 유학을 갔던것도, 전공 분야인 의료사 내에서도 각종 의학 이론들이 자유롭게 경쟁하며 발전하던 19세기 영국 의료 시장을 연구 주제로 삼았던 것도 그러한 여정과 관계 될 것이다. 그런데 나는 개인주의와 집단주의를 이분법(dichotomy)적으로 보지 않는다. 특히 그러한 도식을 가지고 인간을 개인주의자나 집단주의자로 구분하는 것은 무의미할 뿐 아니라 위험한 접근일 것이다. 대다수의 사람들은 개인주의와 집단주의의 두 성향을 자신 안에 함께 가지며, 이에 대해 그다지 의식하지 않고 살아간다. 물론 그렇게 의식하지 않고 살아가는 사람들로 구성된 하나의 사회는 전체적으로 보다 개인주의적인 혹은 보다 집단주의적인 특성을 보일 순 있다.

　첫 책 이래로 꾸준히 내가 생각하는 개인주의와 집단주의의 개념은 인간 자신도 어찌지 못하는 유전적으로 형성되는 성향(disposition)과 그러한 성향을 바탕으로 자신의 사회문화적 환경 속에서 개인이 선택하는 다양한 전략들(strategies)에 의해 나타나는 이원론(dualism)적 특성에 가깝다. 단지 인간이 진화해서 지금까지 생존해 오는 과정에서 생물학적으로 보다 더 강하게 인간성 안에 자리 잡게 된 것은 집단주의였고, 인간의 역사(history) 시대 이래로 점차 인간성 안에 들어와서 자리 잡기 시작한 것이 개인주의였다고 생각한다. 실제로 어떤 인간 집단이든, 정치체제든 원래 소수가 다수를 상대로 대결적인 행동을 하기는 매우 힘들다. 반쯤 미친 독재자와 소시오패스들이 대중의 감성을 자극하는 데는 좋은 소재가 될 수 있겠지만, 근대 이래 인간의 역사에서 힘없는 개인들을 진정으로 무지막지하게 도륙했던 건 언제나 다수 대중의 지지, 묵인, 세뇌, 선동 등을 바탕으로 한 권력 집단이었지 그저 혼자 광기 부리는 망나니들이 아니었다.

어렵고도 천천히 개인주의가 성장해 나간 역사는 역으로 그만큼 인간의 역사에서 반개인주의, 즉 집단주의가 공고했음을 증명한다. 특히 서양 중세 크리스트교나 동아시아의 유학 사상이 보여준 역사처럼 결국 집단주의 사상은 그 사상이 의도하지 않았더라도 시간이 가면서 점점 인간을 옭아매는 공통성을 가졌음을 역사는 보여준다. 왜일까? 그 대답은 집단주의적 인간의 본성이 동물의 그것과 비슷하다는 사실에 기원한다. 긴 인류의 진화 동안 인간은 동물적 본성을 간직해왔다.

지금도 사람들의 일상을 들여다보면 동물의 행동과의 유사점이 많이 발견된다. 가령 그루밍(grooming)에 상당한 시간을 할애하는 영장류들의 그루밍 패턴을 분석한 연구는 많다. 중요한 것은 인간 사회 안에서도 사람들이 상호작용하는 양태를 분석해보면 사실상의 언어적 그루밍(verbal grooming), 즉 이성적 사유에 기반한 대화가 아닌 그저 상호 간의 감정적 유대를 위한 논리 없는 말의 교환에 지나지 않는 행동에 많은 시간과 (감정적) 에너지를 소모한다는 점이다. 그럼에도 그러한 (이성적 측면에서 볼 때 비논리적인) 일상의 대화들이 실제 사회 속 인간관계에선 매우 중요한 역할을 하며, 이 같은 행위를 통해 개인들은 자신의 이해관계를 보다 원활히 유지, 도모해 나가게 된다.

동물의 모습과 이렇게 흡사한 집단주의적 인간사회 속성을 극복하고자 하는 시도는 인류의 역사에서 '생각하는 개인'들에 의해 숱하게 시도되었다. 하지만, 늘 그 생각하는 개인들 중에서 대중을 감화시킨 뛰어난 인물을 우상화하는 집단주의적 인간 사회의 속성으로 인해, 시간이 지나면 그 개인들의 생각 자체가 대중을 옭아매는 보이지 않는 철창이 되어왔다. 아무리 현명하고 탁월한 생각일지라도 그 하나의 생각이 도그마가 되어 버리는 사회는 그 생각 자체가 그 사회의 구성원들을 자유롭게 하는 것이 아니라 구속시키는 감옥의 역할을 하게 된다. 흥미로운 것은 인간이 이 사상의 감옥을 꽤 즐긴다는 사실이다. 특히 개인이 미분화(未分化)된 사회에선 그 새장의 창살을 훼손하려는 시도를 하는 위험한 새들은 처단 받게 되는 경우가 많다. 이는 그 새들의 공동체가 가진 자기보존 본능 때문이라기 보다는, 그 새들이 그 새장 안에서 기득권을 행사하는 소수의 지식인 집단과 정부에 의한 세뇌와 선동 기재에 위협이 되기 때문이다.

하지만 개인주의와 집단주의를 흑백 논리로 좋다 나쁘다 구분하는 것은 마치 인간의 본성이 선한가 악한가로 논쟁하는 것만큼이나 무의미하다. 그럼에도 사회 생활을 하는 우리들은 모두 각자의 행복을 평화롭고 현명하게 추구해 나가기 위해 이 개인주의와 집단주의의 문제에 보다 더 관심을 가질 필요가 있지 않을까 생각한다. 이것이 아마도 내가 개인주의에 대한 두 번째 책을 이렇게 펴내는 가장 큰 이유일 것이다. 개인주의와 집단주의는 단순히 이 단어가 지칭하는 개인이냐 집단이냐의 차원이 아닌, 훨씬 더 중요한 함의를 가진다. 이는 시장과 권력의 작동방식의 차이와 관련되며, 이성과 감성의 기능의 차이와도 관련된다.

개인주의 사상은 기본적으로 모든 개인이 자신의 정신적 기쁨, 행복, 이익을 자유로이 추구하는 것을 인정한다. 이 사상의 바탕에는 모든 개인이 각자 서로 다른 의미와 가치를 추구한다는 상대주의적이고 다원주의적인 인간관과 사회관이 깔려 있다. 나에게 정신적으로 행복을 주는 가치가 타인에게는 그렇지 않을 수도 있음을 인정하는 바탕 위에 나와 타인이 서로의 행복을 각자 추구해 나가자는 사상인 것이다. 개인 간의 가치(value)의 확인 및 개인의 자유로운 선택을 본질로 하는 시장(market)이 개인주의의 사회적 실험 공간이자, 개인주의와 밀접한 관련성을 맺는 것도 이때문이다.

하지만 극단적인 반개인주의자들은 이러한 개인주의가 자신만의 이익을 추구하며 인간 관계를 온통 경쟁으로 몰아넣는다는 해묵은 비판에 계속 의존한다. 당연히 이 책에서 내가 설명한 시장의 본질과 시장의 기능에 대해서도 그들은 무관심하거나 아예 자신들이 증오하는 시장의 의미를 미화하려 한다고 생각할지도 모른다. 현대의 반개인주의적 시각을 가진 사람들은 대부분 맑시즘적, 사회주의적 시각으로 세상을 바라보는 사람들이다. 20대의 나와 달리, 지금의 나는 '인간이 자신의 노동에 대해 스스로 통제할 수 있는 권리를 가져야 함'을 주장한 마르크스의 생각이 비현실적인 이상주의에 불과한 생각이거나, 마르크스의 걱정 따위와는 상관없이 이미 모든 인간은 자신이 알아서 스스로의 노동을 적정한 수준에서 통제하며 살아간다고 생각한다. 정확히 말하면 노동을 완전히 자유롭게 통제할 수 있는 권리를 삶의 가장 중요한 가치로 생각하는 사람도 있지만 그렇지 않은 사람도 많다가 정답이다.

노동으로 벌어들이는 결과가 충분히 가치 있다면 노동 소외가 자신에게 발생해도 그냥 살아가는 노동자는 얼마든지 많다. 그리고 그들을 혼낼 권리는 누구에게도 없다. 문학가나 예술가도 먹고 살기 위해 혹은 대중적 인기를 위해 스스로 자신의 문학, 자신의 예술로부터 소외되기도 한다. 아니, 일상의 보통 사람들이 자신을 꾸미고 타인과 만나 대화를 하고 살아가는 모습 속에서도 스스럼없이 자신을 소외시키고 상대에게 맞추기 위해 노력하기도 한다. 그깟 나 자신으로부터의 소외보다 더 소중하게 추구하는 가치가 있다면야 뭐가 대수이겠는가?

적어도 모든 노동자와 자본가를 마르크스가 생각한 그러한 기준으로 집단주의적 구도 속에 구겨 넣고자 하는 것은 정말이지 숨막힐 정도로 '19세기적' 사고일 뿐이다. '인간은 모두 다르다'를 받아들이는 순간 맑시즘도, 집단주의도 모두 의미를 상실한다. 서양 중세의 카톨릭이나 조선의 성리학이 맞이했던 운명도 결국 그런 이유로 많은 인간에게 불행을 안겨다 주었고 결국 교조적인 모습을 띠고 점차 추락했다.

하지만 이 단순한 사실(모든 인간은 각자 행복을 달리 정의한다)을 받아들이는 것이 왜 쉽지 않았을까? 아니, 지금도 왜 쉽지 않은걸까? 이는 주변 세계를 '연합과 분리'의 과정으로 인지하는 인간의 행동, 그리고 '감성과 이성'의 대뇌 활동에 기반하여 주변 세계와 상호작용하는 인간의 특성과 관계가 있다. 이러한 인간의 행동과 특성 중 연합(association)과 감성(emotion)은 '인간이 모두 다르지 않다' 혹은 '나와 닮았다'라는 인식과 관계가 깊다. 실제로 인간은 서로 많이 닮았다. 거리의 비둘기들의 눈, 코, 입을 보면 모두 닮았다는 생각이 들기도 하는 것처럼. 어쨌든 우리가 모두 다른 선호(priority)와 성향(taste)과 목적(goal)을 가진다는 것을 이성으로는 받아들이지만 감성적으로는 쉽게 무시하곤 한다.

반면 개인주의는 집단 감성에 맞서서 이성을 중시하고 원칙을 고수하도록 인간과 사회를 고취시킨다. 이는 개인주의 자체가 인간을 그렇게 만드는 것이 아니라 시장에서 개인주의적 전략으로 행위하게 되는 인간이 시장의 경험을 통해서 그렇게 된다는 의미이다. 맑시즘은 가진 자가 못 가진 자를 지배하고 수탈한다는 시각으로 시장경제와 자본주의를 바라보지만, 이는 단기간에 겉으로 보이는 현상일 뿐이다. 인간은 시장에서 자신이 선택을 받는 경험을 축적하면서 오히려 더 조심스러워지고 겸허해진다. 자신도 실수나 판단착오로 얼마든 선택을 받지 못하게 될 수 있음을 학습하기 때문이다. 즉, '경쟁은 계속'되기 때문이다. 이에 반해 사회주의적 시각은 인간과 사회를 종적인 시각이 아닌, 횡적인 시각으로 바라봄으로써 시장의 진화 및 인간이 조건과 시스템에 반응하며 배우며 변화해나가는 존재라는 통찰이 결여되어 있다. 한 마디로 반개인주의자들이 그토록 혐오하는 자유경쟁은 인간을 더욱 성숙하게 만든다. 어떤 의미에서 〈개인주의와 시장의 본질〉을 제목으로 하는 이 책 내용의 절반 정도는 오스트리아 학파 경제학자들이 주장하는 자유로운 시장과 경쟁의 중요성을 경제학이나 경제사가 아닌, 역사학, 특히 개인주의 역사의 시각에 초점을 맞추어 동의했던 부분이기도 하다.

집단주의적 시각에서 보면 고립되어 홀로 존재하는 개인은 무력하고 불안정하며 의심스러운 존재일 뿐이다. 그 개인이 자유로운 선택과 결정 속에 자립하고자 애쓰는 눈물겹도록 힘겨운 과정, 더 나아가 시장의 경쟁 속에서 보다 나은 가치를 향한, 더 나은 자신(better self)이 되기 위해 노력하는 도덕적인 모습 따위는 집단주의자의 눈에는 들어오지 않는다. 이들 집단주의자들의 시각에는 제국주의나 자본주의에 착취당하고 억압받는 노동자 집단 혹은 민중의 고통만이 실재할 뿐이다. 인간은 고통 속에 살아간다는 기본적인 철학적 인식이 없이 (모든 인간이 소외되지 않고 불평등의 차별을 받지 않아야 한다는) 이상주의적 명제에 사로잡혀 모순투성이인 인간의 본성도, 인간의 존재론적 본질도 받아들이지 못하는 것이다.

결국 보다 개인주의가 성숙한 사회로 나아가기 위해 우리는 다원주의의 눈으로, 그리고 상대적인 시각으로 인간 자신의 모순을 마주할 필요가 있다. 자신의 욕망에 대해서는 한없이 긍정하면서 타인의 욕망에 대해서는 진저리치도록 혐오하는 우리 안의 집요한 강박성을 내려놓고 그러한 모순된 존재로서의 인간의 불완전성을 받아들일 필요가 있다. 도덕과 법치는 바로 그러한 시각, 즉 실체를 알 수 없고 의심스러운 타인이라는 인간 존재에 대한 존중과 이해의 노력을 전제로 삼고 출발선으로 삼아야 인간을 구속하지 않고 인간을 불행하게 만드는 결과를 피할 수 있게 된다. 개인주의는 결국 군중 속에 홀로 선 자기 자신과의 대면이다.

주 석

1) John.S. Mill, On Liberty and Other Essays (Oxford: Oxford University Press, 1998), 69.

2) Friedrich W. Nietzsche, Beyond Good and Evil: Prelude to a Philosophy of the Future (London: Penguin Books, 1990), 155.

3) Richard Bach의 소설 '갈매기의 꿈(원제: Jonathan Livingston Seagull)'의 주인공 갈매기인 Jonathan Livingston.

4) 젠틸레가 1943년에 남긴 그의 마지막 저작인 〈사회의 탄생과 구조〉에서 볼 수 있는 이 문구는 그의 반개인주의에 대한 철학적 신념을 잘 보여준다. 이 책은 이후 1960년에 영어로 번역되어 수많은 영미 학자들의 반향을 불러일으키기도 했다. Giovanni Gentile, Genesis and Structure of Society, trans. H.S. HARRIS (Urbana: University of Illinois Press, 1960), 8.

5) 이런 이유로 칸트적 도덕철학은 우리로 하여금 자연히 (사회)과학적 시야에서 우리 자신의 행위를 바라보도록 이끈다. 마치 경제학이 하는 것처럼, 인간 행위를 그 의도가 초래할 수 있는 사회 전체적인 결과를 고려하여 최대한 보편적으로 바라보게 만든다.

6) Georg Simmel, The Philosophy of Money, trans. David Frisby (London: Routledge, 1991), 157.

7) Ibid., 175.

8) Friedrich W. Nietzsche, Beyond Good and Evil, Preface.

9) 17, 18세기 영국은 이런 측면에서 전 유럽에서 가장 일찍 사적 소유권에 기반한 경제적 개인주의가 발달한 사회였다.

10) Ludwig von Mises, Theory and History (Auburn, AL: Ludwig von Mises Institute, 2007), 13.

11) Adam Smith, The Wealth of Nations (New York: Bantam Classic, 2003)

12) 창발성이란 하위계층의 구성 요소 상에는 볼 수 없는 특성이 상위계층의 전체 구조 상에서 자발적으로 출현하게 되는 현상을 의미한다. 마음이 인간의 뇌 구조 상에 어떻게 형성되는지를 연구하던 20세기 후반 인지과학자들과 신경생리학자들은 어떻게 수많은 뉴런(뇌세포) 간의 네트워크 연결이 우리가 마음이라고 부르는 현상을 초래하게 되는지를 설명하고자 했는데, 이를 위해 창발성의 개념에 의지하지 않을 수 없었다.

13) Ferdinand Tönnies, Community and Society, trans. Charles P. Loomis (London: Routledge, 2017).

14) Uichol Kim et al., eds., Individualism and Collectivism: Theory, Method, and Applications (Thousand Oaks, CA, US: Sage Publications, Inc, 1994).

15) Geert Hofstede, Culture's Consequences: International Differences in Work-Related Values (Beverly Hills, CA: Sage Publications, 1980).

16) Theodore M. Singelis, Harry C. Triandis, Dharm P. S. Bhawuk, Michele J. Gelfand, "Horizontal and Vertical Dimensions of Individualism and Collectivism: A Theoretical and Measurement Refinement," Cross-Cultural Research 29, no 3 (1995).

17) Harry C. Triandis, Kwok Leung, Marcelo J. Villareal, Felicia I. Clack, "Allocentric versus idiocentric tendencies: Convergent and discriminant validation," Journal of Research in Personality 19, no 4 (1985).

18) Hazel R. Markus, Alana L. Conner, Clash! How to Thrive in a Multicultural World (New York: Plume, 2014)

19) "Cross-Cultural Studies of Individualism and Collectivism," in Nebraska Symposium on Motivation, 1989: Cross-Cultural Perspectives., Current Theory and Research in Motivation, Vol. 37. (Lincoln, NE: University of Nebraska Press, 1990).

20) Jüri Allik and Anu Realo, "Individualism-Collectivism and Social Capital," Journal of Cross-Cultural Psychology 35, no. 1 (2004).

21) Harry C. Triandis, "Collectivism V. Individualism: A Reconceptualisation of a Basic Concept in Cross-Cultural Social Psychology," in Cross-Cultural Studies of Personality, Attitudes and Cognition, ed. Gajendra K. Verma and

Christopher Bagley (London: Palgrave Macmillan UK, 1988).

22) Richard E. Nisbett, The Geography of Thought: How Asians and Westerners Think Differently-- and Why (New York: Free Press, 2003).

23) 배민, 우리안의 개인주의와 집단주의 (서울: 책과나무, 2013), 5장.

24) Ronald Noë and Peter Hammerstein, "Biological Markets: Supply and Demand Determine the Effect of Partner Choice in Cooperation, Mutualism and Mating," Behavioral Ecology and Sociobiology 35, no. 1 (1994).

25) Noe, Ronald Noë, Jan A.R.A.M. Van Hooff, and Peter Hammerstein, Economics in Nature: Social Dilemmas, Mate Choice and Biological Markets (Cambridge: Cambridge University Press, 2001).

26) 다리오 마에스트리피에리, 영장류 게임, trans. 최호영 (책읽는수요일, 2013).

27) 현대에 와서 기업의 본질에 대한 다양한 관점 중 가장 대표적인 이론으로 사회적 실체론, 주주가치론, 이해관계자론 등이 있다. 주주가치론은 주주 가치의 극대화를 궁극적 목표로 경영해야 한다는 이론이며, 이해관계자론은 기업은 이익만을 추구하는 조직이 아니며 기업을 둘러싼 이해관계자들의 만족을 추구하고 지역사회 혹은 전체 사회 속에서의 사회적 책임을 지닌다는 이론이다.

28) 이원론과 이분법은 학문 영역에 따라 조금씩 다른 의미로 사용되기는 하지만, 보편적으로 구분하자면 이원론은 정신과 물질, 선과 악 등 두 개의 원리로 사물이나 현상을 이해하고자 하는 접근법이다 (대표적인 예가 mind-body dualism과 cosmological dualism). 반면 이분법은 전체가 두 요소로만 구성되어 있어서 어느 한 쪽과 그 다른 한 쪽은 서로 배타적으로(mutually exclusive) 존재하며 공통분모가 존재하지 않는다고 보는 시각이다.

29) 미셸 푸코, 주체의 해석학, trans. 심세광 (서울: 동문선, 2007), 41.

30) 고소인은 시인 멜레토스뿐 아니라 당시 아테네 민주정의 중요 정치인 중 한 명이었던 아니토스, 그리고 웅변가 리콘으로 구성되었다. 젊고 유망한 청년 멜레토스가 총대를 맸지만 실제 핵심 고소인은 아니토스였다. BC 404년 펠레폰네소스 전쟁 패배 후 이어진 참주정을 몰아내는데 앞장섰던 아니토스는 자신의 정치적 패권에 걸림돌이 될 수 있는 인물이었던 소크라테스를 (자신의 정적 중 다수가 그의 제자였기에) 정치적으로 제거하고자 하였다. 재판은 아테네 시민 각자가 1년 임기로 돌아가면서 맡는 시민 배심원 500명의 투표로 이루어졌으며 총 2차례의 투표에서 각각 유죄와 사형이 순차적으로 확정되었다. 소크라테스, 소크라테스의 변명 (서울: 문예출판사,

1999).

31) 마르쿠스 아우렐리우스, 명상록 (서울: 베가북, 2006), 9, 11.

32) 성경에 나오는 예수의 발언, '카이사르의 것은 카이사르의 것에게'에서 인용.

33) Colin Morris, The Discovery of the Individual, 1050-1200 (Toronto: University of Toronto Press, 1987).

34) Caroline W. Bynum, "Did the Twelfth Century Discover the Individual?," The Journal of Ecclesiastical History 31, no. 1 (1980).

35) Pierre Abélard, The Story of My Misfortunes, trans. Henry A. Bellows (New York: Macmillan, 1972).

36) Aaron Gurevich, The Origins of European Individualism (Oxford: Blackwell Publishers, 1995).

37) A. Macfarlane, The Origins of English Individualism: The Family Property and Social Transition (New York: Cambridge University Press, 1979).

38) Jean H. M. d'Aubigné, History of the Reformation of the Sixteenth Century (London: Ward, Lock & Co., 1882), 441.

39) John Locke, An Essay Concerning Human Understanding (Oldbury: Meridian Books, 1964).

40) Galileo Galilei, "De Motu Antiquiora," Max Planck Institute for the History of Science, http://echo.mpiwg-berlin.mpg.de/MPIWG:ZR79G89F.

41) 르네 데카르트, 방법서설 (서울: 올재클래식스, 2014).

42) Immanuel Kant, An Answer to the Question: 'What Is Enlightenment?' (London: Penguin Books, 2013).

43) 칸트는 선의지를 '이 세계 안에서뿐만 아니라 이 세계 밖 어디에서도 우리가 아무 제한 없이 선으로 여길 수 있는' 유일한 도덕적 기초로 인식하였다. 임마누엘 칸트, 도덕형이상학의 기초 (서울: 다락원, 2009).

44) 임마누엘 칸트, 실천이성비판 (서울: 아카넷, 2019).

45) Robert A. Nisbet, The Sociological Tradition (New York: Basic Books, 1966).

46) 짐멜의 양적 개인주의와 질적 개인주의에 대한 논의는 다음을 참고할 것. Georg

Simmel, The Sociology of Georg Simmel (New York: Free Press, 1964), 78.

47) 아이러니하게도 낭만주의는 19세기 유럽 사회의 집단주의, 특히 내셔널리즘 (nationalism: 민족주의 혹은 국가주의)에 지대한 영향을 미친 사상이기도 했다.

48) Schleiermacher의 대표작 Über die Religion: Reden an die Gebildeten unter ihren Verächtern (On Religion: Speeches to its Cultured Despisers, 1799)은 그리스도교의 체계나 기관에 초점을 맞추기 보다 인간의 본성과 개인의 종교적 체험에 초점을 맞춘 근대적 신학 연구의 새 장을 연 저작이었다. 슐라이어마허, 종교론 (서울: 대한기독교서회, 2002)

49) Emile Durkheim, On Morality and Society (selected writings), (Chicago: The University of Chicago Press, 1973)

50) 페탱주의는 1940~1944년 동안 나치군과 협력했던 비시(Vichy) 정부의 수반이었던 필립 페탱(Philippe Pétain, 1856~1951)의 노선을 일컫는다. 전후 페탱은 전범으로 체포되어 종신형을 선고받았다.

51) Rugged individualism이라는 표현은 Herbert Hoover 대통령(1874~1964)의 1928년 선거 연설에서 비롯되었다고 알려져 있다. 후버는 일찍이 1922년에 American Individualism이라는 책을 출간한 적이 있었다.

Herbert C. Hoover, American Individualism (New York: Cosimo Classics, 2005).

52) D. Riesman, R. Denney, and N. Glazer, The Lonely Crowd: A Study of the Changing American Character (New Haven, CT: Yale University Press, 1950).

53) David Riesman, Individualism Reconsidered (New York: Free Press, 1954).

54) Friedrich A. Hayek, The Road to Serfdom (New York: Routledge, 2001).

55) 가와카미 하지메(河上肇), "개인주의자와 사회주의자," 매일신보, 5.18-21, 1922.

56) 1651년에 출판된 이 책의 정식 제목은 Leviathan, or The Matter, Forme and Power of a Common-Wealth Ecclesiastical and Civil이다. 리바이어던은 구약성서 욥기 41장에 나오는 바다에 사는 괴물로서 홉스는 거대한 권력을 가진 국가라는 존재를 이 리바이어던에 비유하고자 하였다.

57) John Locke, Two Treatises of Government (Cambridge: Cambridge University Press, 1960), 368, 401.

58) Ibid., 305.

59) Gottfried Wilhelm Leibniz, "A New System of the Nature and the Communication of Substances, as Well as the Union between the Soul and the Body," in Philosophical Papers and Letters, ed. Leroy E. Loemker (Dordrecht: Springer Netherlands, 1989).

60) 자본이 부동산을 제치고 사회적으로 부의 주된 형태가 되기 전까지, 일반적으로 19세기까지 개인의 소유 재산이란 주로 토지를 의미했다.

61) Jeremy Bentham, An Introduction to the Principles of Morals and Legislation (Birmingham, AL: Legal Classics Library, 1986).

62) Thomas N. Corns, Ann Hughes and David Loewenstein, The Complete Works of Gerrard Winstanley, Vol. 1 (Oxford: Oxford University Press, 2009).

63) Voltaire, Philosophical Letters: (Letters Concerning the English Nation) (Mineola, NY: Dover Publications, 2012).

64) 루소는 개인주의의 역사적 측면에서 볼 때, 영국의 자유주의적 개인주의와 대조적인 유럽 대륙, 특히 프랑스의 민주주의적 개인주의를 대표하는 사상가이다. 루소는 영국의 로크처럼 사회 계약론 사상에 깊은 관심을 가졌으나, 로크와 달리 보편적 개인의 소유권 개념 보다는 지배적인 권력 집단에 의해 억압 받는 민중의 자유와 평등권에 초점을 맞추었다. 하지만 인민의 다수와 반대되는 정치적 입장을 가진 소수의 개인들에 대한 관심은 그에게서 찾아 보기 힘들다.

65) Jean-Jacques Rousseau, 'The Discourses' and Other Early Political Writings, trans. Victor Gourevitch (Cambridge: Cambridge University Press, 1997); Rousseau, 'The Social Contract' and Other Later Political Writings, trans. Victor Gourevitch (Cambridge: Cambridge University Press, 1997).

66) Shlomo Avineri, The Social and Political Thought of Karl Marx (Cambridge: Cambridge University Press, 1968), 109.

67) 19세기 말의 이러한 변화된 자유주의를 신자유주의(neoliberalism)라고 명명하기도 했지만, 20세기 후반에 영국과 미국을 중심으로 펼쳐진 새로운 자유주의적 정책의 기조를 표현하는 용어인 신자유주의가 이보다 훨씬 더 광범위하게 사용되고 있다.

68) Fabian Society는 1884년 영국 사회주의자들의 협회로 시작되어 지금도 영국 노동당의 씽크탱크 역할을 하고 있는 전통 있는 사회주의 조직이다. 1895년

런던정경대학(London School of Economics and Political Science)의 설립을 주도한 단체이기도 하다.

69) John S. Mill, On Liberty (London: John W. Parker and Son, 1859).

70) Herbert Spencer, The Man Versus the State: With Six Essays on Government, Society, and Freedom (Carmel, IN: Liberty Classics, 1981).

71) Thomas E. Holland, The Elements of Jurisprudence (Clark, NJ: Lawbook Exchange, 2006), 70.

72) N. Gregory Mankiw, Principles of Economics (Boston, MA: Cengage Learning, 2020).

73) Frederic Bastiat, That Which Is Seen, and That Which Is Not Seen, trans. Patrick J. Stirling (Gloucester, UK: Dodo Press, 2010).

74) 폐결핵으로 바스티아가 사망하던 해에 출판된 이 책에서 바스티아는 어려운 정치경제학적 논리를 쉽게 해설하기 위해 이야기 형식을 많이 이용하였다. 이 이야기에 등장한 가게 주인인 자크 본홈(Jacques Bonhomme)씨는 이 책에서 바스티아가 비유를 위해 소개한 많은 이야기들의 주인공이기도 하다.

75) Opportunity cost라는 용어는 1914년 출간된 비저의 책〈Theorie der gesellschaftlichen Wirtschaft (Social Economics)〉에서 처음으로 사용되었다.

76) 대한민국 산림청의 '2050 탄소중립 산림부문 추진전략'(2021.04.27) 참조.

77) 실제로 이 비유의 이야기처럼 유능한 사람의 능력을 일종의 공공재(공유재산)로 활용하여 완벽한 평등을 이루는 사회 구조의 변혁을 주장했던 현대의 이상주의적 철학자 중 한 명이 존 롤스(John Rawls, 1921~2002)였다.

78) 실제로 그가 살던 시기에는 기회비용이라는 단어도, 환원론이나 전체론과 같은 단어도 아직 등장하지 않았던 시대였다. 참고로 철학적 전체론(holism)은 정치적 전체주의(totalitarianism)와는 전혀 다른 개념이다.

79) John Rawls, A Theory of Justice (Cambridge, MA: Belknap Press 1971).

80) George Orwell, Animal Farm: A Fairy Story (London: Secker and Warburg, 1945).

81) 폴포트가 이끌었던 크메르 루즈(Khmer Rouge: '붉은 캄보디아인'이란 뜻)군이 주도한 잔혹한 대량 학살의 증거가 킬링 필드(The Killing Fields)라 불리운, 캄보디아 전역에 2만여개에 달하는 집단 매장지들이다. 민주 캄푸치아는 1976~1979년 동안

존재했던 국가로서 전형적인 마르크스-레닌주의에 바탕을 둔 대중 독재 정권이었다.

82) W. B. Gallie, "Essentially Contested Concepts," in The Importance of Language, ed. Black Max (Ithaca, NY: Cornell University Press, 2019).

83) Frans de Waal, Chimpanzee Politics: Power and Sex among Apes (New York: Harper & Row, 1982).

84) 권력에의 의지'는 니체 사후에 (1901년) 발간된 그의 유고집으로, 영어로는 1910년에 번역되어 처음 출간되었다. Friedrich Nietzsche, The Will to Power (New York: Knopf Doubleday Publishing Group, 2011).

85) 대중독재(mass dictatorship)에 대해서는 한국의 학자들의 성과를 포함한 몇몇 저작이 현재까지 나와 있다. 다음의 책을 참고할 것. Michael Kim, Michael Schoenhals, and Yong-Woo Kim, Mass Dictatorship and Modernity (New York: Palgrave Macmillan, 2013).

86) Immanuel Kant, Perpetual Peace and Other Essays on Politics, History and Morals, trans. Ted Humphrey (Indianapolis, IN: Hackett Publishing Company, 1983).

87) 'There is no such thing as society'는 Thatcher가 1987년 9월 23일 Woman's Own의 진행자 Douglas Keay와 했던 인터뷰에서 말한 유명한 문구이다. Thatcher, Margaret. 'Interview for "Woman's Own" ("No Such Thing as Society").' in Margaret Thatcher Foundation: Speeches, Interviews and Other Statements. London. 1987.

88) 고대 그리스의 소크라테스, 플라톤, 아리스토텔레스는 말할 것도 없고 중세말 마키아벨리, 마르틴 루터, 그리고 근대 이래로 니체, 심지어 공산 혁명가 트로츠키에 이르기까지 인간을 사랑하며 동시에 민중의 태도를 경멸했던 사상가를 찾는 것은 어렵지 않다.

89) José O. Gasset, The Revolt of the Masses (New York: W. W. Norton & Company, 1932).

90) 미국의 저명한 신학자 라인홀드 니부어(Reinhold Niebuhr)는 이러한 시각에 대한 기념비적인 저서를 남긴 바 있다. Reinhold Niebuhr, Moral Man and Immoral Society: A Study of Ethics and Politics(New York: Charles Scribner's Sons, 1932)

91) 시카고 대학의 맥콜스키(Deirdre McCloskey)가 주장한, 현대인들이 누리는 부의

역사적 측면을 설명하는 개념이다. 그녀는 인류의 역사 거의 대부분의 시기 동안 인간은 생존을 근근이 이어 나갈 수 있을 정도의 평균 하루 3달러 수준의 소득으로 살아온 데 반해, 19~20세기에 와서 비약적인 경제 성장을 통해 오늘날 평균 하루 130달러 수준의 소득을 누리는 미국인을 비롯한 그와 비슷한 수준의 많은 국가의 국민들이 일상화된 풍요를 누리게 되었다고 설명한다. Deirdre N. McCloskey, "The Great Enrichment: A Humanistic and Social Scientific Account," Social Science History 40, no. 4 (2016).

92) 물론 긴 시간을 전제로 한, 유기체와 환경의 관계에 대한 물질적 차원에서 보자면 인간 종은 지속적으로 변해온 (진화해온) 것으로 보인다. 하지만 이와는 다른 차원에서, 인간의 본성이 환경에 의해 변화될 수 있는가는 19세기 이래 많은 사회학자 및 과학철학자들이 관심을 갖고 논의해온 주제이다. 가령 사회학자 오귀스트 콩트(Auguste Comte, 1798~1855)는 환경과 유기체 간의 변증법적 연관성 및 그 상호적 관계를 뉴턴의 작용·반작용 원리로 설명하고자 했다. 19세기 과학자들에게 이 주제는 적응(adaptation)이라는 개념과 밀접한 관련을 가졌다. 라마르크(Lamarck, 1744~1829)는 환경이 생명체의 진화를 지배하고 조종하는 힘은 유기체가 가지는 욕구에서 나온다고 보았다. 다윈(Charles R. Darwin, 1809~1882)은 어떤 유기체가 생존해가는 기본 환경은 그에게 동료, 혹은 먹이이거나 천적인 주변 유기체들로 구성된다고 보았는데, 이 유기체들도 결국 모두 비슷한, 생존과 번식의 공통된 욕구를 가진다. 결국 과학자들도 인간이 가지는 욕구, 즉 그 기본적 본성은 환경에 인간이 적응해 나가는 과정을 설명하는 함수에 있어서 변수가 아닌 상수로 간주하였다.

93) 솔제니친(Aleksandr Solzhenitsyn)은 그 대표적인 예일 것이다. Aleksandr Solzhenitsyn, Cancer Ward(London: Bodley Head, 1968)

94) 가령 김옥균은 1882년 편찬한 〈기화근사(箕和近事)〉에서 일본이 동양의 영국이 되려하고 있음을 간파했으며, 이에 대응하기 위해서는 조선이 동양의 프랑스가 되어야 함을 역설하기도 하였다.

95) 朝鮮民事令 제10조

96) 김홍식 외, 조선토지조사사업의 연구 (서울: 민음사, 1997).

97) 공납(貢納)에는 정기적 상공(常貢) 외에 각종 별공(別貢)과 진상(進上)이 포함된다. 심지어 대한제국이 외국과 했던 이권(利權) 거래 계약서에서 볼 수 있듯, 그 범위는 국내 백성 개인에 한정되지 않았다. 가령 대한제국 시기 운산 금광 채굴권을 따낸 미국 회사는 회사 자본금의 상당액을 고종 황제에게 '진상'해야 했다.

98) Gentile, Genesis and Structure of Society, 122.

99) The Reform of Education, trans. Dino Bigongiari (New York: Harcourt, Brace and Company, 1922), Chapter 1(Education and Nationality).

100) 이와 비교하자면, 영국과 미국에서는 중고등학교 교육(secondary education)에 있어서 사교육은 주로 사립학교(private schools)를 의미하고 공교육은 공립학교(state schools)의 교육을 의미한다. 기숙학교를 포함한 영국의 사립학교들은 재정적으로 독립적인 성격이 강하다. 이는 사회적으로 그것이 비영리 기관이든 영리 기관이든, 기관(institution) 자체가 국가로부터 독립되어 자체적인 전통과 법적 독립성을 추구하는 경향을 강하게 보여주는 영미권 사회의 특징이기도 하다.

101) 영미권을 포함해 전통적으로 서양에서 대학은 학자들과 대학들 간의 지식 시장의 존재를 통해 발전해 왔다. 즉 학문적 인정과 사회적 명예를 추구하는 학자 개인과 재정적 독립과 사회적 명성을 추구하는 대학 간의 선택과 경쟁의 상호 작용은 이들 대학의 역사적 발전의 원동력이었다. 반면 한국은 국가 주도로 학문이 발전해오는 과정에서 대학을 중심으로 한 지식시장의 발전이 미약했으며 이로 인해 대학들 간의 경쟁 보다는 국가에 의한 대학 간 서열화가 불가피하게 초래되었다.

102) 실제로 억압과 착취는 자본가와 노동자간의 관계에서 비롯된다기보다 근원적인 인간의 권력 행사에 대한 욕망(수평적인 개인간의 존중보다 수직적인 위계 서열의 확립을 선호하는)과 보다 관련이 깊다. 가령 성인들 간의 사회적 상호작용은 말할 것도 없고 자본주의 사회와는 작동 방식이 다른, 학교 교실 공동체 내부에서도 학생들은 집단 따돌림과 같은 집단주의적 권력관계에 기반한 학교 폭력을 경험하게 된다.

103) Murray N. Rothbard, Man, Economy, and State with Power and Market (Auburn, AL: Ludwig von Mises Institute, 2004).

104) 물론 이전에도 영국에선 길드(guild)적인 성격을 띤 Royal College of Physicians과 같은 의료인으로 구성된 전문가 단체들이 없었던 것은 아니었다. 또한 19세기에 와서 본격화된 중산층의 확대는 의료인들이 19세기 후반으로 가면서 점점 전문직화(professionalization)하는 흐름의 중요한 사회적 배경이었다. 하지만 그러한 흐름에 있어 보다 결정적인 계기는 특정 직업 영역의 자격 요건에 대한 국가의 정치적 개입의 대표적 사례가 된 1858년에 개정된 의료법(Medical Act)이었다. 이후 영국사에서는 국가적 면허 체계를 통한 전문직 의사 집단의 성장이 본격화되어 나가게 된다. 중요하게도 이러한 현상은 이전의 생기론(vitalism)이나

자연치유력(the healing power of nature) 개념과 같은 고전적인 전체론적(holistic) 관점으로부터 의학이 작별을 고하고, 환원론적(reductionist) 관점이 의학 및 의료시장을 독점하게 되는 현상과 병행하여 나타났다. 원래 전체론적 의학과 위생 관념을 가진 의사들도 비정통의학(unorthodox medicine) 사상과 연계하여 19세기 중엽까지 자유로운 의료시장 속에서 활발히 활동하였다. 하지만 점차 다수의 의사들은 궁극적으로 세균설로 수렴되는 환원론적 의학과 위생 관념을 받아들이게 되었다.

Min Bae, "Promotion of a modern holistic vision of hygiene: E. W. Lane's hygienic medicine in the British medical market, 1850s~1880s." In In Pursuit of Healthy Environments, Routledge, 2020.

105) 유럽의 보건의료체계는 크게 영국에서 발전한 Beveridge model과 독일에서 발전한 Bismarck model로 나뉜다. 전자는 국가가 재정을 책임지고 후자는 보험공단 형태의 사회적 기관이 재정을 책임진다.

106) 애당초 영국에서 보수당이 긴축 재정에 나섰던 이유도 이전 노동당 내각의 정책으로 말미암아 NHS 재정이 심각하게 악화되었던 것에서 비롯했다. 현재 영국은 2010년 이래 노동당이 선거에서 한번도 보수당을 이기지 못하고 있다.

107) 영국에서는 에딘버러 대학교와 런던대학교가 그 대표적인 경우였다.

Thomas N. Bonner, Becoming a physician: medical education in Britain, France, Germany, and the United States, 1750~1945 (Oxford: Oxford University Press, 1995)

108) 특히 박정희 정부 시절 2차(1962년), 3차(1973년) 의료법 개정은 당시 빈곤한 경제 수준에 있던 한국 사회의 의료 이용률을 높이기 위해서 영리화 되고 있던 의료시장에 대한 규제를 본격화하는데 초점을 두었다. 특히 1973년 이래 모든 의료인은 의료법인의 형식을 통해서만 의료업을 행할 수 있게 되었고 정부의 강력한 통제를 받게 되었다.

109) 사실상 영어에 있어서도 사고의 깊이를 드러낼 수 있는 중요한 개념적 어휘들은 대부분 라틴어에 기원을 두고 있다.